Spitzstein 1597
Geigelstein 1808
Sachrang
Erl
Niedern-dorf
Kössen
Walchsee
Reit im Winkl
Valepp
Kiefersfelden
Vord. Kesselschneid 2002
Fellhorn 1764
Steinplatte 1869
Achenpass 940
Halserspitze 1862
Hinteres Sonnwendjoch 1985
Thiersee
Zahmer Kaiser
Pendling 1563
Ellmauer Halt 2344
Kufstein
Wilder Kaiser
Waidring
Loferer Steinberge
Sylvenstein-Stausee
Juifen 1988
Guffert 2195
Kienberg 1786
Steinberg
Achenkirch
Scheffau
St. Johann
Gr. Ochsenhorn 2511
Brandenberg
Inn
Söll
Ellmau
Achensee
Hochiss 2299
Rofan
Maurach
Wörgl
Hohe Salve 1828
Kirch-berg
Kitzbüheler Horn 1996
Fieberbrunn
Birnhorn 2634
Leoganger Steinberge
Pertisau
Kundl
Hopf-garten
Kitzbühel
Rattenberg
Brixlegg
Westen-dorf
Wildseeloder 2118
Grießen
Leogang
Jenbach
Auffach
Alpbach
Kelchsau
Hahnenkamm 1668
Jochberg
Aschau
Bischof 2127
Eng
Hochnissl 2547
Ziller
Fügen
Zillertal
Galtenberg 2424
Kitzbüheler Alpen
Schwaz
Kellerjoch 2344
Salzachgeier 2466
Gr. Rettenstein 2366
Pass Thurn 1274
Wattens
Kaltenbach
Kreuzjoch 2558
Gerlospass 1507
Gilfert 2506
Hoch-fügen
Zell
Gerlos
Rinn
Rastkogel 2762
Krimml
Speicher Durlaß-boden
Hainzenberg
Laners-bach
Finkenberg
Mayrhofen
Reichenspitze 3303
Lizumer Reckner 2886
Ahornspitze 2973
Navis
Hintertux
Felbertauern-tunnel
Hohe Tauern
Stillup-Speicher
Zillergründl-Speicher
Großvenediger 3666
Granatspitze 3086
Kasern
Ginzling
Zillertaler Alpen
Rauchkofel 3251
Tauerntal
Pasterze
Olperer 3476
Dreiherrnspitze 3499
Eichham 3371
Muntanitz 3232
3797 Großglockner
Großer Löffler 3379
Schlegeis-Speicher
Schwarzenstein 3369
Hinterbichl
Prägraten
Rötspitze 3493
Vals
Gr. Möseler 3480
Matrei
Kals
Brenner 1374
Virgental
Isel
Virgen
Roter Knopf 3281
Schobergruppe
Keeseck 3173
Lasörling 3098
Hochfeiler 3509
Hochschober 3242
Petzeck 3283
Hochgall 3436
St. Jakob
St. Veit
Huben
20 km
Defereggental
St. Johann im Walde
Staller Sattel 2052
Weiße Spitze 2962
Winklern
Regenstein 2891
Isel
Lienz
Defereggner Alpen
Riepen-spitze 2775
Rotstein 2702
1209 Iselsberg
Innervillgraten
Gölbner 2943
Toblacher Pfannhorn 2663
Lavant
Pustertal
Gr. Sandspitze 2772
Drau
Sillian
Mittewald
Drau
Lienzer Dolomiten
Kartitscher Sattel 1526
Ober-tilliach
Helm 2433
Lesachtal
Karnische Alpen
Gail
Liesing
Pfannspitze 2665
Zwölferspitz 2593

BERGE TIROLS

Peter Freiberger

BERGE TIROLS

Die 40 schönsten Gipfel

Alle Normalwege

BRUCKMANN

Inhalt

Der Großglockner, höchster Gipfel nicht nur Tirols, sondern ganz Österreichs.

Beglückend: Auf den Bergen Tirols ist die Freiheit grenzenlos.

Endlich am Ziel: Seilschaft am Gipfel des Großglockners.

Vorwort

Die 40 schönsten Gipfel in den Tiroler Bergen auszusuchen, ist ein schwieriges Unterfangen. Welche Kriterien zieht man da heran? Höhe, Form, Charakter, Ersteigungsgeschichte, Anforderungen? Oder hängt die Entscheidung mit persönlichen Erlebnissen an einem bestimmten Berg zusammen, die sich unauslöschlich ins Gedächtnis eingeprägt haben? Man steht vor der Qual der Wahl, zumal in Tirol ja auch deutlich mehr als 40 Gipfel gen Himmel ragen. Jedenfalls fällt diese Wahl immer subjektiv aus, ganz gleich, woran man einen Berg misst.

Die Leser des Magazins »Bergsteiger« haben sich dieser schwierigen Aufgabe gestellt. Dabei kam eine wunderbare und vielfältige Mischung von Gipfeln zusammen, die allesamt einen ganz unterschiedlichen, jedoch jeweils eigenen Reiz ausstrahlen und über das ganze Land verstreut liegen. Die höchsten Eisriesen – Großglockner und Wildspitze – führen diese Liste an. Fast möchte man glauben, dass die Größe doch die entscheidende Rolle für uns Bergsteiger spielt, dass zumindest eine Drei voranstehen muss zum uneingeschränkten Gipfelvergnügen. Aber nein. Die Höhe ist nicht allein ausschlaggebend für die Wertschätzung eines Berges.

Daher kommen in diesem Tourenbildband nicht nur die prominentesten Tiroler Gipfel vor. In die Liste reihen sich genauso Berge ein, die wahrscheinlich viele zunächst nirgendwo zuordnen können. Wo liegen schon die Namloser Wetterspitze, die Gehrenspitze oder der Guffert? Wer da nicht in der betreffenden Region daheim ist, wird wohl erst einmal in Führern zur Orientierung nachschauen müssen.

Diese drei weniger bekannten Gipfel verdeutlichen, dass die Auswahl nicht nur den Hochalpinisten, sondern ebenfalls den gemütlichen Wanderer, der das Naturerlebnis in den Vordergrund stellt, anspricht. Als Bergfex kann man in Tirol auch in niedrigeren Regionen zu Hause sein und sich dort pudelwohl fühlen. Man muss wahrlich nicht immer ganz hoch hinaus. Vieles offenbart sich bereits im ersten »Stockwerk«.

Freilich – ein bisschen spiegelt die Auswahl schon das »Who is who« in der Tiroler Bergwelt wider. Namen wie Weißkugel, Similaun, Zuckerhütl, Watzespitze, Hochfeiler, Totenkirchl oder natürlich Großglockner zergehen regelrecht auf der Zunge. Aber das sind eben lediglich ein paar von insgesamt 40 Gipfeln.

»Berge Tirols« will vor allem Lust machen. Lust darauf, im Herzen der Alpen diese unvergleichliche Pracht zu entdecken und zu erleben, die sich vom Wilden Kaiser über die Zillertaler und Ötztaler Alpen, die Silvretta, die Lechtaler Alpen, über Wetterstein- und Karwendelgebirge bis zum Rofan erstreckt und in Osttirol eine grandiose Fortsetzung erfährt. Und dabei kommen alle auf ihre Rechnung – der Wanderer, der erfahrene Alpinist und der Kletterer.

Jeder Gipfel hat einen so genannten Normalweg, bei dem es sich in der Regel um die einfachste und kürzeste Route handelt. In diesem Tourenbildband werden die Normalwege von allen präsentierten Gipfeln beschrieben. Der Leser kann sich außerdem an Kartenskizzen orientieren, auf denen die wichtigsten Routen detailgenau eingezeichnet sind.

Der jeweilige Berg wird jedoch nicht auf Anstiegs- oder Abstiegsrouten »reduziert«. Nein, er steht in seiner Gesamtheit im Mittelpunkt. Da darf die Ersteigungsgeschichte genauso wenig fehlen wie Anekdoten, Geschichten und Sagen, die sich um einen Berg ranken. Und jeder der 40 Gipfel hat einiges zu erzählen. Eigentlich könnte man damit allein schon ein Buch füllen.

»Berge Tirols« möchte übrigens auch jene inspirieren, die die Gipfel normalerweise lieber vom Tal oder von der Terrasse einer Schutzhütte aus betrachten. Vielleicht bekommen sie bei der Lektüre ja Lust auf ein bisschen mehr.

Also dann. Auf geht's und viel Spaß in den Bergen Tirols!

Peter Freiberger

Einführung

Die Berge Tirols locken. Wer möchte angesichts dieser Pracht im Herzen der Alpen nicht sofort losmarschieren, um einen Gipfel nach dem anderen zu besteigen?! Doch Vorsicht: Die Berge Tirols verlocken und verleiten auch. Sie verleiten uns dazu, Risken zu unterschätzen und dadurch uns selbst und andere in Gefahr zu bringen. Die Einsatzzahlen der Tiroler Bergrettung und der Rettungshubschrauber belegen diese oft fatalen Fehleinschätzungen. Ad hoc und planlos darf man sich nicht in die Tiroler Gebirgswelt begeben. Das gilt in fast gleichem Maß für einen vermeintlich einfachen Wanderberg wie für einen Riesen aus Fels und Eis. Abgeworfen ist man schnell. Oft viel schneller, als man denkt und einem lieb sein kann.

Tadellose körperliche Verfassung stellt die Grundvoraussetzung für eine Tour dar. Die konditionelle Basis lässt sich natürlich nicht an einem Tag schaffen. Nein, da muss schon über einen längeren Zeitraum gearbeitet bzw. trainiert werden. Günstig wäre es, vor Antritt einer größeren Tour oder gar eines Urlaubs in den Bergen die körperliche Leistungsfähigkeit zu Hause zu überprüfen. Ein sportmedizinischer Test kann da exakte Aufschlüsse geben. Wanderern bzw. Bergsteigern, die älteren Semesters sind, sei eine medizinische Untersuchung ans Herz gelegt. Vor allem wenn sie sich normalerweise eher wenig körperlich betätigen und mehrere und längere Touren planen. Was viele nicht wissen: Herz-Kreislauf-Versagen bei Wanderern ist die Todesursache Nummer eins in den Tiroler Bergen. Da kann man gar nicht genug Vorsorge treffen.

In diesem Zusammenhang darf auch die Höhenlage nicht außer Acht gelassen werden. Wer sich ständig fast ausschließlich im Flachland aufhält, wird in der dünneren Luft ordentlich »schnaufen«. Davon sind wir Tiroler nicht ausgenommen. Schließlich befinden wir uns ebenfalls nicht permanent jenseits der Dreitausendergrenze. Akklimatisieren bringt viele Vorteile, besonders dann, wenn jemand ganz nach oben will.

Entsprechende körperliche Voraussetzungen allein bedeuten leider noch keine Garantie für unfallfreies Wandern und Bergsteigen. Eine gute Gehtechnik gehört in gleichem Maße dazu. Wer gewöhnlich nur Spaziergänge unternimmt, wird sich wahrscheinlich schwer tun, sobald er in die Berge kommt. Auch in diesem Fall lautet die Devise: Bereits daheim rechtzeitig mit der Vorbereitung anfangen. Was liegt da näher, als sich einem alpinen Verein anzuschließen, der nicht nur richtiges Gehen, sondern ebenfalls alpine Techniken lehrt. Dafür kommen neben dem Alpenverein auch diverse Bergsteigerschulen in Frage. Dort kann man im Grunde alles Notwendige lernen – egal ob es sich um den sicheren Tritt, um Klettertechniken oder um richtiges Verhalten in Schneeflanken bzw. am Gletscher handelt. Selbstverständlich erfährt man ebenfalls, was in Notfällen zu tun ist.

Gute Ausrüstung sollte eigentlich eine Selbstverständlichkeit sein. Wandern und Bergsteigen ohne feste Schuhe mit griffigem Profil ist gleichbedeutend mit Autofahren ohne Bremse. Längst sind Produkte auf dem Markt, die nicht nur die nötige Sicherheit, sondern zudem hervorragenden Tragekomfort bieten und praktisch so bequem sind wie Turnschuhe. Sparen bei der Ausrüstung bedeutet eindeutig sparen am falschen Platz.

Die Verwendung von Stöcken drängt sich gerade beim Wandern auf. Dabei steht nicht in erster Linie der Sicherheitsaspekt im Vordergrund. Nein, Stöcke erleichtern einfach das Gehen und entlasten beim Abstieg Knie und Wirbelsäule – ein Vorzug, der sich vermutlich erst nach einigen Jahren bemerkbar macht. Man tut sich zudem insgesamt etwas leichter. Aber nicht einfach auf alte Skistöcke zurückgreifen. Die entpuppen sich in vielen Situationen als zu sperrig. Teleskopstöcke sind eindeutig von Vorteil. In Passagen, die nur durch Kraxeln bzw. Klettern überwunden werden können, schiebt man sie zusammen und bringt sie am Rucksack an, wo sie nicht behindern.

In dem aus vielen Steinchen bzw. Steinen bestehenden Sicherheitsmosaik spielt neben den Faktoren Kondition und Ausrüstung die Tourenplanung eine entscheidende Rolle. Und die Tourenplanung beginnt bereits zu Hause mit dem Studium von Führern und Karten.

In den gesamten Überlegungen muss größtes Augenmerk gelegt werden auf das Wetter, den vielleicht entscheidendsten und unberechenbarsten Faktor am Berg. Bei guten äußeren Verhältnissen ist ein Gipfel wesentlich einfacher zu machen als bei Nebel, Regen oder gar Schneefall. Steige oder Pfade sind kaum mehr zu finden, wenn es einmal zuzieht, fester und griffiger Untergrund verliert in einem Gewitter in kürzester Zeit all seine positiven Eigenschaften. Seilversicherungen, Klammern und Leitern können bei Blitzschlag tödliche Gefahren darstellen. Hände weg davon! Nach heftigen Schneefällen droht selbst im Sommer Gefahr durch Lawinen.

Zeit lassen und eine günstige Situation abwarten lautet daher gerade in diesem Zusammenhang die Devise. Dies fällt verständlicherweise besonders den Wanderern bzw. Bergsteigern schwer, die eine mühsame Anreise hinter sich haben und vor Ort von Schlechtwetter überrascht werden. Der lange geplante Urlaub kann nicht mehr verschoben werden, deshalb wollen sie »ihren« Berg unbedingt machen – egal, ob es stürmt oder schneit. Ein Kardinalfehler.

Als Tiroler lässt es sich da leicht reden. Die Berge liegen direkt vor der Haustür oder nicht besonders weit entfernt, man lebt gewissermaßen im Schlaraffenland. Was macht es da schon aus, eine Tour wetterbedingt ein paar Tage auf Eis zu legen ...

Eine langfristige Wettervorhersage gibt es praktisch nicht, die Tendenz einiger Tage lässt sich natürlich vorhersehen. Der Wetterdienst des Alpenvereins bietet hier wohl die besten Informationen. Er ist innerhalb Österreichs telefonisch erreichbar unter der Nummer 09 00/91 15 66 80 (Tonband mit der Vorhersage des Alpenwetters) bzw. 09 00/91 15 66 82 (Ostalpenwetter). Unter 00 43/(0) 5 12/29 16 00 gibt es zudem eine persönliche Auskunft. In Deutschland gibt es den Alpenwetterbericht unter der Nummer 01 90/11 60/11. Man erhält die Prognosen ebenfalls über das Internet (www.alpenverein.at bzw. www.alpenverein.de). Nach diesen in der Regel äußerst zuverlässigen Vorhersagen sollten sich Wanderer und Bergsteiger gleichermaßen richten!

Was die Tourenplanung betrifft, sollte man ebenfalls stets auf den Rat von erfahrenen Einheimischen hören. Was liegt da näher, als sich intensiv mit dem Wirt der Hütte zu unterhalten, wo man gerade nächtigt. Er weiß genau, wie die Verhältnisse im Gebiet um das Schutzhaus gerade sind, welcher Berg welche Tücken und Gefahren aufweist. Gerade für Gletschertouren sind seine Auskünfte beson-

Viele Tiroler Gipfel sind vergletschert und erfordern deshalb alpine Erfahrung: Gletscherbruch am Taschachferner.

ders wichtig. Nirgendwo in der Literatur erhält man aktuelle Informationen über die Entwicklung eines Eisriesen, die bekanntlich äußerst rasant verläuft. In einer Flanke, die vor wenigen Jahren noch problemlos machbar war, können inzwischen bereits unkalkulierbare Risiken lauern. Der Wirt – vielfach gleichzeitig Bergführer und mit »seinen« Bergen bestens vertraut – muss ein wichtiger Ansprechpartner sein. Falls er selbst keine brauchbaren Informationen liefern kann, erkundigt er sich bestimmt gerne bei Bergführern über die aktuelle Situation und gibt deren Erfahrungen weiter.

Wer von einem Schutzhaus zu einer Tour aufbricht, hat sein Ziel übrigens ins Hüttenbuch einzutragen. Dies darf nicht als lästige Verpflichtung angesehen werden, sondern als wichtige Hilfe für Rettungsmannschaften, falls doch einmal etwas passiert. Und damit ist es eine Maßnahme zum Eigenschutz.

Rechtzeitiges Aufbrechen trägt gerade im Sommer dazu bei, dass man nicht so leicht von den Kapriolen des Wetters überrascht wird und dass eine Tour zu einem echten Genuss wird. Wer sich erst am späten Vormittag durch sonnenüberflutete, steile Latschenhänge hinaufquält, wird den Berg eher verfluchen, als von ihm beeindruckt sein. Zudem steigt die Wahrscheinlichkeit, dass er dann den Gipfel gar nicht erreicht oder Kreislaufprobleme bekommt, die sich durch früheres Aufstehen leicht hätten vermeiden lassen können.

Wenn das Wetter unterwegs plötzlich umschlägt, sind Regenschutz und Wäsche zum Wechseln im Rucksack unentbehrlich. In den Rucksack gehört für Notsituationen zudem ein Erste-Hilfe-Paket und ein Biwaksack. Für Eistouren ist die Mitnahme von Steigeisen, Eispickel, Brust- und Sitzgurt, Seil und Helm Pflicht. Keinesfalls Handschuhe vergessen, bloß weil der Kalender gerade Juni oder Juli anzeigt. Dass man eine Klettertour entsprechend gesichert unternimmt, sollte eigentlich nicht extra angeführt werden müssen.

Doch nicht allein vor Gewittern, Regen und Schnee gilt es sich zu schützen. In den vergangenen Jahren hat sich die Sonne als großes Gesundheitsrisiko herausgestellt. Die UV-Strahlung, schon im Tal äußerst aggressiv, wird mit zunehmender Höhe intensiver. Daher dürfen Haut und Lippen niemals ungeschützt der Sonne ausgesetzt werden. Stets Sonnenschutzmittel mit hohen bis höchsten Faktoren verwenden und diese bereits im Tal oder auf der Hütte auftragen – während der Tour ist es zu spät. Bewölkung bzw. Nebel bieten keinen ausreichenden Schutz vor der Sonne. Dasselbe gilt für die Augen. Wem das Augenlicht etwas wert ist, der schützt es mit der Sonnen- bzw. Gletscherbrille.

Beim Proviant ist leicht verträgliche Kost einer deftigen Jause vorzuziehen, die dem Organismus wenig bringt, ihn jedoch sehr belastet. Keinesfalls »knausern« darf man bei den Getränken. Es empfiehlt sich, regelmäßig kurze Pausen einzulegen und dem Körper zumindest einen Teil der Flüssigkeit zurückzugeben, die er durch das Schwitzen verliert.

Die Martin-Busch-Hütte oberhalb von Vent ist ein idealer Stützpunkt für zahlreiche Hochtouren.

Thema Handy: Wer ein Mobiltelefon besitzt, sollte es unbedingt in den Bergen dabei haben. Von vielen Tiroler Gipfeln (und mittlerweile nicht mehr nur Gipfeln!) aus funktionieren die Handys, viele Male bereits wurde damit in Notfällen erfolgreich Hilfe alarmiert. Die Tiroler Bergrettung hat unter der Telefonnummer 140 den so genannten Alpinnotruf eingerichtet (ohne Vorwahl). Wer die 140 anruft, gelangt direkt in die Landeswarnzentrale nach Innsbruck, von wo effizient und rasch Hilfsmaßnahmen am Boden und aus der Luft eingeleitet und koordiniert werden.

Beim Melden eines Unfalls, egal ob man selbst betroffen ist oder nur Hilfe organisieren muss, sollte man sich – sofern in der angespannten Situation möglich – auf fünf Angaben konzentrieren. Wer meldet das Unglück? (Name und Telefonnummer bekannt geben) Wo passierte der Unfall? Was ist passiert? Wie viele Menschen brauchen Hilfe? Wie sind die Wetterverhältnisse vor Ort?

Nicht immer steht allerdings ein Handy zur Verfügung. Da gilt es, im Notfall auf einfachere Mittel zurückzugreifen. In der Dämmerung bzw. bei Dunkelheit bietet sich klarerweise eine Lampe (egal ob Taschen- oder Stirnlampe) an. Man kann sich selbstverständlich ebenfalls akustisch bemerkbar machen. Der Grundsatz lautet jedenfalls: Sechsmal pro Minute in regelmäßigen Abständen ein Signal senden. Daraufhin folgt eine Minute Pause, ehe wiederum sechs Signalzeichen abgegeben werden usw.

Aus Sicherheitsgründen sollte man niemals allein in die Berge gehen. Die Kameradenhilfe ist immer noch die wichtigste erste Hilfe.

Stichwort Rettungseinsätze: Die Bergung mit dem Hubschrauber findet nicht zum Nulltarif statt. Die Helikopterstunde ist nicht gerade billig, daher empfiehlt es sich, rechtzeitig eine entsprechende Versicherung abzuschließen. Sonst erlebt man unter Umständen eine unliebsame Überraschung.

In diesem Tourenbildband werden Berge aller Kategorien präsentiert. Keiner der vorgestellten Normalwege lässt sich gänzlich ohne Schwierigkeiten bewältigen. Klar, dass die Weißkugel andere Anforderungen stellt als zum Beispiel die Serles. Klar ist ebenfalls, dass man sich ins Hochgebirge nur wagen darf, wenn man die nötige Ausbildung und Erfahrung in Eis und Fels mitbringt. Niemand sollte sich übrigens zu gut dafür sein, im Zweifelsfall einen Bergführer zu engagieren.

Trittsicherheit setzen bereits die leichteren Wanderberge voraus. Ohne diese Trittsicherheit sollte man lieber die Finger von den Tiroler Gipfeln lassen. Schwindelfreiheit ist meist ebenso vonnöten. Natürlich kann man sich an der einen oder anderen etwas ausgesetzten Stelle überwinden. Wem freilich von Anfang an und permanent die Knie schlottern, der braucht sich nicht schämen, ohne Gipfelerlebnis ins Tal zurückzukehren. Es wäre grundfalsch, sich mit aller Gewalt etwas beweisen zu wollen.

Grundsätzlich stellt sich die Frage, wie man sich einem Berg nähert. Sieht man einen Gipfel eher »buchhalterisch« und will möglichst schnell ganz oben sein, um seine eigene Bestzeit bzw. die von anderen zu unterbieten? Oder betrachtet man einen Berg mit all seinen Facetten und Reichtümern, die er offenbart?

Ich persönlich trete eher für die zweite Variante ein. Wir übersehen einfach zu viel, wenn wir stur und fast blind hinaufrennen – Gefahren eingeschlossen. Eile und Berg, das passt nicht wirklich zusammen. Der Genuss kommt zu kurz. Wandern und Bergsteigen sollten jedoch eng mit der Freude an der Natur und an der Bewegung verbunden sein.

Genießen lässt sich ein Abend auf einer Schutzhütte, der irgendwie dazugehört zu einer Bergtour in höhere Regionen. Freilich – eine Nacht im Massenlager reizt niemanden. Dafür braucht man sich jedoch nicht stressen, wenn man einen Gipfel sozusagen auf zwei Tage aufteilt. Außerdem besteht auf vielen Hütten ohnehin die Möglichkeit, recht bequem in Mehrbettzimmern zu übernachten.

Die Berge Tirols verlangen uns einiges ab. Sie geben uns aber viel mehr noch zurück von den Mühen und Strapazen, die eng mit ihnen verbunden sind. Ganz oben am höchsten Punkt hat sich ohnehin alles gelohnt.

Die Berge im Überblick

Einordnung nach Anforderungen

Wandertour:

Als Wandertour werden in erster Linie etwas kürzere Touren bezeichnet, die Trittsicherheit und Kondition, aber nicht alpintechnisches Können voraussetzen. Kletterpassagen bzw. seilversicherte Stellen findet man hier praktisch keine. Schwindelfreiheit ist von Vorteil, jedoch kein unbedingtes Muss, da die Wandertouren in der Regel nicht durch ausgesetztes Gelände führen. Von den Touren in diesem Buch gehören dazu:

- 17. Laserzwand
- 27. Namloser Wetterspitze
- 37. Gehrenspitze (eventuell auch Bergtour)

Bergtour:

Eine Bergtour ist normalerweise länger als eine gewöhnliche Wandertour und erfordert neben Trittsicherheit einen soliden konditionellen Grundstock sowie Schwindelfreiheit. Unter »Bergtour« findet man außerdem Gipfel, deren Anstieg unter Umständen klettertechnisches Können voraussetzt. Auf einer Bergtour muss man meist durch ausgesetzte und seilversicherte Passagen. Für eine Bergtour ist in der Regel die Beherrschung der Schwierigkeitsgrade I bis III und Erfahrung im alpinen Gelände vonnöten. Eine Bergtour kann in hochalpine Regionen und durch Schnee- bzw. Eispassagen führen. Von den Touren in diesem Buch gehören dazu:

- 5. Ahornspitze
- 7. Patteriol
- 9. Hochvogel
- 10. Serles
- 11. Ehrwalder Sonnenspitze
- 12. Guffert
- 16. Hoher Riffler
- 19. Hochfeiler
- 20. Hohe Munde
- 24. Fluchthorn
- 26. Schrankogel
- 28. Ackerlspitze
- 29. Hochiss
- 30. Birkkarspitze
- 31. Hochschober
- 35. Parseierspitze
- 36. Spitzkofel
- 37. Gehrenspitze (eventuell auch Wanderung)
- 38. Grosser Bettelwurf
- 39. Leutascher Dreitorspitze
- 40. Habicht (mit spaltenfreier Gletscherpassage)

Viele Wege führen durch das ewige Eis.

Gletschertour:

Wer noch nie auf einem Gletscher unterwegs war, sollte die Finger von einer Gletschertour lassen oder sie nur unter der fachkundigen Anleitung eines Bergführers unternehmen. Auf einer Gletschertour gehören Steigeisen, Seil, Hüft- und Brustgurt, Karabiner, Reepschnur und zumindest ein Leichtpickel zur Standardausrüstung. Die Beherrschung der grundlegenden Seil- und Bergungstechniken ist ebenfalls Pflicht, das Tragen eines Helms empfehlenswert. Von den Touren in diesem Buch gehören dazu:

- 1. Grossglockner
- 2. Wildspitze
- 3. Similaun
- 4. Grossvenediger
- 8. Weisskugel
- 13. Zuckerhütl
- 15. Reichenspitze
- 18. Dreiherrnspitze
- 22. Watzespitze (auch Klettertour)
- 25. Grosser Löffler

Kombinierte Tour:

Eine kombinierte Tour setzt nicht nur Kenntnisse voraus, die für eine Gletschertour vonnöten sind. Eine kombinierte Tour beinhaltet zusätzlich auch Felspassagen in den unteren Schwierigkeitsgraden. Man braucht dazu Erfahrung im Fels und entsprechendes klettertechnisches Können. Von den Touren in diesem Buch gehören dazu:

- 14. Zugspitze (Klettersteigpassagen)
- 23. Dreiländerspitze
- 32. Turnerkamp

Klettertour:

Bei einer Klettertour überwiegen Passagen, die geklettert werden müssen. Die Mitnahme von Helm, Hüft- und Brustgurt, Klemmkeilen, Expressschlingen, Bandschlingen, Karabiner und Seil ist genauso wie Klettererfahrung unbedingt erforderlich. Von den Touren in diesem Buch gehören dazu:

- 21. Totenkirchl
- 22. Watzespitze (auch Gletschertour)
- 33. Zsigmondyspitze

Klettersteig:

Die als Klettersteig klassifizierten Touren erfordern die Mitnahme von Helm, Hüft- und Brustgurt, eines Klettersteigsets und eventuell von Handschuhen. Da die Routen teilweise sehr ausgesetzt sind, sollten nur absolut schwindelfreie Bergsteiger einen Klettersteig in Angriff nehmen. Ein Grundstock an Kondition gilt als vorausgesetzt. Von den Touren in diesem Buch gehören dazu:

- 6. Ellmauer Halt
- 34. Grosse Ochsenwand

1 Großglockner

Von der Franz-Josefs-Höhe hat man einen beeindruckenden Blick auf die Pasterze, den größten und auch schönsten Gletscher der Ostalpen.

Es wird behauptet, der Großglockner sei schön; ich allerdings stelle ihn mir anders vor: Düsteren Blickes sieht der vom Feuer des Erdinneren gedunkelte Großfürst Glockner auf die um ihn wimmelnde Schar seiner Untertanen in schneeweißen, aschgrauen oder waldundwiesengrünen Westen hinab. Stolz erhebt er seine schwarzweiß gestreiften Flanken bis zu 2000 Meter über von Murmeltieren wimmelnden Tälern, erschreckend brüchigem Urgestein und dem weitesten Gletscher der Ostalpen, der Pasterze, mit der sich eigentlich nur noch der Ötztaler Gepatschferner messen kann. Angeblich überblickt nur Monarch Montblanc im fernen Westen einen größeren Teil des Alpenreiches.

Großglockner, 3798 m

LAGE: Hohe Tauern, Glocknergruppe
CHARAKTER: Höchster Berg Tirols und Österreichs. Der zunehmend beliebte südostseitige Weg der Erstbegeher ist zwar der leichteste Hochtouren-Anstieg, verlangt aber dennoch komplette Gletscherausrüstung, Grundkenntnisse in Fels und Eis sowie unbedingte Trittsicherheit und Schwindelfreiheit.
TALORT: Heiligenblut
STÜTZPUNKT: Salmhütte, ÖAV, 2638 m, 66 Schlafplätze, 4 Plätze Winterraum (AV-Schloss!), bew. Juli bis September, Tel. 0043/(0)4824/2089; Glocknerhaus, ÖAV, 2132 m, 88 Schlafplätze, bew. Mitte Mai bis Mitte Oktober, 8 Plätze Winterraum, Tel. 0043/(0)4824/2516; Erzherzog-Johann-Hütte (vulgo Adlersruhe), ÖAK, 3451 m, 230 Schlafplätze, offener Winterraum, bew. Juli bis September, Tel. 0043/(0)4876/8500
ROUTEN: Über das Hofmannskees und die Adlersruhe; dann weiter wie oben; oder über das Ködnitzkees auf die Adlersruhe und weiter wie oben
FÜHRER: Willi End und Hubert Peterka, Glockner- und Granatspitzgruppe, Bergverlag Rother, Ottobrunn
KARTEN: Alpenvereinskarte 1:25000, Blatt 40, Großglocknergruppe; Kompass-Wanderkarte (mit Skirouten) 1:50000, Blatt 39, Glocknergruppe, Hohe Tauern
TOURISMUSVERBAND: A-9844 Heiligenblut, Tel. 0043/(0)4824/2001-21, Fax -43, E-mail: glockner@netwag.at, Internet: www.heiligenblut.at

Ein pastellgelber Schimmer erscheint auf der von einer dreieckigen Felshaube gekrönten Firnschulter, die in den noch matten Morgenhimmel stößt. Langsam kriecht das Licht, immer intensiver strahlend, den breiten, sanft gerundeten Gletscherrücken hinab, dabei Stück für Stück die Form einer Glocke enthüllend, die für einen kurzen, unwiederbringlichen Augenblick aus blendendem Tauerngold gegossen scheint – bis das güldene Festgewand des Großglockner unter dem Ansturm der Morgensonne erblasst und die Vision sich in gewöhnlichen, grell gleißenden Firn zurückverwandelt. Die zum Bergsteigerzentrum Heiligenblut im Kärntner Mölltal abfallende Ostschulter ist die eleganteste des sich von allen anderen Seiten mit dunkler Grünsteinhaube präsentierenden, wilden Großfürsten. Aber selbst die weiße Schulter verliert sich in wilden Schluchten unter steilen Bergmähdern und eingelagerten Hochalmen, über denen selten bestiegene, zerschrundete Gipfel aus brüchigem Fels und Blockschutt oder steile Hüte aus Bratschenfels emporwachsen, den man am besten gut ausgerüstet und mit Steigeisen anpackt. Und wo sich fette Murmeltiere sonnen.

Wie bei den anderen Gletscheranstiegen (Nordflanke/Hofmannskees und Südflanke/Ködnitzkees) taucht die Crux der Tour gemeinerweise erst ab etwa 3550 Metern mit dem abschüssigen und im Sommer häufig blanken Eisaufschwung des Glocknerleitl auf, das den Großglockner zu einem in den Ostalpen seltenen »Killerberg« macht: Fast jedes Jahr fallen dem Gedrängel zwischen den Auf- und Absteigenden erschöpfte Alpinisten und unerfahrene Touristen zum Opfer. Danach geht es vom schrägen Firndach des Kleinglockners am Drahtseil hinab zum Schwindel erregenden, halbmeterschmalen Firnsteg der Glocknerscharte. Der anschließende Felsanstieg zur Grünsteinhaube des Fürsten ist eine richtige »Genussspechtelei« – allerdings beeinträchtigt von diversen hin und her kreuzenden und sich häufig verheddernden Seilschaften.

Die erste Expedition: Man schreibt das Jahr 1799. Während in England die ersten Wunderwerke der Technik, primitive Dampfmaschinen und wasserkraftgetriebene Webstühle, den Beginn eines neuen Zeitalters einläuten, liegt auf dem Kontinent die alte Welt in ihren letzten Zügen. In Deutschland dagegen herrscht noch die pränapoleonische Kleinfürstentümelei, das von der Adria bis zu den Karpaten reichende Habsburgerreich hat sich gerade Restpolen einverleibt – und Napoleon beginnt damit, die mehr oder weniger aufgeklärten, aber maroden Monarchien Europas aufzumischen und deren Bevölkerung mit der Zeitbombe des Nationalismus zu infiltrieren.

Altgraf Franz Xaver von Salm-Reifferscheid, seines Zeichens Fürstbischof von Gurk und Kardinal der römischen Kurie, plante langfristig. Jahre vor dem ersten ernsthaften Besteigungsversuch ließ er den »Glöggler«, wie ihn die Einheimischen vertraulich nannten, von seinem Generalvikar Sigmund von Hohenwart erkunden, bis es 1799 ans Eingemachte ging: Salm dekretierte eine Expedition unter Führung der Heiligenbluter Gebrüder Klotz aus einer Zimmererfamilie. Eine

Der Großglockner von Osten aus gesehen; links Groß- und Kleinglockner, in der Bildmitte das Glocknerhorn, rechts die Glocknerwand.

weise Entscheidung, denn sie wählten nicht nur die leichteste Anstiegsroute aus, nämlich über das fast spaltenfreie Leiterkees; sie hatten auch nach vorbereitenden Besteigungsversuchen den Vorläufer der heutigen Salmhütte erbaut (am Weg etwas oberhalb der heutigen). Um den unternehmungsfreudigen Kardinal persönlich hinaufzubugsieren, rückte man im Expeditionsstil mit einem Tross von zwei Dutzend Mannen aus, neben einigen gelehrten Naturforschern und geistlichen Würdenträgern meist Mölltaler Bauern als Lastenträger. Mit schüttendem Sommerregen (unten) und peitschendem Schneesturm (oben) wies Fürst Großglockner die Avancen der nicht gerade bergerfahrenen Geistlichen brüsk ab – und provozierte den ersten verbürgten Trägerstreik der Expeditionsgeschichte. Völlig durchfroren erreichte der pudelnasse Haufen wieder die erste Schutzhütte der Ostalpen.

Zwei Tage später, am 25.8.1799, marschierte der Trupp bei strahlendem Sonnenschein den Spuren der Klotz-Brüder hinterher, die sich beim ersten Morgendämmern durch den tiefen Neuschnee zum Glocknerleitl hochgewühlt hatten, um es mit Leiter und Hanfseilen zu versichern. Ihr Auftraggeber, Kardinal Salm, blieb am Rastplatz Adlersruhe zurück, während die beiden fittesten der edlen Gesellschaft (darunter Sigmund von Hohenwart) zusammen mit vier Zimmermann-Sherpas das Kreuz zur tief verschneiten Gipfelschneide hinaufschleiften … des Kleinglockners! Der Großglockner selbst wurde erst am 28. Juli 1800 bestiegen – in der üblichen Besetzung, aber diesmal mit dem Ortspfarrer aus Döllach im Mölltal als Vertreter der Geistlichkeit …

AUFSTIEG: Vom Glocknerhaus (2132 m; hierher über die Mautstraße Richtung Franz-Josefs-Höhe) westwärts auf steinigem Pfad hinauf zu einem Sträßchen und auf diesem südwärts über die Staumauern des Margaritzespeichers. Auf dem Wiener Höhenweg auf-

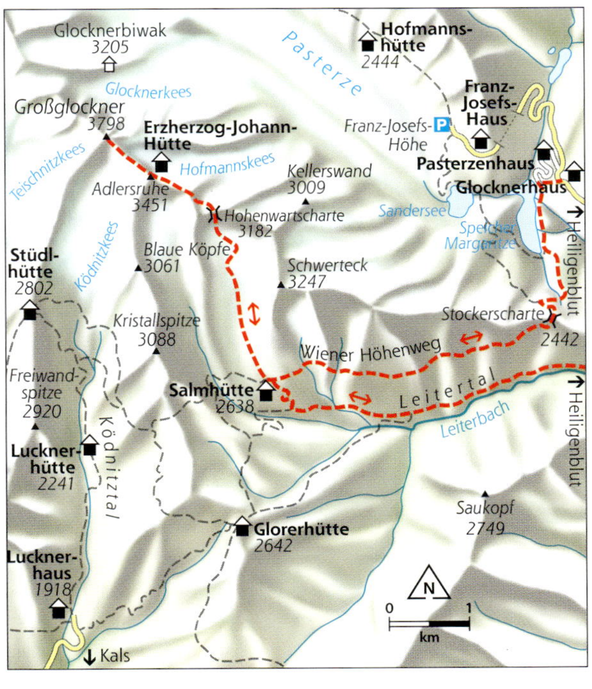

Bild oben: Die neu erbaute Stüdlhütte auf der Südseite des Großglockners. Bild unten: Das Glocknermassiv von Nordosten.

wärts zur etwas ausgesetzten Stockerscharte im Leiterkamm (ca. 2480 m; kurz zuvor weite Schleife zwischen Felsabsätzen) und westwärts hoch über dem wilden Tal des Leiterbachs lange queren zur Salmhütte. Übernachtung.

Nordwärts über Moränenschutt zum Hohenwartkees. An dessen rechtem Rand hinauf, unter der Kellersbergwand links ansteigend zur Hohenwartscharte queren und schrofig zu dieser hinauf (3182 m; oben Klettersteig). Links in eine Firnmulde, nordwestwärts auf den Salmkamp (felsige Passage) und flach, zum Schluss über Felsen ansteigend weiter zur Adlersruhe mit der Erzherzog-Johann-Hütte (3451 m).

Über Schnee oder Schutt weiter zu einem Südostrücken aus Firn oder Eis, diesen hinauf und linkshaltend zu einem steilen Firnhang (»Glocknerleitl«, 35°, häufig vereist, rechts am Fels Drahtseil) mit abschließender Schneeschulter. Rechts entlang der Sicherungsstangen hinauf (Fels, Schnee oder kombiniert) zur Gipfelschneide des Kleinglockners (3770 m) und unterhalb der Gratwechte ausgesetzt westwärts queren zu einem Felskopf. Nach kurzem Felsabstieg (Drahtseil vorhanden) zur schmalen Firnbrücke der Glocknerscharte und über plattigen Fels (I–II, Sicherungsstangen) hinauf zum Gipfel (ca. 40 Höhenmeter).

ABSTIEG: Wie Aufstieg.

2 Wildspitze

Die Abziehbilder auf dem Gipfelkreuz des Wildspitz-Südgipfels sprechen eine deutliche Sprache: Bergeinsamkeit findet man hier wahrlich keine mehr.

Abbildung vorhergehende Seite: Der Großglockner von Norden.

Wildspitze, 3768 m

LAGE: Ötztaler Alpen
CHARAKTER: Höchster Gipfel der Ötztaler Alpen und Nordtirols, vor allem von Norden gesehen eine ästhetische Berggestalt, sehr häufig besucht, grandiose Gipfelrundsicht
TALORT: Vent (1900 m) im Venter Tal; Mittelberg (1736 m) im Pitztal
STÜTZPUNKTE: Taschachhaus (2432 m), bew. Ende Juni bis Ende September, 2 Std. von Mittelberg, Tel. 0043/(0)5413/86239; Braunschweiger Hütte (2758 m), bew. Mitte Juni bis Mitte Oktober und Anfang März bis Ende April, 3 Std. von Mittelberg, 1 Std. von der Gletscherbahn-Mittelstation, Tel. 0043/(0)5413/86236; Breslauer Hütte (2844 m), bew. Ende Juni bis Anfang Oktober, 2 bis 3 Std. von Vent, Tel. 0043/(0)5254/8156
ROUTEN: Normalweg über das Mittelbergjoch (einfache Gletschertour); vom Taschachhaus über den Rimlsteig (kombiniert); Nordwand (Eistour, bis 50°); Nordostgrat (kombiniert); Nordwestgrat (kombiniert)
FÜHRER: Walter Klier, AV-Führer Ötztaler Alpen, Bergverlag Rother, Ottobrunn
KARTEN: AV-Karte 1:25 000, Blatt 30/6, Ötztaler Alpen, Wildspitze; Kompass-Wanderkarte 1:50 000, Blatt 43, Ötztaler Alpen
TOURISMUSVERBAND: Tourismusverband Vent, Tel. 0043/(0)5254/8193; Ortsinformationsstelle St. Leonhard, Tel. 0043/(0)5414/86999, Fax: Kl. 88, E-mail: info@pitztal.com

Der höchste Berg Nordtirols – und überhaupt der zweithöchste in Österreich – ist längst nicht so wild, wie der Name eigentlich vermuten lässt. Zumal die modernen Errungenschaften der alpinen Erschließungstechnologie den Weg zum Gipfel doch ziemlich stark verkürzt haben. Moderne Seilbahnen machen aus der Ötztaler Wildspitze eine Halbtagestour, die dadurch allerdings ihren alpinen Ernst nicht wirklich verloren hat. Sie ist keine allzu wilde Spitze – die Ötztaler Wildspitze –, aber sie rächt sich an all denjenigen, die sie immer wieder gerne unterschätzen.

Ist sie nun Fluch oder doch Segen, die moderne Erschließung der Alpen? Ein bisschen Fluch und ein bisschen Segen gilt natürlich ebenso wenig wie ein bisschen Erschließung! Hier gilt nur ein klares Ja oder ein ebenso deutliches Nein – schwarz oder weiß, grau geht wirklich nicht! Es gibt kaum ein besseres Beispiel, um diese Diskussion zu führen, als das Beispiel der Wildspitze. Berühmt ist die höchste Spitze in Nordtirol schon seit der Erstbesteigung im Jahr 1848 durch den Rofener Leander Klotz und einen unbekannten Begleiter; und noch mehr gilt das, seit der Venter Pfarrer Franz Senn als einer der ersten Touristen auf ihrem Gipfel stand. Genau dieser förderte durch den Bau von Wegen und Schutzhütten das Bergsteigen im hintersten Ötztal – der Beginn der »modernen« Erschließung. Nach dem Normalweg wurden die übrigen Grate, dann die Wände, allen voran die eisige Nordwand, durchstiegen. Und mit der Erschließung kamen die Bergsteiger, und mit den Bergsteigern kam die Zivilisation in die Berge, die ersten Wege, die ersten Hütten, dann die Materialseilbahnen, mit denen die Versorgung der Hütten einfacher wurde. Und dann die Personenseilbahnen, mit denen die Versorgung der Berge mit Touristen einfacher wurde. Und die Versorgung der Touristen mit Bergen …

Nun, vor 30 Jahren war die Wildspitze noch ein Berg, der wirklich ernst genommen wurde. Auch der Normalweg über die Breslauer Hütte und das Mitterkarjoch galt als eine lange, hochalpine Gletschertour mit nur geringen Schwierigkeiten, für die man auf jeden Fall zwei Tage kalkulierte. Heute – nun ja, es mag altmodisch klingen, denn der Autor war vor fast 30 Jahren auf der Wildspitze – ist sie zu einer Halbtagestour geworden, dank der eingangs genannten Aufstiegshilfen. Bei der Mittelstation der Gletscherbahn aussteigen und in drei bis vier Stunden zum Südgipfel marschieren – das wär's. Mit dieser Höhenkote von 3768 Metern sind die meisten Besteiger zufrieden, obwohl der Nordgipfel noch sechs Meter höher ist. Doch der Übergang ist nicht ganz einfach, vor allem ausgesetzt und stellenweise gar überwechtet. Der Nordostgrat, in der Literatur auch als »Jubiläumsgrat« bezeichnet, der wahlweise von der Breslauer oder von der Braunschweiger Hütte angegangen werden kann, endet auf dem Nordgipfel, wo man meist echte Bergeinsamkeit genießen kann, während sich drüben am Südgipfel die »Schnell-Bergsteiger« drängeln und einander gegenseitig auf die Füße treten. Die dritte Route auf Nordtirols höchsten Gipfel, die Nordwand, hat im Zuge der Inflation aller Schwierigkeitsbewertungen längst nicht mehr den Namen von einst. Geblieben ist aber trotz fortschreitender Ausaperung eine wunderschöne und lange Eis(Firn-)tour für genusssüchtige Alpinisten, denen eine Steilheit von 50 Grad keine Angst einjagt.

Ist es nun Fluch oder Segen, dass die Gletscherbahn von Mittelberg heraufführt und neben Sommerskifahrern auch Bergsteiger transportiert, die die Wildspitze besteigen wollen? Zugegeben, viel mehr Bergsteiger als früher sind es, die der Wildspitze aufs Haupt steigen, und mancher, der heute hinaufgekommen ist, schaffte dies nur durch die Gletscherbahn. Die Seilbahnen, die Wege, die Hütten – sie sind nun einmal da, und das Rad der Alpingeschichte lässt sich nicht mehr zurückdrehen, nicht zurück in die Zeit der Bergvagabunden und nicht zurück ins Jahr 1848, als Leander Klotz als vermutlich erster

Ein formvollendetes Gesicht zeigt die Ötztaler Wildspitze nach Norden. Der Normalanstieg führt hier über den Taschachferner.

Mensch seine Spuren auf dem Südgipfel zurückließ. Wir leben nun einmal im dritten Jahrtausend und es gibt die modernen Errungenschaften der Technik – jedem bleibt freigestellt, ob er sie zu seinem Vorteil nutzt, oder ob er darin einen Nachteil sieht. Die Wildspitze, meine ich, wird das alles kaum stören.

AUFSTIEG: Vom Mittelbergjoch (3166 m; Gipfelstation der Pitztaler Gletscherbahn) zunächst über einen steilen Hang nach Süden hinab auf den Taschachferner. Auf der breiten Gletscherrampe weiter nach Südwesten (meist ausgetretene Spur) Richtung Brochkogel mit der markanten Nordwand. Am Gletscherbecken unter der Wand in einem weiten Linksbogen bis unter das Mitterkarjoch und in gleicher Richtung weiter über den Gletscherhang (Spalten) in eine flachere Firnzone. Aus dieser nach rechts hinauf zur Gratkante und schließlich am Grat (manchmal befindet sich dort Blankeis) zum Südgipfel (3768 m).

Der Übergang zum Nordgipfel erfolgt über den insgesamt etwa 300 Meter langen, manchmal stark überwechteten Grat, erst direkt an der luftigen Gratschneide, bald in der Westflanke unterhalb der Schneide, schließlich über einen breiteren Rücken zum Nordgipfel.

ABSTIEG: Entlang der Aufstiegsspur.

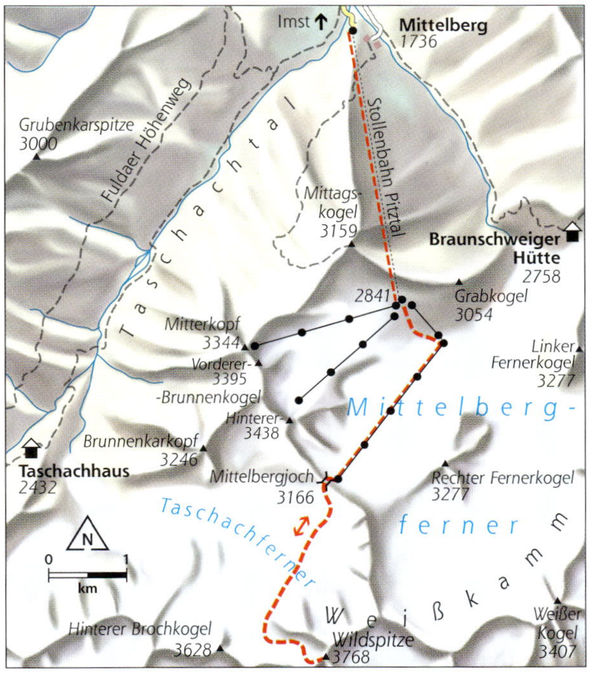

Die Wildspitze von Norden gesehen; im Vordergrund der Mittelbergferner.

Blick vom vergletscherten Nordgipfel zum felsigen Südgipfel der Wildspitze.

3 Similaun

Die Similaunhütte am Niederjoch, an der Grenze zwischen Nord- und Südtirol, lockt zur Einkehr nach der Tour auf den Similaun. Hier kann man ausgezeichneten Rotwein genießen.

Abbildung vorhergehende Seite:
Die Breslauer Hütte bei Vent ist einer von mehreren Stützpunkten für eine Tour auf die Ötztaler Wildspitze, den höchsten Berg Nordtirols.

Similaun, 3599 m

LAGE: Ötztaler Alpen
CHARAKTER: Einer der bekanntesten Gipfel der Ötztaler Alpen, weithin sichtbarer Gletscherberg mit grandioser Gipfelrundsicht
TALORT: Vent (1900 m) im obersten Venter Tal
STÜTZPUNKT: Martin-Busch-Hütte (2501 m), 2,5 Std. von Vent; bew. von 1. März bis Pfingsten und 25. Juni bis Ende September; Tel. 0043/(0)5254/8130.
Routen: Westgrat (Normalweg, Gletschertour, am Grat stellenweise ausgesetzt); Ostgrat (kombiniert); Nordwand (wegen Ausaperung nicht mehr begehbar, nur im linken Wandteil noch möglich); Südgrat (aus dem Pfossental)
FÜHRER: Walter Klier, AV-Führer Ötztaler Alpen, Bergverlag Rother, Ottobrunn
KARTEN: AV-Karte 1:25 000, Blatt 30/2, Ötztaler Alpen, Weißkugel; Freytag&Berndt-Wanderkarte 1:50 000, Blatt WKS2, Südl. Ötztaler Alpen
TOURISMUSVERBAND: Tourismusverband Vent, A-6458 Vent; Tel. 0043/(0)5254/8193, Fax: 8174, E-mail: vent@oetztal-arena.at

Er ist nicht der höchste und er ist auch nicht der mit den meisten Routen. Er ist einfach ein Gipfel von vielen im Grenzkamm der Ötztaler Alpen, ein typischer Berg für die Gruppe der Hochalpinisten, die mit Pickel, Steigeisen und Seil gut umzugehen wissen. Kein extremer Gipfel, beileibe nicht, und vielleicht deshalb immerhin die Nummer drei in der Gunst der »Bergsteiger«-Leser.

Als Theodor Kaserer mit dem Führer – wenn man die wenigen einheimischen Bergbauern, die sich damals nicht vor den Bergen fürchteten und die Wege zu den Gipfeln kannten, so nennen will – Joseph Raffeiner im Jahr 1835 als erster Tourist auf dem Gipfel des Similaun stand, da gab es weder Nord- noch Südtirol, da sprach noch niemand vom Ötztaler Grenzkamm. Da gab es nur das Land Tirol und gewaltige Gletscher, die von den hohen Ötztaler Gipfeln hinunter in die Bergtäler zogen. Aus dem hintersten Schnalstal, vom Weiler Unser Frau im Schnalstal, brachen die beiden auf, um über einen markanten Felskopf, der heute Kasererwartl genannt wird, und den obersten Grafferner den Gipfel zu erreichen. Damals gab es auch noch keine Hütten, weder das große Schutzhaus im Norden, die Martin-Busch-Hütte, noch die kleine, aber umso gemütlichere Similaunhütte nahe des Niederjochs, ziemlich genau an der österreichisch-italienischen Grenze. Damals war die Bergsteigerwelt noch in Ordnung – könnte man meinen! Sicher, die Freizeitalpinisten hatten die Ötztaler Alpen noch lange nicht entdeckt und die Wege hinauf zu den höchsten Bergen waren noch voller Abenteuer. Es gab keine markierten Pfade, und es gab keine Schutzhütten, die heute die vielen kilometerlangen Wege zu den Gipfeln in Etappen aufgliedern. Es ist schon einfacher geworden für die Alpinisten, zur Verwirklichung ihrer Träume zu gelangen …

Den Traum namens »Similaun« kann man sich auf zweierlei Weise erfüllen – von Nordtirol aus oder von Südtirol. Dem Weg der Erstbesteiger folgen vor allem die Gipfelaspiranten aus Südtirol und aus Italien. Die Mehrzahl der Bergsteiger jedoch kommt von Norden, aus dem hintersten Venter Tal herauf zur Martin-Busch-Hütte der AV-Sektion Berlin, einem der größten Schutzhäuser in den Ötztaler Alpen, das trotzdem noch eine echte Bergsteigerunterkunft geblieben ist. Mit dem Bau wurde bereits 1938 begonnen – damals sollte die Hütte noch »Hermann-Göring-Haus« heißen, doch es kam alles ganz anders. Erst 1952 wurde die Samoarhütte fertig gestellt und 1956 erhielt sie ihren jetzigen Namen. An schönen Sommerabenden steigen manchmal bis zu 100 Bergsteiger hinauf in die Lager, um am nächsten Morgen zu einem der zahlreichen Gipfelziele rund um die Hütte aufzubrechen, zum Schalfkogel, zu den Marzellspitzen, zur Fineilspitze oder – und vor allem – zum Similaun. Der höchste in der Umgebung ist natürlich auch der begehrteste!

Bis zum Niederjoch ist es eine eher gemütliche Gletscherwanderung, auf der jedoch weder Seil noch Pickel und Steigeisen fehlen dürfen. Ebenso wenig das Know-how über den Umgang damit, denn Spalten gibt es auch auf den harmlos erscheinenden Gletschern! Der Westgrat, der im Niederjoch ausläuft, gilt als leichtester Weg zum Gipfel, vom Charakter mehr Wanderung als Hochtour, erst ganz oben am ausgesetzten »richtigen« Westgrat wird man daran erinnert, dass man sich im Hochgebirge befindet. Hier kann ein Fehltritt fatale Folgen haben, sodass Trittsicherheit und Schwindelfreiheit als unbedingte Voraussetzungen genannt werden müssen. Am höchsten Punkt, beim Gipfelkreuz, lohnt dann eine gigantische Aussicht: nach Norden über den Kaunergrat und zu den Stubaier Bergen, nach Westen weit in die Schweiz und zum Ortler und vor allem nach Süden zu den Reihen der Dolomitenzacken – wer kennt die meisten Namen?

Noch vor 30 Jahren war neben dem Normalweg die Nordwand des Similaun heiß begehrtes Ziel bei ostalpinen Eisgehern. Eine wunderschön anzuschauende Eisflanke, von einem Felsriegel zweigeteilt, im Gipfelbereich etwa 55 Grad steil – kurz, eine Genusstour par

Die Similaunnordwand stellt heute nur noch einen Schatten früherer Tage dar. Wo früher viel Eis war, findet man heute vor allem Schutt.

excellence. Jedoch wurden der Felsriegel von Jahr zu Jahr größer und das Eis weniger. Aus der Eis- wurde eine Schuttwand, durch die sich der Autor vor 20 Jahren hinaufwühlte, und wer sich heute noch daran versucht, ist selbst schuld.

Der erfolgreiche Gipfelbezwinger wird, einmal zurück im Niederjoch, kaum umhinkommen, einen kurzen »Boxenstopp« bei der Similaunhütte einzulegen. Hier gibt es einen grandiosen Rotwein zu grandiosen Preisen (so war's zumindest in den 70ern, als der Autor droben war), und das eine (oder andere) Viertel hat man sich redlich verdient. Mancher Similaunbesteiger soll mit recht unsicheren Schritten über den Gletscher Richtung Martin-Busch-Hütte gewandert sein.

AUFSTIEG: Von Vent auf dem schmalen Hüttenversorgungssträßchen hinauf durch das Niedertal. Anfangs nicht besonders steil, erst ab der Schäferhütte (2246 m) schwingt es sich aber doch noch zu mäßiger Steigung auf; bis zur Martin-Busch-Hütte 2 Std. Von der Hütte ein kurzes Stück nach Südwesten weiter, links abbiegen und auf einem Steg den Niederbach queren. Der markierte Bergweg verläuft nach Osten, biegt in einem weiten Bogen nach Südwesten und führt an den Fuß des Marzellkamms heran. Oberhalb des eindrucksvollen Marzellferners, der von der Hinteren Schwärze herabfließt, folgt man einem Steig steil auf den Marzellkamm hinauf. Im weiteren Verlauf wird der Anstieg etwas flacher und leitet im Blockwerk über die Grathöhe weiter hinauf. Etwa am Punkt 3147 wird der Gletscher betreten – anseilen! Über den Firn in nur geringer Steigung gegen Süden weiter, bis auf der Höhe von knapp 3400 Metern die Spur erreicht wird, die vom Niederjoch heraufführt. Dort links und am breiten Firnrücken aufsteigen. Dieser Rücken schwingt sich im weiteren Verlauf immer steiler auf und verengt sich zu einem schmalen, luftigen Grat. An ihm geradewegs zum Gipfel hinauf.

ABSTIEG: Zunächst auf der Aufstiegsroute, dann aber weiter der Spur folgen, die über den Niederjochferner gegen Westen abfällt und am Kleinen Similaun nördlich vorbeiführt. An einem Felsenrücken vorbei und wieder auf den Niederjochferner, über den man zur Similaunhütte am Niederjoch (3017 m) absteigt. Von der Hütte gegen Norden über den breiten Gletscher, dabei die österreichisch-italienische Grenze überschreiten und am markierten Wanderweg zurück zur Martin-Busch-Hütte und anschließend durch das Niedertal zurück nach Vent.

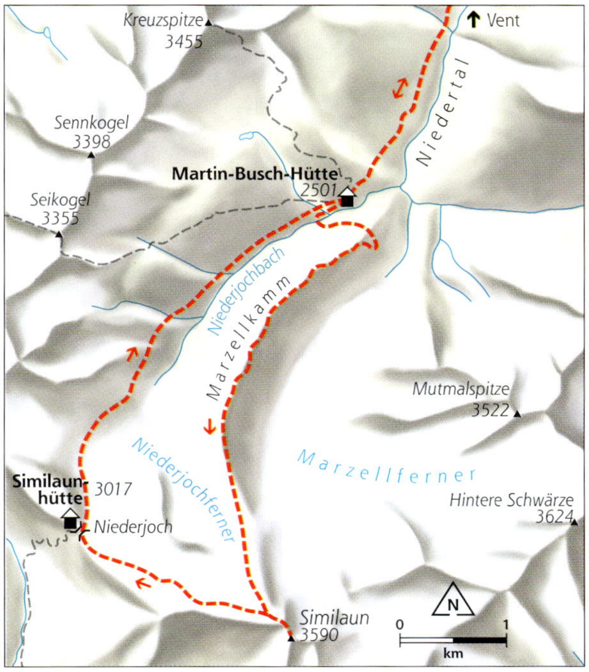

4 Großvenediger

Der höchste Berg der westlichen Tauern zieht die Hochalpinisten magisch an. Wermutstropfen: Hinunter nach Venedig sieht man leider auch bei besten Verhältnissen nicht.

Wenn das Prädikat »der schönste Berg Tirols« allein nach der Gleichmäßigkeit seiner Formen, nach der Symmetrie seines Aufbaus und nach der Gestalt seiner Grate und Wände vergeben würde, so müsste zweifellos der Großvenediger den ersten Rang einnehmen. Auch wenn man nicht – was man früher einmal glaubte – vom höchsten Punkt bis hinunter nach Venedig blicken kann; von welchem Tiroler Gipfel kann man das schon …

Es gibt nur ganz wenige Berge in den Alpen, die den Begriff »Symmetrie« vollkommen verkörpern. Das Matterhorn ganz bestimmt – und der Großvenediger! Im Gegensatz zum berühmtesten Berg der Alpen ragt er nicht als wilder Zahn aus Fels und Firn in den Himmel, sondern reckt behäbig wie eine Krake seine Gratarme über die Gletscher. Vier Grate, vier Wände, ein Kulminationspunkt – höchster Gipfel der westlichen Tauern und Grenze zwischen Osttirol und Salzburg. Ganze vier Normalwege führen hinauf auf den Berg, von dem die Talbewohner ganz früher glaubten, dass man vom Gipfel bis nach Venedig und aufs Mittelmeer blicken könnte – damals wusste man auch noch nichts vom Sponti-Spruch der 70er: »Weg mit den Alpen, freie Sicht aufs Mittelmeer!« Die freie Sicht aufs Mittelmeer gibt es zwar nicht vom höchsten Punkt, wohl aber – laut den Aussagen von Kennern – eines der großartigsten Gipfelpanoramen in den gesamten Ostalpen: Bis zur Bernina und zum Ortler reicht der Blick nach Westen, klares Wetter vorausgesetzt. Ob es die Aussicht auf den Blick nach Venedig war oder die pure Abenteuerlust, die als Motivation für die ersten Besteigungsversuche wirkten, ist heute nicht mehr so genau nachvollziehbar. Auf jeden Fall war der erste große Ersteigungsversuch eine Pionierleistung des Alpinismus: Sie erfolgte durch Erzherzog Johann im Jahr 1828 in großer Gesellschaft unter der Führung von Paul Rohregger (der schon vor 1828 bei einem Erkundungsversuch die Venedigerscharte erreichte) und Christian Rieß. Durch die steile Nordwestwand wollten sie zum Gipfel aufsteigen, doch knapp 100 Meter unter dem Gipfel löste sich eine Lawine und riss Rohregger in den Abgrund, wo er schwer verletzt geborgen wurde. Dieses Unglück hielt Rohregger nicht davon ab, bei der Erstbesteigung des Großvenedigers im Jahr 1841 wieder mit dabei zu sein, diesmal über die heute »Nordweg« genannte Route von der Kürsingerhütte aus.

Dieser Nordweg gilt als schönster unter den vier Normalwegen auf den Venediger und er wird deshalb auch am häufigsten von allen Routen begangen, schließlich liegt die Kürsingerhütte am Weg; diese ist durch das Obersulzbachtal (relativ) schnell zu erreichen, denn bis zur Talstation der Hütten-Materialseilbahn fährt bei Bedarf ein Taxi – wer's braucht … Der Alpenvereinsführer empfiehlt zwei Überschreitungsmöglichkeiten, zum einen den Aufstieg über den Nordweg und den Abstieg über den Südostweg zur Badener Hütte sowie den Aufstieg über den Südweg vom Defreggerhaus aus, dem kürzesten Venedigeraufstieg, in Verbindung mit dem Abstieg über den Ostweg zur Neuen Prager Hütte. Keine dieser Routen bietet besondere technische Schwierigkeiten, es handelt sich allerdings ausnahmslos um Gletschertouren – und Gletscher haben bekanntermaßen Spalten, also nichts für Bergwanderer, denen der Umgang mit Seil, Pickel und Steigeisen fremd ist!

Doch nicht nur »Gletscherwanderungen« gibt es am Großvenediger! Da sind zum einen die Routen des legendären Eugen Guido Lammer, der sehr schöne, kombinierte Westgrat (II und III) von der Kürsingerhütte aus und die Firnroute durch die Nordwestwand (bis 50° und III) entlang des Ersteigungsversuchs von Erzherzog Johann. Häufig begangen wird auch der Nordgrat (III und kombiniert), zu dem man ebenfalls von der Kürsingerhütte aufbricht. Die schwierigste Route am Berg ist die Nordostwandroute von Stumhofer/Vogeley (bis 65° und V–), doch wird diese, wie auch die anderen Wandrouten, kaum wiederholt.

Man kann es drehen und wenden wie man will, der Großvenediger ist kein Berg für die »Extremen«, auch wenn's schwierige Anstiege

Großvenediger, 3666 m

LAGE: Hohe Tauern/Venedigergruppe
CHARAKTER: Gewaltiger Gletscherberg, höchste Erhebung der westlichen Tauern, einer der bekanntesten Ostalpengipfel
TALORT: Matrei i. Osttirol (975 m); Innergschlöß (1689 m); Neukirchen am Großvenediger (858 m)
STÜTZPUNKTE: Neue Prager Hütte (2782 m), 4 Std. von Innergschlöß, bew. Ostern, Pfingsten sowie von Mitte Juni bis Ende September, Tel. 0043/(0)4875/8840; Kürsingerhütte (2548 m), 5 Std. von Neukirchen, 1,5 Std. von der Talstation der Materialbahn, bew. von Ostern bis Ende September, Tel. 0043/(0)6565/6450
ROUTEN: Ostanstieg (von der Neuen Prager Hütte), Nordanstieg (von der Kürsingerhütte), Südanstieg (vom Defreggerhaus), Ostgrat (III, kombiniert), Nordostwand (kombiniert, V–)
FÜHRER: Willi End und Hubert Peterka, AV-Führer Venedigergruppe, Bergverlag Rother, Ottobrunn
KARTEN: AV-Karte 1:25 000, Blatt 36, Venedigergruppe; Freytag&Berndt-Wanderkarte 1:50 000, Blatt 123, Matrei – Defereggen – Virgental
TOURISMUSVERBAND: TVB Oberes Iseltal, A-9971 Matrei i. Osttirol, Tel. 0043/(0)4875/6527, E-mail: matrei.osttirol@netway.at Tourismusbüro, A-5741 Neukirchen, Salzburgerland, Tel. 0043/(0)6565/62560, E-mail: info@neukirchen.at

Blick über die Hohen Tauern. In der Bildmitte am Horizont Großvenediger und Kleinvenediger.

zum Gipfel gibt. Es ist ein Gipfel für die Genießer unter den Alpinisten, ein Gipfel, dessen Routenmöglichkeiten der Form des Berges entsprechen: symmetrisch, harmonisch, fast sanft. Und ein Bergerlebnis, das für viele Alpinisten einen Höhepunkt ihrer Bergsteigerei bedeutet. Auch wenn man vom Gipfel aus nicht bis nach Venedig schauen kann …

Wenn man schon in den Hohen Tauern ist, sollte man sich den Gletscherlehrweg Obersulzbachtal keineswegs entgehen lassen. Dieser überaus lohnende »Einstieg« sollte der Venedigertour vorangestellt werden. Der Lehrweg beginnt bei der Obersulzbachhütte und führt bis nahe an das Obersulzbachkees heran; Gesamtzeit 3 bis 4 Std. 18 Haltepunkte informieren über die seit dem Jahr 1850 erfolgten Veränderungen in der Landschaft und speziell über jene am Obersulzbachkees. Beim Rückweg klinkt man sich bei der Materialseilbahn-Talstation in den Hüttenaufstieg ein.

AUFSTIEG (zur Kürsingerhütte): Dieser erfolgt recht komfortabel; eine Materialseilbahn befördert die Rucksäcke zur Kürsingerhütte. Die 619 Höhenmeter können somit wahrhaft unbeschwert überwunden werden. Die eindrucksvollste Passage am Hüttenweg ist das Klamml – ein in die Felswand gebauter Steig quert diese markante Steilstufe. Ebenso eindrucksvoll ist der Blick auf das Obersulzbachkees und seine Gletscherzunge. (Von der einst gerühmten »Türkischen Zeltstadt« verblieb leider nur noch der Name.) Oberhalb vom Klamml schlängelt sich der Steig noch rund 150 Höhenmeter durch einfach begehbares, teils blumenübersätes Gelände bergan zur Kürsingerhütte; 1,5 Std. Wer den Nachmittag noch nützen will, ersteigt von der Kürsingerhütte auf bezeichnetem Weg den Keeskogel (3291 m); Auf- und Abstieg 3,25 Std.

GIPFELAUFSTIEG: Von der Kürsingerhütte zum »Anseilplatz« auf dem Weitwanderweg 02. Das Obersulzbachkees ist zwar einfach begehbar, dennoch besteht zumindest mäßige Spaltensturzgefahr. Der durchwegs leicht begehbare Gletscher hat nur im oberen Teil – zwischen 3100 und 3200 m – eine mäßig steile Geländestufe. In der Venedigerscharte (3407 m) überquert man die Landesgrenze Salzburg/Tirol. Man steigt nun auf Osttiroler Seite in den blendend weißen Firnflächen des Oberen Keesbodens zu dem südostseitig nur schwach ausgeprägten Gipfel an. Mitunter geht man über große Firnhöcker auf das Gipfelkreuz zu; es steht etwas nordwestlich vom Vermessungspunkt.

ABSTIEG: Entlang der Aufstiegsroute.

5 Ahornspitze

Die Edelhütte im Föllenbergkar westlich unterhalb der Ahornspitze. Von ihr bietet sich ein herrlicher Blick hinab ins Zillertal. Im Hintergrund die Filzenschneide.

Von Mayrhofen aus gesehen gar keine Frage: Da steht er, der höchste Berg der Zillertaler Alpen! Als gewaltiges Felshorn dominiert die Ahornspitze das Bergpanorama über der »Hauptstadt des Zillertals«. Und doch wäre die Ahornspitze »nur« ein Berg unter vielen in den »Zillertalern«, wenn da nicht zwei Dinge wären: ihre exponierte Stellung fast 2400 Meter über dem Talgrund und neuerdings eine Seilbahn, die mehr als die Hälfte des Höhenunterschieds zwischen Tal und Gipfel vergessen macht.

Mayrhofen wäre um eine bergsteigerische Attraktion ärmer, gäbe es die Ahornspitze nicht. Obwohl die Mayrhofener sich auch dann nicht zu beschweren bräuchten – haben sie doch fast die gesamte Zillertaler Gipfelprominenz in ihrem Einzugsbereich versammelt. Und trotzdem – die Ahornspitze ist der Berg von Mayrhofen. Nicht, weil er alpinistisch so bedeutend wäre oder weil er so spektakuläre Anstiege bereithielte. Eher im Gegenteil! Weil der Normalweg so unspektakulär und so wenig schwierig ist, deshalb ist dieser Gipfel so beliebt und häufig besucht.

Als im Jahr 1840 Carl Thurwieser, der Ostalpenerschließer und damals Priester in Salzburg, als erster Tourist auf dem Gipfel der dunklen Felspyramide stand, da war ein anstrengender Fußmarsch von mindestens sechs Stunden und fast 2400 Höhenmetern zu absolvieren, um vom Nordgipfel in die Schwindel erregende Tiefe hinab nach Mayrhofen schauen zu können. Und es ist wohl zu bezweifeln, ob die Ahornspitze heute, herrschten noch die damaligen Bedingungen, ebenso hoch in der Gunst der Zillertalbesucher stünde. Auch wenn es seit 1889 die Edelhütte der DAV-Sektion Würzburg gibt, die als Stützpunkt im oberen Fellenbergkar den Gipfelanstieg auf zwei Stunden verkürzt.

Ganz sicher würde die Ahornspitze, was die Frequentierung anbetrifft, eher ein Mauerblümchendasein fristen! Erst der Bau der Ahornbahn hinauf zum Filzenboden auf 1965 Meter im Jahr 1969 machte aus der Ahornspitze einen echten Modegipfel. Nun war die Besteigung auf einmal eine bequeme Tagestour geworden, denn nach genüsslicher Schwebefahrt wandert man von der Bergstation in einer knappen Stunde hinüber zur Edelhütte, von der man zwei Alternativen hat: Entweder man folgt dem durchgängig markierten Normalweg durch die Westflanke, oder man steigt nach Süden durchs Fellenbergkar Richtung Toreckenkopf auf und erreicht den Westgrat in der tiefsten Scharte der Popbergschneide, deren Gratrücken man auf Steigspuren, den Markierungen folgend, zum (etwas höheren) Südgipfel aufsteigt. Der Abstieg erfolgt dann über den Normalweg – eine wunderschöne Überschreitung eines fast noch schöneren Berges!

Aber bevor man an den Abstieg denkt, sollte mindestens eine Stunde für das Auszählen der Gipfel im 360-Grad-Panorama eingerechnet werden. Da stehen sie, wie an einer Perlenkette aufgereiht, die namhaften Gipfel des Zillertaler Hauptkamms: Olperer, Hochfeiler, Großer Möseler, Turnerkamp, Schwarzenstein, Großer Löffler und wie sie noch alle heißen. Aber vor lauter Gletscherbergen sollte man auch den Blick nach Norden nicht vergessen! Dazu steigt man am besten zum kreuzgeschmückten Nordgipfel hinüber und erschrickt fast vor der Tiefe zwischen Gipfelkreuz und dem Talgrund mit Mayrhofen, wird wieder beruhigt durch den Anblick der sanft gewellten Kitzbüheler Berge und sucht am Horizont die markanten Karwendelgipfel, das Rofangebirge und den Wilden Kaiser.

Es ist wahr – die Ahornspitze ist einer der großartigsten Panoramaberge in Tirol (und nicht nur dort)!

Spätestens dann, wenn die Sonne langsam gegen die Horizontlinie wandert, wird's Zeit für den Abstieg. So lange allerdings können nur die den Gipfelblick genießen, die auf der Edelhütte übernachten wollen; wer nach Mayrhofen absteigen muss, der sollte früher auf die Uhr schauen, denn drei Stunden dauert es zu Fuß auf jeden Fall. Oder man nimmt, wie schon beim Aufstieg, die An-

Ahornspitze, 2973 m

LAGE: Zillertaler Alpen
CHARAKTER: Eindrucksvolle Berggestalt direkt über dem Talgrund von Mayrhofen mit einem fantastischen Gipfelrundblick
TALORT: Mayrhofen (633 m) im Zillertal
STÜTZPUNKT: Edelhütte (2238 m), bew. Ende Juni bis Ende September, 1 Std. von der Bergstation der Ahornbahn, Tel. 0043/(0)663/9154851
ROUTEN: Westrücken (Normalweg, markiert), Nordgrat (III), Übergang zur Popbergspitze (III)
FÜHRER: Heinrich und Walter Klier AV-Führer Zillertaler Alpen, Bergverlag Rother, Ottobrunn
KARTEN: AV-Karte 1:25 000, Blatt 35/2, Zillertaler Alpen Mitte; Kompass-Wanderkarte 1:50 000, Blatt 37, Zillertaler Alpen – Tuxer Voralpen
TOURISMUSVERBAND: Mayrhofen, Tel. 0043/(0)5285/6760
BERGBAHN: Information über Fahrtzeiten der Ahornbahn unter 0043/(0)5285/62633

Am Gipfel der Ahornspitze. Das Gipfelkreuz befindet sich links von diesem Vorgipfel.

nehmlichkeiten der modernen Technik in Anspruch (auf die letzte Talfahrt achten!) und schwebt gemütlich mit der Ahornbahn hinunter ins Tal – für die Kniegelenke ist diese Lösung auf jeden Fall besser und vor allem gesünder …

AUFSTIEG: Von der Bergstation der Ahornbahn zuerst links auf dem Rücken bergan, dann um den Filzenkogel herum (dafür ist Schwindelfreiheit erforderlich) ins Fellenbergkar und durch Wiesen ansteigend links zur Edelhütte. Auf markiertem Pfad links hinauf gegen den Nordwestgrat der Ahornspitze. Kurz am Grat weiter, dann in Serpentinen zur Scharte zwischen den beiden Gipfeln (Trittsicherheit und Schwindelfreiheit erforderlich, Vorsicht bei Hochbetrieb in der Rinne, Steinschlaggefahr!). Nun nach links zum Nordgipfel mit Kreuz oder nach rechts zum Steinmann auf dem (meist) ruhigeren Südgipfel.

ABSTIEG: Entlang der Aufstiegsroute oder wesentlich schöner: Vom Südgipfel über die scharfe Popbergschneide zur Popbergnieder und in weiterer Folge nordwärts durch das Fellenbergkar zurück zur Edelhütte; schmaler, markierter Steig durch steile Grasflanken, bei Nässe eher unangenehm, ungefähr 1,5 Stunden zur Hütte. Schließlich weiter wie beim Aufstieg zurück zur Bergstation der Ahornbahn.

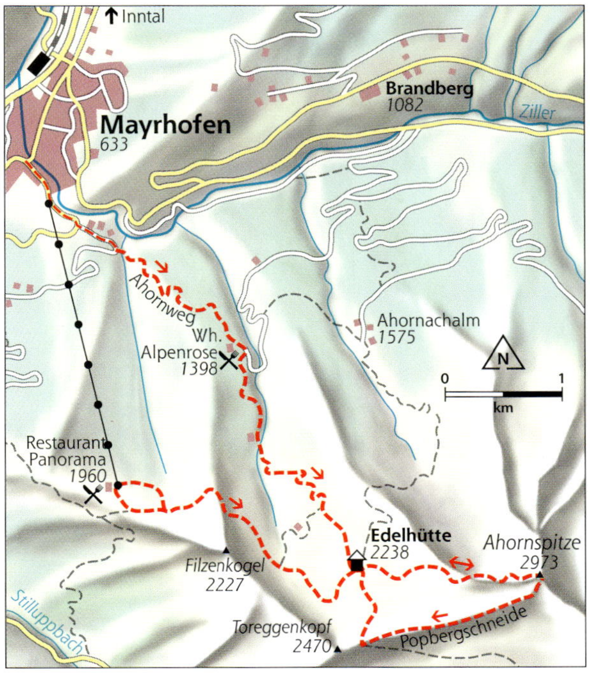

6 Ellmauer Halt

Die bereits im Jahr 1899 erbaute Gruttenhütte – mittlerweile mehrfach erweitert – steht auf einem der schönsten Plätze im Kaisergebirge; sie zählt zu den Stützpunkten, die in der alpinen Geschichte einen besonderen Stellenwert einnehmen, denn sie war und ist »Heimat« für die meisten Kletterer im Kaisergebirge.

Eigentlich ist der Wilde Kaiser ein Gebirge für die Felskletterer. Schroffe Gipfel und senkrechte, überhängende Wände charakterisieren den »Koasa«, wie ihn die bayerischen und tirolerischen Kletterer liebend gern nennen. Aber ein paar Berge für Wanderer gibt es hier schon auch, und die sind ebenfalls nicht von schlechten Eltern. Allen voran die Ellmauer Halt, höchster Gipfel im kaiserlichen Gebirg', deren Besteigung auch über den Normalweg lediglich für erfahrene Bergwanderer zur Diskussion steht.

Der Wilde Kaiser ist ein Gebirge voller Superlative. Da gibt es die legendäre Steinerne Rinne, jene urweltliche Furche zwischen Fleischbank und Predigtstuhl. Da ist die Westwand des Totenkirchls, die Ostwand der Fleischbank, zwei ganz große, klassische Kletterwände in den Alpen. Da sind die »Pumprisse«, die erste Route in den Alpen, die mit dem VII. Grad bewertet wurde. Da ist Stefan Glowaczs grandiose Erstbegehung »Des Kaisers neue Kleider« im oberen X. Grad, eine der drei schwierigsten Felsklettereien in den gesamten Alpen. Und nun fügen wir ein weiteres kaiserliches Superlativ hinzu: die Ellmauer Halt, der schönste Gipfel im Tiroler Teil der Nördlichen Kalkalpen.

Was hat nun die Ellmauer Halt, was andere Tiroler Kalkberge nicht haben? Zuerst einmal ist sie der höchste Kaisergipfel. Dann ist sie auf dem Normalweg zwar nicht unschwierig, aber auch nicht nur auf »extremen« Wegen zu erreichen – ein weiterer dicker Pluspunkt, denn ein Gipfel mit breitem Wanderweg – mag er noch so schön anzuschauen sein –, ist nun mal nicht so attraktiv wie einer mit einem interessanten Steig, in diesem Fall dem »Gamsängersteig«, kein richtiger Klettersteig zwar, aber mit einigen Drahtseilsicherungen und Eisenstiften versehen. Weitere Punkte sammelt die Ellmauer Halt mit dem großartigen »Kaiserschützensteig«, der von Norden aus dem Kaisertal über Kleine Halt und Gamshalt zum Gipfel führt, der vielleicht schönste Anstieg auf die höchste Kaiserspitze, zumindest für Bergwanderer mit ein wenig Klettersteig-Erfahrung, denn auch hier gibt es diverse Passagen, an denen Drahtseile und Eisenklammern weiterhelfen müssen. Und dann – last but not least – ist da noch der Kopftörlgrat, von einigen Alpinliteraten gar als eine der schönsten Gratrouten in den Kalkalpen gerühmt, was zwar nun wirklich reichlich übertrieben ist, aber Punkte gibt es trotzdem für diese IIIer-Kletterei.

Die alpinistischen Punkte sind vergeben. Nun sollten noch ein paar Schönheitspunkte auf die Bewertungsliste! Dazu empfiehlt sich die erste Annäherung durch das Kaisertal, von Kufstein hinauf nach Hinterbärenbad und zum Hans-Berger-Haus, wo die Plattenwand der Kleinen Halt das Panorama beherrscht, dahinter aufgereiht die Gamshalt und ganz hinten die höchste der drei Halten. Wenn die untergehende Sonne nur noch die Gipfel rot färbt und sich die Dunkelheit aufmacht, das Kaisertal langsam zu ummanteln, dann kann die Jury nicht anders als »ten points« zu vergeben.

Der nächste Tag steht ganz im Zeichen der alpinen Tat: über den »Kaiserschützensteig« zum Gipfel und über den »Gamsängersteig« hinunter zur Gruttenhütte. Ein Ignorant, der gleich weiter ins Tal absteigt – zumindest die Jury sollte doch noch eine Nacht bleiben. Der nächste Morgen ist der Lohn, wenn das Licht eines glasklaren Herbsttages die Südmauern der Türme des Kopftörlgrats in allen ihren Strukturen zeigt – auch von dieser Seite ein wahrhaft mächtiges Massiv. Also: »ten points« …

Die Talschaften haben uns wieder, aber bei der Fahrt von Ellmau zurück nach Kufstein verdreht es jedem der Juroren immer wieder den Kopf nach rechts zur Ellmauer Halt, der höchsten Spitze im kaiserlichen Gebirge, spätestens jetzt, wo wir wissen, was wir an der Ellmauer Halt haben: ein Superlativ im Wilden Kaiser – der schönste Kalkgipfel in Tirol.

Ach ja, wenn Sie sich wundern, dass kein Wort über die Erschließungsgeschichte unseres Gipfels verloren wurde: Im »Bergsteiger« 10/98 war die Ellmauer Halt der »Gipfel des

Ellmauer Halt, 2344 m

LAGE: Kaisergebirge/Wilder Kaiser
CHARAKTER: Der höchste Kaisergipfel mit grandioser Aussicht nach Norden und nach Süden, sehr häufig bestiegen
TALORT: Ellmau (804 m)
STÜTZPUNKTE: Gruttenhütte (1620 m), bew. von Anfang Juni bis Mitte Oktober, 1 Std. von der Wochenbrunner Alm (1085 m, mautpflichtige Straße, gebührenpflichtiger Parkplatz), Tel. 0043/(0)5358/2242; Hans-Berger-Haus (936 m), bew. von Mitte Mai bis Mitte Oktober, 3 Std. von Kufstein, Tel. 0043/(0)5372/2575
ROUTEN: Normalweg (»Gamsängersteig«, Drahtseile) von der Gruttenhütte, »Kaiserschützensteig« (Drahtseile) vom Hans-Berger-Haus, Ostgrat (III+, »Kopftörlgrat«), Südwandrouten am Leuchsturm (zwischen V+ und VII+)
FÜHRER: Pit Schubert und Wolfgang Zeis, AV-Führer Kaisergebirge; Sepp Brandl, Rund um den Wilden Kaiser (Wanderführer), beide Bergverlag Rother, Ottorbrunn
KARTEN: AV-Karte 1:25 000, Blatt 8, Kaisergebirge; Kompass-Wanderkarte 1:50 000, Blatt 9, Kaisergebirge
TOURISMUSVERBAND: Tourismusverband Ellmau, Tel. 0043/(0)5358/2301

Ausblick von der Vorderen Karlspitze auf Tuxeck und Treffauer, Ellmauer Halt, Gamshalt und Kleine Halt (von links)

Monats«, und da hat Horst Höfler ausführlich in den Geschichtsbüchern geblättert.

AUFSTIEG: Über die Bänder luftig empor und an der senkrechten gelben »Jägerwand« an großen Eisenbügeln aufwärts. Danach Abzweigung zur Rote-Rinn-Scharte. Die Route zur Ellmauer Halt führt an einem schwach ausgeprägten Gratrücken über »abgeschmierte« Felsstufen weiter. Dann entweder durch die dunkle »Achselrinne« (Stifte und Leiter) oder – schöner – durch eine gesicherte, steile Verschneidung rechts davon auf ein breites Geröllband (»Maximilianstraße«). Von seinem östlichen Ende im Linksbogen zu glatten, gesicherten Platten und am Babenstuberhüttl vorbei zum Gipfel der Ellmauer Halt; knapp 2 Std. vom Einstieg.

ABSTIEG: Auf der Anstiegsroute; 1,5 Std. bis zur Gruttenhütte, knapp 2,5 Std. bis zur Wochenbrunner Alm. Oder – wenn man Kfz-unabhängig ist – Querung zur Rote-Rinn-Scharte (2099 m) und von dort an brüchigen Schrofen (Sicherungen) im Abstiegssinn rechts (westlich) hinunter. Man erreicht einen Sattel hinter einem Felsturm. Nun nach links (bez.) und über steiles Geröll abwärts in den Oberen Scharlinger Boden (rechts Einstieg in den »Kaiserschützensteig«). Weiter über den Unteren Scharlinger Boden zum Stripsenjochweg, 2,5 Std. vom Gipfel, und weiter nach Kufstein.

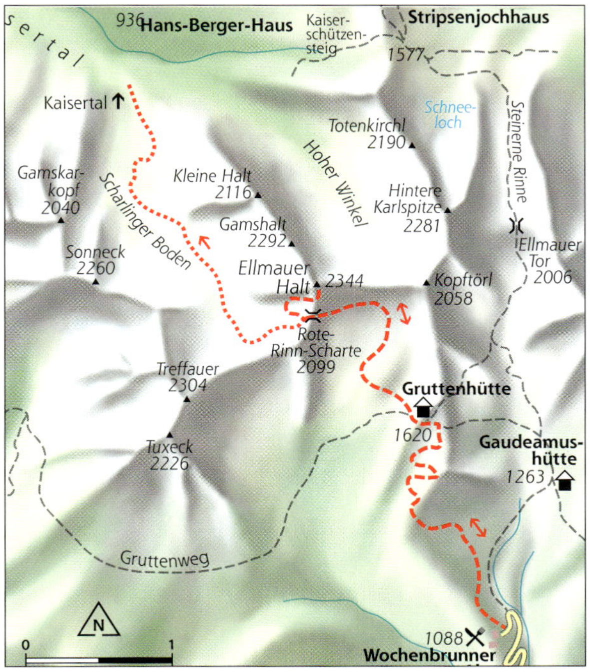

7 Patteriol

Beim Anstieg aus dem Schönverwall auf dem Bruckmannweg passiert man diesen reizvollen Eissee. Im Hintergrund der Gipfelaufbau des Patteriol.

Es gibt in der Verwallgruppe zwar höhere Gipfel, aber wahrscheinlich keinen, der den 3056 Meter hohen Patteriol an Formschönheit und Mächtigkeit übertrifft. Es ist ein überaus beeindruckender und wahrlich nicht zu übersehender Koloss, der zwischen dem Schönverwall- und dem Fasultal emporragt. Und er fordert die Alpinisten ordentlich heraus, denn auch den Aufstieg über den Normalweg muss man sich ziemlich hart erarbeiten. Kletterer finden hier außerdem einige kühne Routen vor.

Blickt man von Norden zum Patteriol, ähnelt er einer Felspyramide mit zwei klotzigen Schultern. Dunkel und schroff – diese beiden Attribute passen gut zum markantesten Verwallberg, der eigentlich zwei Gipfel hat. Der Nord- bzw. Hauptgipfel mit dem Kreuz ist das Ziel der Alpinisten, die auf den Patteriol steigen. Der Süd- bzw. Nebengipfel hingegen – obwohl nur unwesentlich niedriger – wird ignoriert. Fast niemand geht dort hinauf. Wenn man von Haupt- und Nebengipfel spricht, muss der Vollständigkeit halber auch noch das Patteriolhorn genannt werden. Alle drei Erhebungen übertreffen die 3000er-Grenze.

Der Patteriol liegt beinahe ein bisschen versteckt und in einer Gegend, wo in erster Linie hochalpine Touren zu finden sind. Das bedeutet einerseits, dass uns hier lange Zustiege erwarten. Zum anderen müssen ordentlich Höhenmeter »gemacht« werden. Mehr Höhenmeter, als wir es vielleicht gewöhnt sind.

Da kommt uns die auf 1765 Meter gelegene Konstanzer Hütte gerade recht. Sie befindet sich direkt am Nordfuß des Patteriol und – wen wundert es – ist der beste Stützpunkt für die Besteigung dieses Prunkstücks im Verwall.

Wer vorhat, den Patteriol vom Tal aus an einem Tag zu ersteigen, wird jedenfalls sein blaues Wunder erleben. Allein von der Hütte zum Gipfel muss man viereinhalb bis fünf Stunden im Aufstieg kalkulieren. Da der Patteriol kein Berg ist, den man locker und möglicherweise gar in der Hälfte der Zeit wieder hinunterläuft, lässt sich leicht ausrechnen, dass diese Tour den ganzen Tag ausfüllt. Da bleibt einfach kein zeitlicher Spielraum für den Zustieg von St. Anton zur Hütte, der ungefähr drei Stunden in Anspruch nimmt. Eine Tour auf den Patteriol ist also kein Spaziergang. Genau dieser Umstand verleiht unserem Berg dafür den besonderen Reiz. Auf den Hohen Riffler, den höchsten Verwallgipfel, schafft es beinahe jeder ohne größere Probleme. Der Patteriol hingegen erfordert neben der Grundvoraussetzung Kondition noch Trittsicherheit und Schwindelfreiheit. Wer schon einmal in Zweiergelände unterwegs war, tut sich leichter, sollte er von der Idealroute abkommen. Es steht jedenfalls ein weiter und herausfordernder Weg bevor, wenn man am Morgen von der Konstanzer Hütte die knapp 1400 Höhenmeter unter die Füße nimmt.

Interessant: Obwohl der Patteriol ein weitaus schwierigerer Brocken als der Hohe Riffler ist, wurde er deutlich früher erstbestiegen als sein größerer Nachbar. Zum ersten Mal standen im Jahr 1860 Vermesser am höchsten Punkt. Die Erstbesteigung des Hohen Riffler ließ damals noch 17 Jahre auf sich warten.

Die Mehrheit der Anstiegsrouten, darunter auch der Normalweg, führen über die Südseite. Markierungen sind hier, in der Südwand, allerdings Fehlanzeige. Ab und zu tauchen zwar Steinmandln auf, die man jedoch am besten ignoriert. Sie werden oft von Bergsteigern als einfache Orientierungshilfe für den Abstieg aufgestellt und weisen durchaus auch dorthin, wo man absolut nicht hin sollte.

Für den Normalweg braucht man kein Kletterkünstler zu sein, zumal er über den ersten Schwierigkeitsgrad nicht hinausgeht. Allerdings: Wer die Route nicht genau erwischt, befindet sich rasch in problematischem Gelände. Deshalb gilt für den Patteriol die Bedingung, nur bei guten Witterungsverhältnissen eine Tour zu unternehmen. Sobald Nebel einfällt, lässt sich die ohnehin nicht leicht zu findende einfachste Route praktisch nicht einhalten. Grundsätzlich sagt man: Wer festen Fels unter den Schuhen spürt, befindet sich auf dem Normalweg oder zumindest

Patteriol, 3056 m

LAGE: Verwallgruppe
CHARAKTER: Felspyramide mit zwei breiten Schultern, markantester Verwallgipfel
TALORT: St. Anton am Arlberg (1304 m)
STÜTZPUNKT: Konstanzer Hütte (1765 m), DAV Sektion Konstanz, Tel. Hütte: 0043/(0)664/1448617, Tel. Tal: 0043/(0)5446/3783, Fax Tal: Kl. 7; von St. Anton (Hotel Moserkreuz) auf Fahr- oder Wanderweg durch das Verwalltal in 3 Std. oder von der Salzhütte im Verwalltal (1540 m; 1,25 Std.); die Salzhütte ist mit Wanderbus bzw. zeitweise mit dem Pkw auf asphaltiertem Weg zu erreichen (Parkmöglichkeiten).
ROUTEN: Normalweg von der Konstanzer Hütte über das Fasultal und die Südwand (I; 4,5 bis 5 Std.); Südwestgrat (II)
FÜHRER: Roland Luzian, AV-Führer Verwallgruppe, Bergverlag Rother, Ottobrunn
KARTE: Österreich. Karte 1:50 000, Blatt 170 und 143; AV-Karte 1:25 000, Blatt 28/2, Verwallgruppe, mittleres Blatt
TOURISMUSVERBAND: St. Anton am Arlberg, Tel.: 0043/(0)5446/22690, Fax: 5446/2532; E-Mail: st.anton@netway.at

Der Patteriol ist ein formschöner und prachtvoller Koloss, optisch bestimmt die Nummer eins in der Verwallgruppe; hier gesehen vom Scheibler.

nicht weit davon entfernt. Wenn es hingegen einmal richtig brüchig wird, ist man unter Garantie falsch.

Eine Tour im Nebel oder gar bei Regen oder Schnee sollten wir nicht nur wegen des Risikos nicht in Betracht ziehen. Auf diesem Prachtberg will man auch die Aussicht ausgiebig genießen, die von der Zugspitze bis zur Ortlergruppe reicht. Und Nebel und Aussicht schließen sich bekanntlich aus.

Neben dem Normalweg bietet der Patteriol einige Anreize für Kletterer. Relativ leicht ist noch der Südwestgrat. Hier muss man Zweiergelände bewältigen. Viele ziehen diese Route dem Normalanstieg vor. Eine besondere Herausforderung stellt der Südpfeiler dar. Einen Fünfer muss man da freilich problemlos klettern können. Die Nordwand wird hingegen wegen der großen Steinschlaggefahr praktisch nicht mehr begangen.

Der Patteriol schiebt mit seinen Schwierigkeiten all jenen einen Riegel vor, die über wenig Alpinerfahrung verfügen. Massenansturm erlebt er deshalb keinen. Trotzdem besuchen ihn viele Bergsteiger, die Alternativen zu Nullacht-fünfzehn-Gipfeln suchen. Auf dem markantesten Verwallberg finden sie diese Alternativen bestimmt.

AUFSTIEG: Von der Konstanzer Hütte durch das Fasultal bis zu einer Abzweigung nach rechts. Dort in Serpentinen hinauf, am Kugelten Stein vorbei und vorerst weiter auf dem Bruckmannweg (geht bis zur Heilbronner Hütte). Unter der Südwand des Patteriol über ein Schneefeld, das oft noch bis zum Weg herunterreicht, hinauf bis zum Einstieg in die Wand (Einstieg dort, wo der Fels am weitesten in den Schnee bzw. ins Schuttkar hinunterreicht). Erst kurz nach rechts, dann links in eine Rinne, die schließlich nach Osten über gut gangbare Platten verlassen wird, und in das Hochkar (Schuttkar). Dieses im unteren Teil nach rechts queren und über einen schwach ausgebildeten Grat durch die Südwand hinauf. Unterhalb des Südwestgrats eine weitere Schuttrinne nach rechts queren und auf einem Felsband rechts hinauf bis in einen Einschnitt (»Fensterle«). Durch den Einschnitt durch, einige Meter absteigen, dann über gute Felsbänder nach rechts in die Scharte zwischen dem Haupt- und Nebengipfel absteigen. Zum Schluss einfach dem Gipfel entgegengehen.

ABSTIEG: Wie Aufstieg.

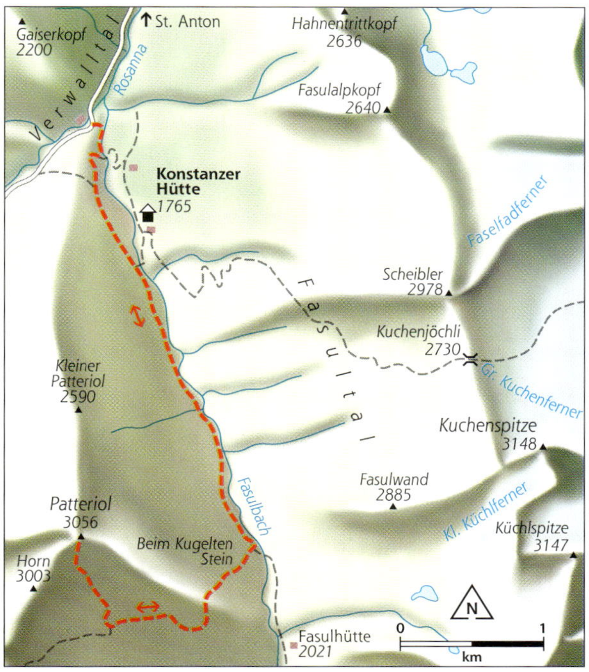

8 Weißkugel

Die letzten Meter am Nordgrat hinauf auf die Weißkugel. Die Aussicht am 3738 Meter hohen Gipfel ist einzigartig, das Panorama nimmt einem fast den Atem.

Wer ist die Nummer eins in Nordtirol? Die Ötztaler Wildspitze als höchster Berg oder doch die benachbarte Weißkugel? Klar, der Weißkugel fehlen im direkten Vergleich 30 Meter und der Doppelgipfel der Wildspitze ragt überdies ziemlich markant empor. Dennoch: In der Gunst der Bergsteiger, vor allem der Bergsteiger der etwas schärferen Richtung, kann die höhere Wildspitze ihrer majestätischen Rivalin nicht das Wasser reichen.

Eine prachtvollere Erscheinung findet man in den Ötztaler Alpen wohl kein zweites Mal. Wahrscheinlich bietet ganz Tirol nichts Vergleichbares mehr, was Ebenmaß und Perfektion betrifft – den Großvenediger ausgenommen. So schwingt auch immer ein wenig Ehrfurcht mit, wenn Alpinisten über die Weißkugel sprechen. Ebenso ein wenig Respekt, den ich für durchaus angebracht halte. Wir Nordtiroler können heute übrigens von Glück reden, dass der Gipfel gerade noch auf österreichischem Gebiet liegt. Beim Ötzi sind wir diesbezüglich ja bekanntlich zweiter Sieger gewesen ...

Betrachtet man die Weißkugel von Norden, so blickt man auf einen steilen Kegel. Von Osten gesehen ähnelt sie einem Trapez. Die formschöne Berggestalt sticht auch deshalb besonders ins Auge, weil es in ihrer unmittelbaren Umgebung keine an Höhe vergleichbaren Gipfel gibt und sie aus diesem Grund außerordentlich markant emporragt. Wer noch nie auf der Weißkugel gewesen ist und sie von einem Nachbarberg aus sieht, in dem steigt zwangsläufig die Sehnsucht hoch, dort einmal oben zu stehen. Sie profitiert außerdem von ihrer zentralen Lage. Das gewaltige Panorama, das sich vom Gipfelkreuz aus offenbart, nimmt einem fast den Atem.

Der Name Weißkugel täuscht nichts vor. Die emotionale Nummer eins in Nordtirol präsentiert sich trotz Klimawandel und Erwärmung weiterhin als prächtiger weißer Berg, der seinem Namen vollauf gerecht wird. Die Rivalin Wildspitze muss sich hingegen den Vorwurf gefallen lassen, gar nicht so wild zu sein, wie es ihr Name verspricht. Vielleicht ziehen deshalb an schönen Tagen regelrechte Karawanen von Alpinisten mit Unterstützung der Gletscherbahn hinauf. Das Gedränge auf den Anstiegen zur Weißkugel hält sich hingegen in Grenzen – schon allein deshalb, weil sie wesentlich mehr Anforderungen an den Bergsteiger stellt. Ein Vorteil, den man in seiner Tourenwahl keinesfalls außer Acht lassen sollte.

Schon vor 150 Jahren lockte ihre majestätische Gestalt Bergsteiger an, die schließlich die Besteigung wagten. Der erste Versuch scheiterte allerdings. Den österreichischen Vermessungsoffizieren – man kennt ihre Namen nicht – gelang es nicht, sich bis zum Gipfel vorzuarbeiten. So dauerte es noch einige Jahre, ehe die Weißkugel den Nimbus der Jungfräulichkeit endgültig verlor. 1861 schaffte J. A. Specht mit Leander und Nikodemus Klotz (oder J. Raffeiner) den Gipfelsieg. Sie hatten die Route vom heute in Südtirol liegenden Kurzras aus über den Steinschlagferner gewählt.

Die Leistung dieser Alpinisten sollte uns einigen Respekt abverlangen. Das Bergsteigen steckte damals noch in den Kinderschuhen, Bergsteiger konnten nur auf einfachste und primitivste Ausrüstungsgegenstände zurückgreifen und nahmen enorme Risiken auf sich. Technische Aufstiegshilfen wie Lifte und Seilbahnen existierten nicht einmal in der Fantasie dieser mutigen, abenteuerlustigen Männer.

Ein Berg mit vielen verschiedenen Gesichtern – bei der Weißkugel möchte man fast von Antlitzen sprechen – bietet meist ebenso viele unterschiedliche Anstiegsmöglichkeiten. Man gelangt von Nord- und Südtirol hinauf und kann jeweils noch aus verschiedenen Varianten wählen.

Wer die Weißkugel von Norden aus in Angriff nimmt, macht dies am besten in zwei Tagesetappen. Ein »Gletscherschloss« dient in diesem Fall sozusagen als Basislager. Natür-

Weißkugel, 3738 m

LAGE: Ötztaler Alpen
CHARAKTER: Zweithöchster Berg Nordtirols, emotionale Nordtiroler Nummer 1
TALORT: Vent (1900 m); Kurzras (2011 m, Schnalstal, Südtirol)
STÜTZPUNKT: Brandenburger Haus (3274 m), DAV Sektion Berlin, Tel. Tal: 0043/(0)5254/8119, Fax Tal: Kl. 4, E-mail: info@vent-hotel-post.com; Schöne Aussicht (2842 m), Südtiroler Privathütte, auch als Bella Vista bekannt, Tel. Hütte: 0039/0473/662140
ROUTEN: Normalweg (letztes Stück II) und Nordgrat vom Brandenburger Haus; von Süden über Bella Vista, Teufelsegg, Steinschlagjoch, Hintereisjoch, Südgrat
FÜHRER: AV-Führer Ötztaler Alpen (Gebietsführer für Wanderer und Bergsteiger), Bergverlag Rother, Ottobrunn
KARTE: AV-Karte 1:25 000, Blatt 30/2, Ötztaler Alpen/Weißkugel
TOURISMUSVERBAND: Tourismusverband Vent, A-6458 Vent, Tel.: 0043/(0)5254/8193, Fax: 8174, E-Mail: vent@ötztal-arena.at

Eine Tour auf die Weißkugel bietet fast alles: Gletscherweg, Firn und am Schluss eine leichte Kletterei. Das Bergsteigerherz schlägt höher.

lich ist das 3274 Meter hoch gelegene Brandenburger Haus kein richtiges Schloss. Ich würde seine Lage dennoch als märchenhaft bezeichnen. Einen passenderen Stützpunkt für eine Tour auf die Weißkugel könnte ich mir nicht vorstellen.

Das höchstgelegene Schutzhaus des Deutschen Alpenvereins (Sektion Berlin) inmitten von Kessselwandferner und Gepatschferner liegt wie ein Adlerhorst auf einem Felsen über dem Kesselwandjoch. Man muss das Brandenburger Haus eigentlich selbst gesehen haben, sonst kann man kaum glauben, dass dieses Gletscherschloss mit rund 100 Schlafplätzen auf über 3000 Meter Höhe tatsächlich existiert. Und so ist auch der Aufstieg zum Brandenburger Haus schon eine recht ernst zu nehmende Tour.

Wir marschieren vom Haus zuerst in südwestlicher Richtung und später Richtung Süden zur Vernaglwand. Dann geht es weiter auf einem teilweise versicherten Steig hinunter auf den Langtauferer Ferner und hinauf auf das Weißkugeljoch. Zuletzt genießen wir die prächtige Firnflanke und den Felsgrat vom Hintereisjoch zum Gipfel, ehe wir uns dem fast schon kitschigen Panorama am höchsten Punkt ergeben.

Eine ausführliche Beschreibung dieses umfassenden Panoramas erübrigt sich; ganz einfach deshalb, weil es dort oben wirklich unbeschreiblich ist.

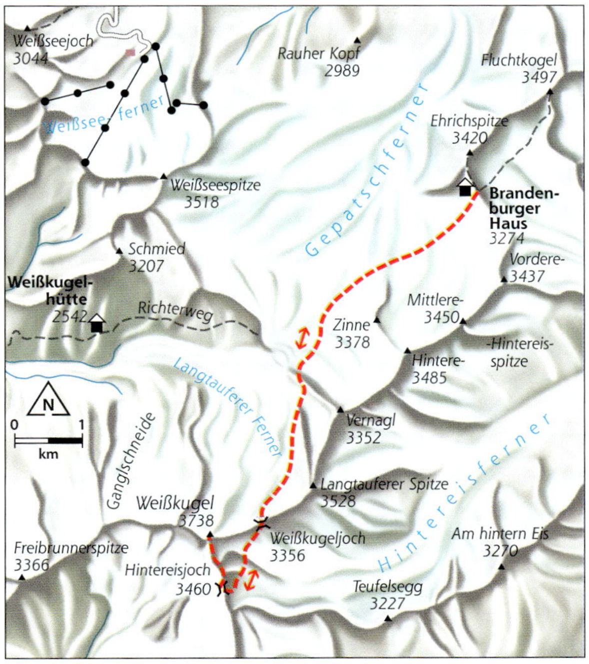

Die Weißkugel von Osten; rechts die Ausläufer des Inneren Bärenbartkogels.

Wer es rasanter angehen möchte, dem sei der herrliche Nordgrat ans Herz gelegt. Bei Vereisung fordert er freilich dem Bergsteiger einiges an technischem Können ab.

Niemand soll sich einlullen lassen von den lediglich 500 Höhenmetern, die vom Brandenburger Haus zum höchsten Punkt zu bewältigen sind. Die Tour erfordert neben hochalpiner Erfahrung ebenso ordentlich Kondition, zumal man mit sechs Stunden Anstiegszeit rechnen muss.

Leider blieb auch die Weißkugel nicht völlig von der Erschließung durch Lifte verschont. Mit Seilbahnhilfe – und genauso zu Fuß – ist das Berggasthaus Schöne Aussicht (Bella Vista) von Kurzras im Südtiroler Schnalstal aus relativ bequem und leicht zu erreichen. Der Weitermarsch auf die Weißkugel stellt mit Ausnahme des letzten Stücks dann keine besondere Schwierigkeit mehr dar.

Trotzdem: Obwohl mechanische Aufstiegshilfen der Weißkugel ein bisschen zugesetzt haben, verliert dieser Berg nichts von seiner Anziehungskraft. Und die Bergsteiger sind auch nicht unterteilt in gute, die mühevolle und heikle Anstiege auf sich nehmen, und weniger gute, die die Annehmlichkeiten der modernen Technik beanspruchen, um irgendwo hinaufzukommen. Die Weißkugel eignet sich nicht für Grundsatzdiskussionen. Genießen wir einfach ihren Anblick und den Ausblick von ihrem Gipfel. Und verneigen wir uns demütig vor der einzigartigen Pracht, die sich hier am Scheitelpunkt der Ötztaler Alpen offenbart.

AUFSTIEG: Vom Brandenburger Haus zuerst in südwestlicher Richtung fast eben über den Gepatschferner an der so genannten Zinne westlich vorbei und später weiter in südlicher Richtung zur Vernaglwand. Auf dem teilweise versicherten, in den Felsen hineingesprengten Steig hinunter auf den Langtauferer Ferner. Über diesen spaltenreichen Gletscher unter der Nordwestflanke der Langtauferer Spitze hinauf zum Weißkugeljoch. Dann um den Gipfelstock der Weißkugel herum und steil auf das Hintereisjoch. Von dort zieht eine steile Firnflanke hoch, die in eine breite Schulter mündet. Die Schulter wird immer schmäler und geht schließlich in einen Felsgrat (Südgrat, II) über, der zum Gipfel führt. Dauer ungefähr 6 Std.

ABSTIEG: Wie Aufstieg.

9 Hochvogel

Das Prinz-Luitpold-Haus dient vielen deutschen Bergsteigern als Stützpunkt für eine Tour auf den Hochvogel. Der Berg erhält dadurch auch zahlreichen Besuch aus dem Allgäu.

Abbildung vorhergehende Seite: Zustieg zum Nordgrat der Weißkugel; links der Langtauferer Ferner.

Hochvogel, 2592 m

LAGE: Allgäuer Alpen
CHARAKTER: Majestätischer Gipfel, der einer Bischofsmütze ähnelt
TALORT: Hinterhornbach (1101 m), Hornbachtal
STÜTZPUNKT: Prinz-Luitpold-Haus (1846 m), Deutschland, DAV Sektion Allgäu-Immenstadt; Tel. Hütte: 0049/(0)171/6233417, Tel. Tal: 0049/0)8322/700154; 2,5 Std. vom Giebelhaus (1066 m) (Busverbindung von Hinterstein zum Giebelhaus)
ROUTEN: Bäumenheimer Weg von Hinterhornbach (Trittsicherheit, Schwindelfreiheit notwendig; einige leichte Kraxeleien; Seilversicherungen; 4,5 Std.); Steig vom Prinz-Luitpold-Haus (Trittsicherheit notwendig; 2,5 Std.)
FÜHRER: Seibert/Groth, AV-Führer Allgäuer Alpen, Bergverlag Rother, Ottobrunn
KARTE: AV-Karte 1:25 000, Blatt 2/2, Allgäuer — Lechtaler Alpen Ostblatt; Österreich. Karte 1:50 000, Blatt 114
INFORMATION: Hermann Friedle, Hinterhornbach Nr. 8, A-6600 Hinterhornbach, Tel. 0043/(0)5632/408, Fax: Kl. 4, E-Mail: lechtal@tirol.com

Preisfrage: Wo liegt Hinterhornbach? Ich gebe es zu, ich habe die Antwort auch nicht auf Anhieb gewusst. Irgendwo im Außerfern, klar. Aber in welchem Winkel dort? Die Karte gab Aufschluss: Hinterhornbach ist ein Mini-Dorf im Hornbachtal. Das Hornbachtal? Ein Seitental des Tiroler Lechtals. So viel muss man mindestens wissen, um überhaupt zum 2592 Meter hohen Hochvogel zu gelangen, der majestätisch über Hinterhornbach thront.

Hinterhornbach befindet sich tatsächlich in einem Eck des »Heiligen Landes«, das entlegener nicht sein könnte. 30 Kilometer sind es von Reutte hierher in den Ort, der nur rund 100 Einwohner zählt.

Ein großartiges Bergpanorama verspricht der Tourismusprospekt den Besuchern. Und tatsächlich, er verspricht nicht zu viel. Der Hochvogel, Hausberg von Hinterhornbach und einer der bekanntesten Gipfel in den Allgäuer Alpen, setzt diesem Panorama die Krone auf.

»König Hochvogel« wird er oft genannt. Seine Exzellenz macht dieser Bezeichnung alle Ehre. Von wo man ihn auch betrachtet – der Hochvogel präsentiert sich in alle Richtungen als dominante, majestätische Erscheinung.

Der Hochvogel gehört wie gesagt bereits zu den Allgäuer Alpen, die Grenze zwischen Deutschland und Österreich verläuft über den Berg. Trotzdem muss ich darauf bestehen, dass es sich um einen Tiroler Berg mit Ausgangspunkt Hinterhornbach handelt.

Als Grenzgipfel bekommt der Hochvogel im Sommer natürlich Besuch von zwei Seiten. Das Prinz-Luitpold-Haus im Allgäu stellt einen hervorragenden Stützpunkt für die deutschen Bergsteiger dar, die den Hochvogel gern von zu Hause in zwei Etappen und auf diese Weise gemütlicher angehen wollen. Durch die beiden Anstiegsvarianten erlebt der Hochvogel jedenfalls einen ziemlichen Ansturm. An Spitzentagen kann es da am Gipfel recht eng werden. Keine schöne Vorstellung: 500 Menschen an einem einzigen Tag hat man schon einmal am Hochvogel gezählt.

Es zieht die Menschen regelrecht auf diesen 2593 Meter hohen Gipfel. Schuld daran ist neben der spektakulären Form die hervorragende Aussicht vom höchsten Punkt aus. Mit etwas Wetterglück erkennt man in der Ferne sogar die Hohen Tauern, den Ortler und das Massiv der Churfirsten.

Der Normalaufstieg auf dem Bäumenheimer Weg von Hinterhornbach muss trittsicheren und halbwegs schwindelfreien Bergsteigern vorbehalten bleiben. Immerhin steht die eine oder andere leichte Kraxelei an und der Tiefblick fällt auch jäh aus. Zudem ist das Gestein sehr brüchig und oft hat man es mit Geröll zu tun. Keinesfalls unterschätzt werden darf auf dieser Route auch die Steinschlaggefahr.

Mit der Besteigung sollten wir uns eigentlich bis zum Sommer Zeit lassen. Denn meist müssen noch im Juni Altschneefelder gequert werden, die ein beträchtliches Gefahrenpotenzial darstellen.

Ich erinnere mich in diesem Zusammenhang gut an einen spektakulären Hubschraubereinsatz am Hochvogel. Die Besatzung musste mit dem 50 Meter langen Tau einen Verunglückten bergen, der auf Altschnee ausgerutscht war. Ein heftiges Gewitter erschwerte damals die Rettung des Alpinisten zusätzlich.

Dieses Unglück stellt in der Geschichte des Hochvogel keinen Einzelfall dar. Der markanteste Gipfel in den Allgäuer Alpen, der bereits im Jahr 1832 zum ersten Mal bestiegen wurde, verdankt seinen Bekanntheitsgrad nicht allein der grandiosen Form und der fantastischen Aussicht. Nein, der Berg weist einige Tücken auf, die so manchem Alpinisten zum Verhängnis geworden sind und den Hochvogel selbst in die Schlagzeilen gebracht haben. Man muss es klar sagen: in die negativen!

Eine dieser Tücken lauert im so genannten Kalten Winkel. Dort erinnert ein Schneefeld an einen abgeschmolzenen Gletscher. Eisreste im oberen Teil haben sich zwar in-

»König Hochvogel«, majestätischer Hausberg von Hinterhornbach, zeigt sich in alle Richtungen als dominante Erscheinung.

zwischen verflüssigt und eine Seilversicherung bietet guten Halt, dennoch bleibt diese Schlüsselstelle, die man normalerweise erst auf dem Retourweg bewältigen muss, weiter gefährlich. Besonders im Spätsommer bzw. zu Herbstbeginn, wenn der Schnee pickelhart ist, heißt es besonders gut aufzupassen!

Aufpassen muss man außerdem auf den Höhenunterschied zwischen Hinterhornbach und dem Gipfel, der sich immerhin auf 1500 Meter beläuft. Diese Distanz können nur wirklich Geübte bewältigen. Der südseitige Anstieg durch Fels und Geröll macht die Tour überdies zudem zu einer im wahrsten Sinn des Wortes heißen Angelegenheit. Wer nicht früh genug startet, den bestraft die Sonne ohne Erbarmen.

Doch Tücken hin, Gefahrenquellen her: Im Verhältnis zu dem Massenansturm, den der Hausberg von Hinterhornbach an schönen Tagen ertragen muss, hält sich die Zahl der Unfälle ohnehin ziemlich in Grenzen. Es besteht also kein Grund zu Panikmache. Wir Bergsteiger dürfen nur nicht leichtsinnig werden und uns selbst über- bzw. die Risiken unterschätzen. Wenn dann trotzdem ein Unfall passiert, zeigt uns das, dass man die Natur eben nicht bis zum allerletzten Punkt kalkulieren kann. Aber gerade das verleiht ihr besonderen Reiz.

AUFSTIEG: Vom gebührenfreien Parkplatz bei der Gufelbrücke in Hinterhornbach zunächst auf einem Fahrweg aufwärts. Bald schon links abzweigen (beschildert) und weiter auf einem Steig. Über einen Wiesenrücken (die so genannte Mute) bis zur Wegteilung. Dort dann nach links in Richtung Westen durch Schotterhänge vorbei an der Südflanke des Hochvogels. Über einige Felsen, auf Felsbändern und Geröll weiter hinauf und schließlich durch zwei Kamine in leichter Kletterei zum Gipfel.

ABSTIEG: Wie Aufstieg oder über den Kalten Winkel (Achtung: gefährliches Schneefeld!), das Fuchsenkar und den Fuchsensattel bis zur Mute (dann weiter wie Aufstieg: 5,5 Std. bei Variante über Fuchsenkar).

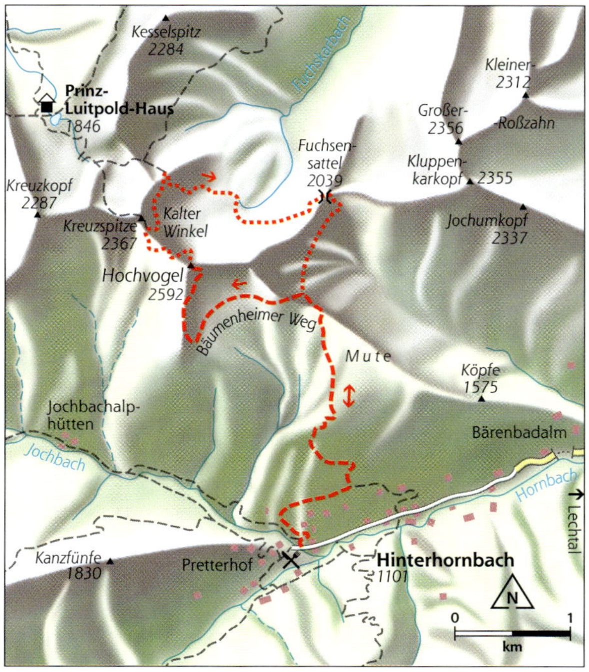

10 Serles

Der Serlesgipfel lässt sich relativ einfach erreichen. Das grandiose Panorama steht somit auch dem geübten Wanderer offen.

Um unzählige Berge ranken sich interessante Erzählungen und Geschichten, und von manchem Gipfel handeln alte, geheimnisvolle Sagen. Der Sage nach waren es auch drei schaurige Gestalten, die für ihre Untaten bestraft wurden und heute versteinert über Matrei am Brenner aufragen: die Serles. Mahnmal, Blickfang, Aussichtsgipfel – diese wunderbare Felspyramide zwischen dem Wipp- und dem Stubaital lockt mit vielen Vorzügen. Wer sie einmal vom Tal aus erblickt hat, wird nur schwer umhin kommen, ihr irgendwann einen Besuch abzustatten.

Zwei verschiedene Versionen der Sage um die Serles sind überliefert. Nach der einen soll Serles ein brutaler, vollkommen gnadenloser Ritter gewesen sein. Gemeinsam mit seinen zwei Söhnen lebte er auf einer Burg über dem Wipptal. Die Söhne schlugen ganz offensichtlich dem Vater nach. Das Trio herrschte jedenfalls mit großer Brutalität und jagte hoch zu Ross, begleitet von scharf abgerichteten, blutrünstigen Hunden über das Land. Die Männer waren weithin gefürchtet. Kein Wunder: Sie nahmen weder Rücksicht auf das weidende Vieh noch auf die Felder und Wiesen und schon gar nicht auf die Menschen, die von diesen Feldern lebten. Erbarmen oder gar Mitgefühl kannten sie nicht. Dies ging lange gut für sie aus, doch sollte es sich freilich irgendwann rächen. Ein Bauer, dessen Ernte sie zerstörten, verfluchte nämlich im Zorn den Ritter und dessen Söhne. Daraufhin erstarrten die drei zu Fels an der Stelle, wo angeblich die Burg des grausamen Ritters stand. Wenn diese Version der Sage zutrifft, bewundern wir heute den König und seine missratenen Kinder in der dreigestaltigen Form der Serles.

Die zweite Version der Sage handelt von einem König namens Serles sowie von dessen Frau und Kanzler. Auch sie sollen der Überlieferung nach Opfer ihrer eigenen Grausamkeiten gegenüber den Untertanen geworden sein. Möglicherweise sind sie es, die heute als Serles über dem Wipptal thronen und auf diese harte Weise ihre Sünden büßen. Beide Überlieferungen der Sage erinnern an die Sage von Frau Hitt, die wegen ihrer Gräueltaten hoch oben auf der Nordkette versteinert ist und auf Innsbruck herunterblicken muss.

Welche Entstehungsgeschichte die Serles auch immer hat: Derjenige, der sie geschaffen hat, muss ein Ästhet gewesen sein. Sonst würde wohl keine so prachtvolle Pyramide die Blicke auf sich ziehen. Während die höchsten Dreitausender der Stubaier Alpen für die Innsbrucker nicht zu sehen sind, genießt man den Anblick dieses an Höhe bescheidenen Gipfels der Stubaier Alpen von der Tiroler Landeshauptstadt aus.

Die Form mag einer der Gründe sein, weshalb Wanderer in Scharen die Serles besuchen. Die Bewältigung einer alpinen Herausforderung ist jedenfalls nicht Motiv für eine Tour auf den 2717 Meter hohen Gipfel. Kein Wunder: Die knapp 1100 Höhenmeter von Maria Waldrast aus schafft jeder durchschnittliche Wanderer locker, der Anstieg erfordert lediglich etwas Kondition und am Ende Schwindelfreiheit, jedoch keinerlei technisches Können.

Eigentlich schwer vorstellbar, dass dieser Berg so leicht zu bezwingen ist. Wenn man die Serles – früher unter dem Namen Waldrastspitze bekannt – von Innsbruck aus betrachtet, scheint ihre Besteigung ein äußerst schwieriges Unterfangen zu sein. Selten liegt man jedoch mit einer Einschätzung der Schwierigkeiten eines Berges dermaßen falsch wie bei der Serles.

Selten dürfte auch ein Gipfel dermaßen früh bestiegen worden sein. Angeblich waren es Jäger im 16. Jahrhundert, die zuerst auf dem höchsten Punkt gestanden haben.

Der Hit auf dieser Pyramide mit ihren zwei seitlich vorgelagerten Altären aus Fels ist auf jeden Fall die grandiose Aussicht, die sich am Gipfel offenbart: Die höchsten Eisriesen der Stubaier Alpen, die höchsten Punkte der Zillertaler und die markanten Kalkkögel ziehen sofort alle Blicke an.

Serles, 2717 m

LAGE: Stubaier Alpen
CHARAKTER: Sagenumwobene, prachtvolle Pyramide mit zwei seitlichen Felsaltären zwischen Wipp- und Stubaital
TALORT: Matrei am Brenner (992 m)
AUSGANGSPUNKT: Kloster Maria Waldrast (1636 m), über Mautstraße bequem zu erreichen; Parkmöglichkeit beim Kloster
ROUTE: Einfache Wanderung auf markiertem und versichertem Steig von Maria Waldrast über das Serlesjöchl; 3,5 Std.
FÜHRER: W. Klier, AV-Führer Stubaier Alpen alpin, Bergverlag Rother, Ottobrunn; Stubaier Alpen – Die schönsten Tal- und Höhenwanderungen, Bergverlag Rother, Ottobrunn
KARTE: AV-Karte 1:50 000, Blatt 31/5, Innsbruck und Umgebung
TOURISMUSVERBAND: TVB Wipptal-Matrei, Brennerstraße 104, A-6143 Matrei-Mühlbachl-Pfons, Tel.: 0043/(0)5273/6278, Fax: 7126, E-mail: info@matreiwippregio.at

Einer Pyramide mit zwei vorgelagerten Seitenaltären gleicht die sagenumwobene Serles, wenn man sie von Norden aus betrachtet.

Ausgangspunkt ist der Parkplatz beim Kloster Maria Waldrast, über eine Mautstraße von Matrei am Brenner aus bequem zu erreichen (Konditionsstarke können dieses erste Teilstück natürlich auch zu Fuß zurücklegen). Von der Waldrast (1641 m) führt ein Steig zunächst durch den Wald hinauf in die Serlesgrube und auf das Serlesjöchl. Von dieser Einsattelung zwischen Roter Wand und Serles öffnet sich ein herrlicher Blick hinunter ins Stubaital. Man bekommt hier sozusagen einen Vorgeschmack auf die Aussicht von ganz oben, die – ohne Übertreibung – phänomenal ausfällt.

Wer einmal auf dem Jöchl steht, wird die verbleibende Stunde Gehzeit gern auf sich nehmen, um über den flachen Südwestrücken zum Gipfelkreuz zu gelangen. In diesem letzten Abschnitt der Wanderung wird man mit der einzigen etwas happigeren Stelle konfrontiert. Es gilt, über eine drei Meter hohe Leiter eine Felsstufe zu überwinden. Sie sollte jedoch auch für jene Wanderer kein unüberwindbares Hindernis bedeuten, denen ein bisschen die Knie zittern, wenn es etwas luftiger wird. Zur Belohnung wartet der nahe Gipfel.

Wer die grandiose Gipfelschau auf der Serles genossen hat, kommt fast nicht umhin, nach dem Abstieg auf der Waldrast ein paar stille Minuten in der Kirche zu verbringen. Es fällt schwer, im Eindruck des Erlebten an dem Gotteshaus vorbeizugehen. Was immer man glauben mag, spielt in diesem Fall gar keine Rolle. Die Stille ist es, die nach einer Tour auf die Serles zählt.

Die Entstehung der Wallfahrtskirche Maria Waldrast geht zurück ins 15. Jahrhundert. Der Überlieferung nach haben zu Ostern des Jahres 1407 zwei Hirtenbuben aus dem Wipptal in dem Gebiet im hohlen Stamm eines Baumes ein geschnitztes Bild der Gottesmutter Maria mit ihrem Kind entdeckt. Wie berichtet wird, stammten sie aus Miezens bei Matrei und hießen Hans und Peter. Matreier brachten das Bild hinunter ins Tal und stellten es in der Pfarrkirche des Ortes auf.

Zu Pfingsten desselben Jahres befahl eine innere Stimme einem einfachen Holzarbeiter, auf die Waldrast zu gehen und sich auf einen Stein zu setzen. Dort erschien ihm die Muttergottes und zeigte ihm den Platz für den Bau einer Kirche. Jakob Lusch, so hieß der Mann, setzte sich daraufhin für den Bau eines Gotteshauses an der Stelle ein, wo die Kinder das Marienbild gefunden hatten. Seine Bemühungen waren schließlich von

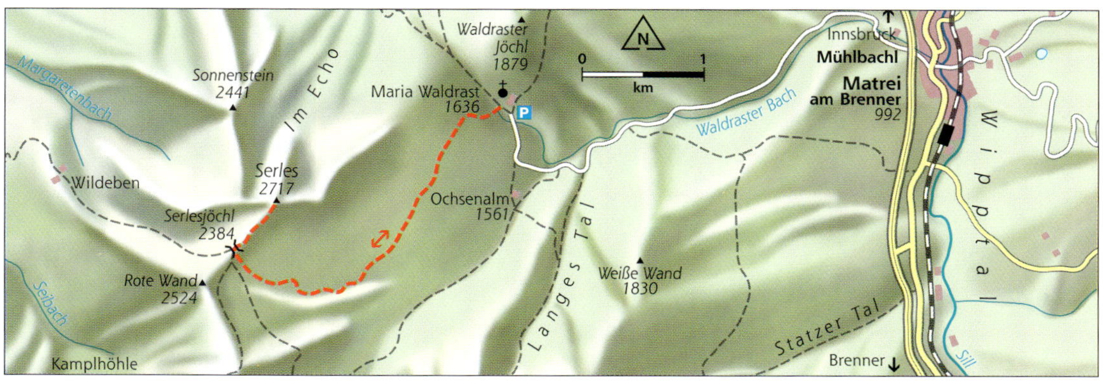

Bild oben: Vom Kloster Maria Waldrast schafft man den Serlesgipfel über das Serlesjöchl in rund dreieinhalb Stunden. Bild unten: Die Serles von Norden.

Erfolg gekrönt. Seit der Fertigstellung der Kirche auf der Waldrast wird das Bild hier aufbewahrt. Es zieht viele Menschen an und soll zahlreiche Wunder gewirkt haben. Bis zu 40 000 Pilger zählte man früher pro Jahr.

Die Waldrast, übrigens der höchstgelegene Wallfahrtsort Tirols, lädt freilich nicht nur zur Andacht ein. In dem Servitenkloster ist ebenfalls genügend Platz für weltliche Genüsse. Es wäre daher fast eine Sünde, sich nach dem Gipfelgenuss auf der Serles einem kühlen Bier und vielleicht auch einer Jause im Gasthof des Klosters zu verweigern. Die Serles und Maria Waldrast – das sind beinahe Zwillinge. Unzertrennliche, möchte man fast sagen.

AUFSTIEG: Auf gutem, stellenweise versichertem Steig hinter der Wallfahrtskirche zunächst relativ steil in einigen Kehren durch lichten Wald empor. Unterhalb der Südostflanke der Serles durch Latschen weiter in die Serlesgrube und wieder in zahlreichen Kehren hinauf auf das Serlesjöchl (2384 m), das zwischen der Roten Wand und dem Gipfel der Serles liegt. Über eine drei Meter hohe Eisenleiter überwindet man eine Felsstufe, die die einzige Schwierigkeit auf dieser einfachen Tour darstellt, und erreicht schließlich über einen relativ breiten Rücken den Gipfel (3,5 Std. von Maria Waldrast, 5,5 Std. vom Beginn der Mautstraße).

ABSTIEG: Wie Aufstieg.

11 Ehrwalder Sonnenspitze

Beim Abstieg von der Biberwierer Scharte zur Coburger Hütte, einem der wenigen Stützpunkte in der Mieminger Kette.

Abbildung vorhergehende Seite:
Von der Südostseite zeigt sich die Serles in Formvollendung. Doch sie kann auch wie ein wuchtiger, Furcht einflößender Koloss wirken.

Ehrwalder Sonnenspitze (2417 m)

LAGE: Mieminger Kette
CHARAKTER: Alle anderen Berge überragende Spitze im Talkessel von Ehrwald, bekannt als »Matterhorn von Ehrwald«
TALORT: Ehrwald (994 m)
STÜTZPUNKT: Coburger Hütte (1917 m) am Drachensee, DAV Sektion Coburg, Tel. Hütte: 0043/(0)664/3254714, Tel. Tal: 0043/(0)5234/67294; erreichbar von Ehrwald, Leutasch, Obsteig, Biberwier
ROUTEN: Normalweg von der Coburger Hütte über die Südwand zum Gipfel (II; 2 Std.); Normalweg von Ehrwald über Hohen Gang, Seebensee und Nordseite der Sonnenspitze zum Gipfel (II; 4 bis 5 Std.); Übergang zwischen Hauptgipfel (2417 m) und Nebengipfel (2412 m) sehr ausgesetzt in anregender Kletterei (III); jeweils Trittsicherheit und Schwindelfreiheit erforderlich
FÜHRER: AV-Führer Mieminger Kette, Bergverlag Rother, Ottobrunn
KARTE: Österreich. Karte 1:50 000, BLATT 116
TOURISMUSVERBAND: Ehrwald-Zugspitze, A-6632 Ehrwald, Tel.: 0043/(0)5673/2395, Fax: 3314; E-Mail: ehrwald@zugspitze.tirol.at

Manche Berge ziehen die Menschen ganz besonders an. Dazu gehört eindeutig die 2417 Meter hohe Ehrwalder Sonnenspitze. Sie ragt dermaßen markant und beeindruckend über dem Talkessel von Ehrwald empor, dass die berühmte und deutlich höhere benachbarte Zugspitze zweiter Sieger ist im Kampf um die Gunst der Bergsteiger. Ihre Form veranlasst zu einem Vergleich, der kühn klingt, aber durchaus seine Berechtigung hat: Die Sonnenspitze wird das »Matterhorn von Ehrwald« genannt.

Besonders wenn man von Norden in den Ehrwalder Kessel kommt, zieht die Sonnenspitze sofort die Blicke auf sich. Da lässt man die Zugspitze gern links liegen. Was stellt die Zugspitze optisch schon dar im Vergleich zu der kühnen Erscheinung ihr gegenüber?

Mit der Sonnenspitze beginnt im Westen die Mieminger Kette, die im Osten mit der Hohen Munde endet. Diese zwei Gipfel bilden eine Spange um die übrigen Berge herum. Und irgendwie stehen sie im Wettstreit, welcher von beiden der schönste der Mieminger Kette ist. Nun, diese Frage kann man schwer objektiv beantworten. Vor allem dann nicht, wenn man wie ich ein Faible für die Hohe Munde hat.

Jenseits des Fernpasses ragt die Ehrwalder Sonnenspitze dominant und alles beherrschend auf. Ganz anders hingegen die Situation auf der Südseite. Vom Inntal bzw. dem Mieminger Plateau aus sieht man sie überhaupt nicht. Sie versteckt sich vor den Betrachtern hinter Marienberg und Grünstein. Die 2417 Meter, die in der Karte eingetragen sind, beziehen sich auf den Hauptgipfel. Das Gipfelkreuz befindet sich freilich fünf Meter tiefer auf dem Nebengipfel. Nur dieser niedrigere Gipfel ist von Ehrwald aus zu sehen.

Die erste touristische Besteigung geht zurück ins Jahr 1873. Kein Geringerer als Freiherr Hermann von Barth, bekannt als Erschließer der Nördlichen Kalkalpen, stand damals auf der Sonnenspitze. Die Mieminger Kette blieb zwar vom Massenansturm der Alpinisten eher verschont, die Sonnenspitze entwickelte sich trotzdem zu einem sehr beliebten Ziel. Viele halten sie für einen ziemlich einfach zu ersteigenden Berg. Diese Charakterisierung entpuppt sich leider als völlig falsch. Alle Normalwege weisen Stellen im zweiten Schwierigkeitsgrad auf. Wer nicht trittsicher und schwindelfrei ist und wem darüber hinaus Alpinerfahrung fehlt, der sollte die Sonnenspitze nicht in sein Tourenprogramm aufnehmen. Ein bequemer Ausflug erwartet ihn nämlich nicht. Das hängt vor allem damit zusammen, dass die Anstiege streckenweise sehr steil sind und man über Schuttrinnen und grasige Flächen gehen muss. Gerade bei Nässe darf man sich in diesem Gelände keinen Sturz erlauben. Zudem ist der Fels recht brüchig, was die Sicherheit auch nicht gerade erhöht.

Die Wege wurden zwar gut beschildert, aber was Markierungen betrifft, schaut es auf allen Routen sehr schlecht aus. Der Grund für dieses Manko liegt freilich nicht in mangelndem Fleiß der dafür Verantwortlichen, im Gegenteil: Durchgehende Markierungen würden hier eine Gefahrenquelle darstellen, denn markierte Steine bleiben hier nicht unbedingt jahrelang liegen, so schotterig ist das Gestein! Und Markierungen, die an die falsche Stelle gerollt oder gerutscht sind, können Bergsteiger arg in die Irre führen. Da lässt man es besser gleich bleiben.

Schlecht schaut es auch aus mit Seilversicherungen. Abschnittsweise wurden zwar Haken angebracht, die allerdings in erster Linie für die Bergung von Verunglückten vorgesehen sind. Eine Tour auf die Ehrwalder Sonnenspitze darf man also unter keinen Umständen auf die leichte Schulter nehmen!

Besonders dann nicht, wenn man den Gipfel vom Tal aus in Angriff nimmt. Die rund 1400 Höhenmeter von Ehrwald herauf erfordern eine gute Grundkondition. Da empfiehlt es sich fast, die Dienste der Gondelbahn auf die Ehrwalder Alm in Anspruch zu nehmen oder auf der Coburger Hütte zu nächtigen. Die Hütte liegt außerordentlich idyllisch am Dra-

Die Sonnenspitze, auch als »Matterhorn von Ehrwald« bezeichnet, ragt wie ein markanter Zapfen in die Höhe.

chensee, sodass es sich durchaus lohnt, die Tour auf zwei Tage auszudehnen.

Die Aussicht vom Gipfelkreuz lohnt die Mühe. Im Nordosten liegt das Wettersteingebirge vor uns, Richtung Deutschland reicht der Blick fast bis Neuschwanstein. Weiter westlich ragen die Lechtaler Alpen und der Arlberg empor.

AUFSTIEG: Von der Coburger Hütte zuerst rund 15 Minuten Richtung Biberwierer Scharte. Beim Schild »Sonnenspitze« rechts abzweigen und zunächst über ein Schotterband aufwärts. Anschließend auf einem nicht immer gut erkennbaren Pfad wieder stellenweise in leichter Kraxelei aufwärts und auf den höheren Hauptgipfel (2417 m). Über eine Scharte sehr ausgesetzt und ohne Seilversicherung diesmal in anregender Kletterei (Schwierigkeitsgrad II bis III) zum niedrigeren Gipfel (2412 m) mit dem Kreuz (zwei Stunden).

ABSTIEG: Wie Aufstieg oder anspruchsvolle Variante über den Nordrücken: Die ersten 150 Höhenmeter wieder leichte Kletterei, danach auf einem felsigen Gehweg weiter hinab zum so genannten Grünen Platz (2000 m). Durch die Latschen zur Jagdhütte und auf das Zwischenplateau mit dem Seebensee (1700 m). Dann über den Hohen Gang (versicherter Steig, steil) und schließlich durch Lärchenwald nach Ehrwald.

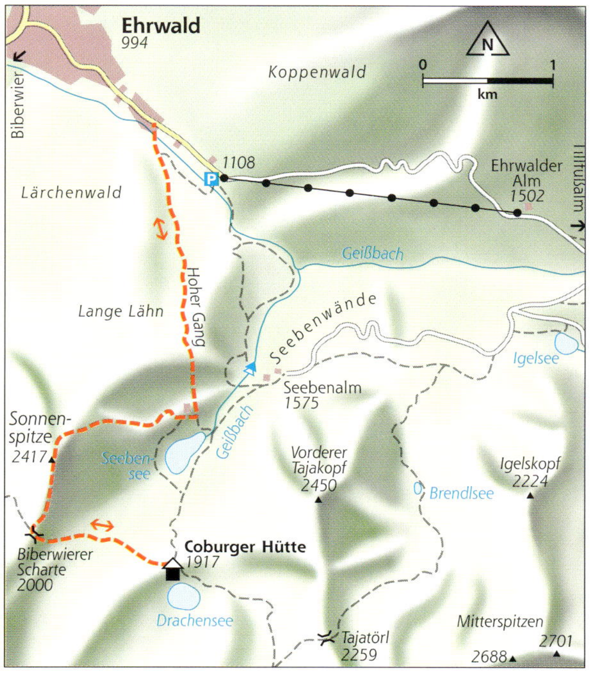

12 Guffert

Guffert, 2194 m

LAGE: Brandenberger Alpen (Rofangebirge)
CHARAKTER: Markante, frei stehende Pyramide mit breitem Nebengipfel am Nordrand des Rofangebirges
TALORT: Steinberg am Rofan (1000 m)
STÜTZPUNKT: Gufferthütte, 1475 m, Tel. Hütte: 0043/(0)676/6292404, Tel. Tal: 0043/(0)5246/6621, Fax Tal: 2137; 2 Std. vom Parkplatz Köglboden (957 m, an Straße zwischen Achenkirch und Steinberg)
ROUTEN: Normalweg von Steinberg über die Südseite zum Hauptgipfel (einige Seilversicherungen; 3 Std.; Trittsicherheit erforderlich); von Norden von der Gufferthütte über den Schneidjochsattel (ungefähr 1800 m); 3,5 Std.; Seilversicherungen im Gipfelbereich
KARTE: Österreich. Karte 1:50000, Blatt 88, Achenkirch
TOURISMUSVERBAND: Informationsbüro Steinberg, Tel. 0043/(0)5248/321, Fax: 393; E-Mail: steinberg@achensee.tirol.at

Eine mächtige Pyramide ragt da nordöstlich von Achenkirch auf und wahrlich niemand übersieht sie. Der 2194 Meter hohe Guffert gehört zwar offiziell noch zum Rofangebirge, hat aber wegen seiner etwas abgetrennten Lage den – nicht negativ gemeinten – Status eines Außenseiters in der Gruppe inne. Der Ausgangspunkt zu dem formschönen und exponierten Berg liegt beinahe versteckt im kleinen Dörfchen Steinberg am Rofan, das man am besten von Achenkirch aus erreicht.

Als Guffertspitze steht der nördlichste Berg der Brandenberger Alpen, besser immer noch als Rofangebirge bekannt, in der Karte. Tatsächlich hat der Guffert einen Haupt- und einen Nebengipfel. Als Nebengipfel bezeichnet man den Westrücken, der knapp vor der Guffertspitze rund 30 Meter senkrecht abbricht. Wer über diese Stelle drüberwill, muss klettertechnisch im dritten Schwierigkeitsgrad daheim sein. Dann kommt er zum Hauptgipfel, auf diese prächtige Pyramide.

Die sieht man nicht nur gut von Achenkirch. Wer an klaren Tagen mit guter Fernsicht auf dem Münchner Olympiaturm steht, macht im Achenseegebiet den Guffert aus. Umgekehrt bietet der nördlichste Rofan-Gip-

Der felsige Ostgipfel.

Das Gipfelkreuz des Gufferts.

fel natürlich ebenfalls einen grandiosen Fernblick, weil er erstens fast völlig allein aufragt und zweitens keine größeren Berge im Norden die Sicht verstellen. Der Guffert wurde aus diesen und anderen Gründen zum beliebten Ziel besonders für bayerische Bergsteiger. An schönen Tagen zieht es oft bis zu 100 Menschen auf diesen herrlichen Außenseiter, den man von Süden und von Norden aus erreicht. Wer über Trittsicherheit und durchschnittliche Kondition verfügt, wird auf dem Normalanstieg von Steinberg bzw. von der Gufferthütte keinerlei Probleme haben. Der Weg bzw. Steig steigt meist nur mäßig steil an, felsige Passagen überwindet man mithilfe von Stahlseilen.

Dabei möchte man im Tal meinen, es gäbe mehr Hindernisse hinauf zur Guffertspitze. Auch der Eindruck beim Blick vom Hauptgipfel ins Tal hinunter täuscht, so jäh sind die Abbrüche nun auch wieder nicht. Lediglich die Kletterrouten, vor allem die beliebte Südkante (VI–), halten, was der Anblick verspricht: steil, gerade hinauf, viel Luft unter den Sohlen. Erst 1997 wurde die Südkante neu versichert.

Der Guffert ist zwar am schnellsten von Steinberg aus (Südweg) zu erreichen, die Gufferthütte stellt trotzdem einen gemütlichen Stützpunkt für all jene dar, die die Wanderung auf zwei Tage ausdehnen und von Norden aufsteigen möchten. Die Hütte liegt zehn Minuten von der bayerischen Grenze entfernt auf der Südseite des Mangfallgebirges unter der Halserspitze.

Bild linke Seite:
Einsam sticht der Guffert, dieser außergewöhnliche Einzelgänger im Rofangebirge, aus den Wolken heraus.

In der näheren Umgebung der Hütte entdeckt man zwei Besonderheiten. So befindet sich neben dem Weg zum Guffert das höchstgelegene Moor Österreichs. In dieser Moorlandschaft kommen Pflanzen vor, die einzigartig in ganz Europa sind. Die DAV-Sektion München hat aus Anlass einer »Umweltbaustelle« die Wege rund um die Hütte sanieren lassen, um der Erosion in diesem wertvollen Gebiet zu wehren.

Doch nicht allein Botaniker kommen in dem Gebiet auf ihre Rechnung. Auch all jene, die sich für Früh- und Urgeschichte interessieren, werden fündig. Am Schneidjochhang kann man etruskische Inschriften im Fels bewundern. Viele Gelehrte aus nah und fern sind an diesen Platz gekommen, um die Zeichen in Keilschrift zu entschlüsseln, vollständig ist das jedoch noch keinem gelungen. So viel weiß man sicher: Dreimal kommt in dem Text das Wort »Wasser« vor. Wahrscheinlich wurde Bezug genommen auf die Quelle, die unter dem Fels hervorspringt. Es wird unter anderem vermutet, dass es sich um eine Weiheinschrift handeln könnte. Jedenfalls soll das Wasser heilende Wirkung haben, weshalb die Quelle oft als heilige Quelle bezeichnet wird. Wem der Weg zum Guffert zu mühsam erscheint, der kann ja vorher hier einen Schluck nehmen in der Hoffnung, dass ihn die Beine anschließend wie von alleine zum Gipfel tragen.

Doch Spaß beiseite: Die Mitnahme von Flüssigkeit spielt vor allem dann eine wichtige Rolle, wenn man von Süden auf den Guffert steigt. Da lässt die Sonne die Kehle schnell trocknen und den Schweiß in Strömen fließen.

Am Gipfel kann man schließlich hinüberwinken nach Bayern, das zum Greifen nahe liegt. Kein Wunder, dass der Guffert den Status eines bayerischen Hausberges innehat.

AUFSTIEG: Auf markiertem Weg (später Steig) vom Gasthof Waldhäusl in Steinberg zunächst den Bach überqueren und zuerst nordwärts (später Richtung Westen) recht sanft und mäßig ansteigend durch den Wald hinauf. Dann durch Latschen steiler und in Serpentinen aufwärts. Vor einem großen Felskopf teilt sich der Weg. Nicht nach links zur Südkante (Klettertour), sondern rechts weitergehen, um den Felsblock herum, und über Wiesen hinauf bis zum kurzen Guffertgrat (2000 m). Auf dem Grat (hier mündet der Weg von der Gufferthütte ein) westwärts und anschließend durch einen schottrigen Hang aufwärts, bis man direkt in felsiges Gelände kommt (Seilversicherungen). Durch die Felsen in kurzer Zeit zum Gipfel (3 Std.).
ABSTIEG: Wie Aufstieg.

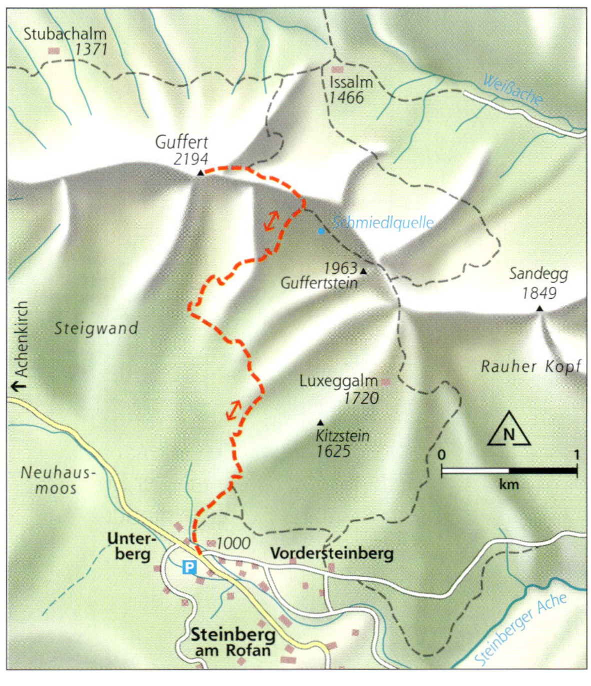

13 Zuckerhütl

Die Dresdner Hütte liegt mitten im Skigebiet der Stubaier Gletscherbahn bei der Mittelstation. Hier beginnt eine Anstiegsroute auf das Zuckerhütl, den höchsten Berg der gesamten Stubaier Alpen.

Der weltberühmte Zuckerhut steht in Rio de Janeiro. Das Stubaier Zuckerhütl kann sich zwar nicht über einen so großen Bekanntheitsgrad freuen, dafür ist es wesentlich höher als sein südamerikanischer Bruder. Als höchster Punkt in den Stubaier Alpen genießt dieser Gipfel sowieso besondere Anerkennung und Respekt über die Grenzen Tirols hinaus. Sein Anblick erfreut uns schon, wenn wir ins Stubaital einbiegen und zum Talschluss blicken.

Ob Schrankogel, Ruderhofspitze, Wilder Pfaff, Wilder Freiger, Stubaier Wildspitze oder Habicht – höhenmäßig kann keiner dieser Eisriesen in den Stubaiern dem Zuckerhütl das Wasser reichen. Auch die Grenze von 3500 Meter schaffen die »Rivalen« nicht – obwohl der Schrankogel (3497 m) sich nur ganz knapp geschlagen geben muss.

Was die Form betrifft, steht das Zuckerhütl ebenfalls ganz an der Spitze. Natürlich – die Geschmäcker sind verschieden und eine solche Einschätzung fällt immer subjektiv aus. Ich würde das Zuckerhütl dennoch als die formschönste Berggestalt der Stubaier Alpen bezeichnen. Wahrscheinlich beeindruckt mich dieser Gupf, der im Norden fast bis zum Gipfel vergletschert ist, vor allem wegen seiner schlichten Erscheinung, die auf wahre Größe schließen lässt.

Freilich – eis- und schneebedeckt bis ganz oben präsentiert sich die Nummer eins im Stubai schon lange nicht mehr. Wen mag es verwundern, dass auch das Zuckerhütl inzwischen ordentlich »angekratzt« ist. Früher komplett überfirnt, verändert sich dieser Berg mehr und mehr zu einem Felsgipfel. Selbst im Winter zeigt sich das Zuckerhütl nicht immer völlig schneebedeckt, sondern hat selbst in der kalten Jahreszeit mitunter seine nackten Stellen. Eine dramatische Entwicklung, die die Erstbesteiger bestimmt niemals für möglich gehalten hätten.

Die Erstbesteigung des höchsten Stubaier Gipfels gelang im Jahr 1862 A. Specht und A. Tanzer. Damals gab es die Bezeichnung Zuckerhütl allerdings noch nicht. Man sprach vom Wilden Pfaff und meinte damit die Gruppe Wilder Pfaff, Zuckerhütl und Pfaffenschneide. Das Zuckerhütl hat seinen heutigen Namen erst etwas später erhalten.

Freilich hat sich dieser Berg absolut verdient, namentlich aus der gesamten Formation gelöst zu werden. Immerhin ist die Pfaffenschneide im Westen kein richtiger Gipfel, sondern lediglich eine schneebedeckte Schulter. Und vom Gipfel des Wilden Pfaff blickt man rund 50 Meter auf das Zuckerhütl hinauf. Zudem rechtfertigt allein schon die Form des Zuckerhütls die Ausgliederung aus der Gruppe. Unser Berg bekam seinen Namen schließlich, weil er von Norden her einem – ganz oben inzwischen aperen – Zuckerhut ähnelt. Die felsige Südflanke fällt hingegen steil und jäh ab.

Die Form ist wohl in erster Linie auch schuld daran, dass viele Alpinisten diesen Berg sträflich unterschätzen. Das Zuckerhütl hebt sich nicht einmal 200 Höhenmeter vom Sulzenauferner ab und macht einen beinahe lieblichen Eindruck auf den Betrachter. Die Fast-Erschließung durch die Stubaier Gletscherbahn trägt das ihre dazu bei, die Tour auf den höchsten Stubaier Gipfel möglicherweise als »gmahde Wiesn« zu betrachten, also nicht ernst genug zu nehmen.

Aber Vorsicht: Der letzte Anstieg über den Ostgrat birgt einige Risiken in sich. Außerdem: Wenn hier eine Seilschaft stürzt und ins Rutschen gerät, werden leicht andere Gruppen mitgerissen. Dieses Zusatzrisiko sollte man ins Kalkül ziehen, zumal sich das Zuckerhütl zu einem viel begangenen Gipfel entwickelt hat.

Doch es bietet sich eine problemlose, weil eisfreie Ausweichroute für ungünstige Verhältnisse an. Bald nach dem Pfaffensattel besteht die Möglichkeit, nach links in den Fels auszuweichen. Dort befindet sich – unerwartet für die meisten Alpinisten – eine Markierung. Und von hier führt ein bestens gekennzeichneter und mit Stahlseilen versicherter Steig von Südosten her zum Gipfelkreuz.

Dass das Zuckerhütl eigentlich ein Modegipfel geworden ist, hängt natürlich mit der

Zuckerhütl, 3507 m

LAGE: Stubaier Alpen
CHARAKTER: Höchster Gipfel der Stubaier Alpen, im Süden steile Felsabstürze, im Norden fast bis zum Gipfel vergletschert
TALORT: Mutterberg
AUSGANGSPUNKT: Dresdner Hütte (2308 m) der DAV-Sektion Dresden bei der Mittelstation der Stubaier Gletscherbahn; Tel. Hütte: 0043/(0)5226/8112, Fax Hütte: 8113, Tel. Tal: 0043/(0)5226/2717, E-Mail: fernau@tirol.net-wing.at
ROUTEN: Dresdner Hütte, Piste Fernau, Fernauferner, Sulzenauferner, Ostgrat (4,5 bis 5 Std.); Hildesheimer Hütte (Talort Sölden), Gaiskarferner, Pfaffenferner, Sulzenauferner, Ostgrat (2,5 bis 3 Std.); Sulzenauhütte (Talort Ranalt), Sulzenauferner, Ostgrat (4,5 bis 5 Std.); Müllerhütte und Becherhaus (Talort Maiern im Ridnauntal, Südtirol), jeweils Ostgrat des Wilden Pfaff, Ostgrat des Zuckerhütls (2 bis 2,5 Std.)
FÜHRER: Walter Klier, AV-Führer Stubaier Alpen alpin, Bergverlag Rother, Ottobrunn
KARTE: AV-Karte 1:25 000, Blatt 31/1, Hochstubai
TOURISMUSVERBAND: Neustift, Tel.: 0043/(0)5226/2228, Fax: 2529; E-Mail: tv.neustift@neustift.at

Der wild zerklüftete Sulzenauferner liegt im Norden dem Zuckerhütl sozusagen zu Füßen. Der Aufstieg über diesen Gletscher ist nicht ohne Risiken.

Erschließung des umliegenden Gebiets durch die Stubaier Gletscherbahn zusammen. Seilbahnhilfe macht das »Unternehmen Zuckerhütl« zu einer relativ einfachen Eintagestour. Von der Bergstation Eisgrat schafft man den Gipfel in drei bis dreieinhalb Stunden. Man folgt zunächst der Skipiste nach Osten und steigt rund 200 Höhenmeter ab. Über den Fernauferner geht es in Richtung Lange Pfaffennieder. Kurz vor dieser Einsattelung folgen wir den Steigspuren nach rechts (Südsüdwest) und gelangen auf den hier flachen Sulzenauferner.

Dennoch: Die Gletscherbahn trägt nicht allein die Verantwortung, dass es inzwischen so viele Bergsteiger auf das Zuckerhütl zieht. Immerhin hat der deutlich längere Anstieg von der Dresdner Hütte kaum an Beliebtheit verloren. Da sich die Dresdner Hütte ebenfalls im Skigebiet befindet, kann man die Betrachtungsweise umdrehen und sagen: Das Zuckerhütl hat trotz der Erschließung nichts an Reiz und Anziehungskraft eingebüßt. Die Betrachtungsweise steht jedem offen.

Wenn wir jedenfalls bei der Dresdner Hütte starten, marschieren wir auf einem markierten Weg entlang der Piste »Fernau« über eis- und schneefreies Gelände bis zum so genannten Goldschrofen – einem Felskopf auf einer Höhe von ungefähr 2750 Metern. Hier biegen wir nach links ab wiederum auf den Fernauferner und treffen auf all jene, die sich von der Bahn bis zum Eisgrat haben bringen lassen. Zwischen viereinhalb und fünf Stunden müssen wir für den Aufstieg zum Gipfel einkalkulieren.

Wer das Zuckerhütl zu einer Zweitagestour ausdehnen möchte, quartiert sich am besten auf der Hildesheimer Hütte (2900 m) ein. Über die Ausläufer des Gaiskarferners, den Pfaffenferner und das Pfaffenjoch gelangt man abermals auf den oberen Teil des Sulzenauferners. Nach zweieinhalb bis drei Stunden sollte der Gipfel geschafft sein.

Als weitere Variante bietet sich eine Zweitagestour mit dem Stützpunkt Sulzenauhütte an, die auf einer Höhe von 2191 Metern liegt. Allerdings setzt der untere Teil des Sulzenauferners wegen der vielen Eisbrüche und Spalten große Erfahrung voraus und erfordert Kenntnis der Route. Vielfach kommt man ohne den Einsatz von Leitern gar nicht oder nur sehr schwer voran. Dafür trüben nirgendwo Seilbahnmasten das Bild der wilden Stubaier Berge.

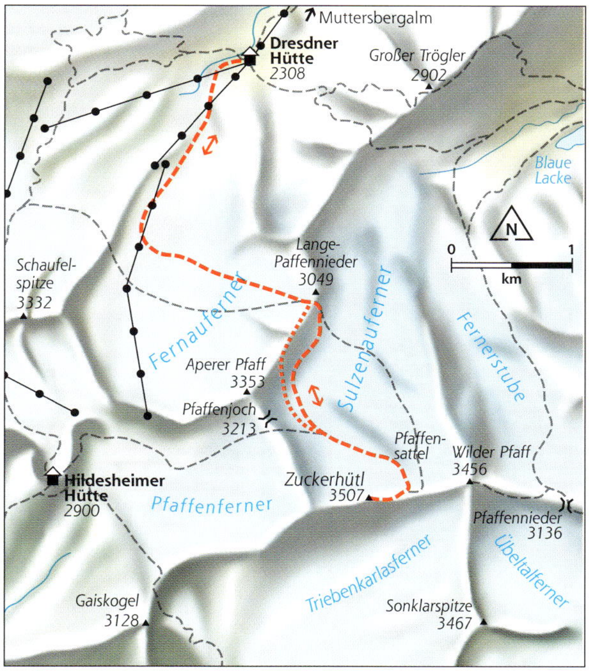

Blick von Westen über den Pfaffenferner auf Zuckerhütl und Pfaffennieder (links im Hintergrund).

Das Zuckerhütl lässt sich übrigens auch von Südtirol aus bezwingen. Dann kommen das überaus spektakulär gelegene Becherhaus oder die Müllerhütte als geeignete Stützpunkte infrage.

Jedoch nicht nur in der warmen Jahreszeit zieht es die Massen auf den höchsten Stubaier Gipfel. Das Zuckerhütl stellt im Winter ebenfalls ein sehr beliebtes Tourenziel dar. »Schuld« daran ist die Stubaier Gletscherbahn.

Dass die Bergsteiger früher wahrscheinlich vielfach die »wilderen Hunde« gewesen sind als wir heute, zeigt die Geschichte jenes Alpinisten, der gemeinsam mit seiner Schwester das Zuckerhütl an einem Tag überschritten hat. Der Einheimische stieg damals, als die Stubaier Gletscherbahn noch lange nicht existierte, mit seiner Begleitung von Ranalt zum Zuckerhütl auf und auf der Südtiroler Seite wieder herunter. In Sterzing setzten sich die beiden schließlich in den Zug und fuhren »gemütlich« nach Hause.

Solche Gewalttouren können wir uns heute in Zeiten der Erschließung der Gletscher eigentlich gar nicht mehr vorstellen. Um ehrlich zu sein: Wir wollen uns das auch nicht mehr vorstellen. Von dieser Haltung nehme ich mich keinesfalls aus. Und wir brauchen nicht einmal ein schlechtes Gewissen dabei zu haben.

AUFSTIEG: Von der Dresdner Hütte folgen wir zunächst dem gut markierten Weg über die Skipiste Fernau bis zum so genannten Goldschrofen, einem markanten Felskopf auf ungefähr 2750 Meter Höhe. Hier biegen wir nach links ab, überqueren den Fernauferner und steigen zur Einsattelung Lange Pfaffennieder (3049 m) auf. Von dort geht es hinab auf den oberen Teil des Sulzenauferners (Vorsicht, Spaltengefahr!). Wesentlich günstiger ist es allerdings, kurz unterhalb der Langen Pfaffennieder den markierten Steigspuren weiter nach rechts zu folgen und dann – den Steinmännern als Markierung folgend – den oberen Teil des Sulzenauferners zu betreten. Hier trifft die Route übrigens mit dem Anstieg von der Sulzenauhütte und dem Anstieg von der Hildesheimer Hütte zusammen. In einer knappen Viertelstunde erreicht man den Pfaffensattel (3332 m). Hier beginnt der Ostgrat, der durchaus heikel sein kann, wenn keine günstigen Firnverhältnisse herrschen. In diesem Fall verlassen wir den Grat knapp oberhalb des Pfaffensattels, ziehen nach links hinüber und halten auf eine Markierung im Fels zu. Über einen markierten und gut versicherten Steig entlang der Südostflanke des Zuckerhüttls gelangen wir über eis- und schneefreies Gelände problemlos zum Gipfel mit dem Kreuz.

ABSTIEG: Wie Aufstieg.

14 Zugspitze

Die Zugspitze aus ungewöhnlicher Perspektive. In der Bildmitte das Brett, rechts die Riffelspitzen.

Abbildung vorhergehende Seite: Das Zuckerhütl vom Aufstieg zum Wilden Pfaff gesehen.

Zugspitze, 2962 m

LAGE: Wettersteingebirge
CHARAKTER: Höchster Berg Deutschlands und des Wettersteingebirges; touristisch von Bayern und Tirol aus vollständig erschlossen; deutsch-österreichische Grenze verläuft direkt über den Gipfel
TALORT: Hammersbach (760 m) bei Garmisch-Partenkirchen; Ehrwald/Obermoos (1220 m); Garmisch-Partenkirchen (707 m)
STÜTZPUNKT: Höllentalangerhütte (1387 m; 2 Std.), DAV Sektion München, Übernachtungsmöglichkeit; von Hammersbach durch die wildromantische Höllentalklamm (gebührenpflichtig; einige Tunnelpassagen); Parkplatz am Ortsrand von Hammersbach
ROUTEN: Normalweg von der Hölltentalangerhütte über Leiterl, Brett, Höllentalferner (Achtung, Spalten!) und Irmerscharte zum Gipfel (fast durchgehend Klettersteig; sichern!); Kondition, alpine Erfahrung und Schwindelfreiheit unbedingt notwendig (5 Std. von der Hütte); von Ehrwald/Obermoos über die Wiener-Neustädter Hütte (2213 m) zur Zugspitze (Klettersteig); von Garmisch-Partenkirchen durch das Reintal (Reintalangerhütte, 1369 m; Knorrhütte, 2051 m) und über den Schneeferner zum Gipfel (leichter!); auch vom Tiroler Gaistal über das Gatterl und den Schneeferner auf die Zugspitze.
FÜHRER: Stefan Beulke, AV-Führer Wetterstein, Bergverlag Rother, Ottobrunn
KARTE: AV-Karte 1:25 000, Blatt 4/2, Wetterstein- und Mieminger Gebirge, Mittleres Blatt; Bayerisches Landesvermessungsamt 1:50 000, Blatt Wettersteingebirge

Als Tiroler empfindet man schon ein ziemlich merkwürdiges Gefühl beim Beschreiben der Zugspitze. Höchster Berg Deutschlands, Skigebiet, total verbauter Gipfel, Massenansturm – diese Attribute fallen einem im Zusammenhang mit der Zugspitze sofort ein. Der Berg scheint auf den ersten Blick wenig Verlockendes für einen Alpinisten zu haben. Doch das ist ungerecht: Immerhin gibt es den ebenso reiz- wie anspruchsvollen Anstieg durch das Höllental. Und immerhin ist die Zugspitze zur Hälfte ein Tiroler Berg …

Ich erinnere mich an meine ersten Eindrücke von der Zugspitze. Die habe ich als Bub von der Hohen Munde aus gewonnen, die praktisch gegenüber liegt. Und ich war damals ziemlich enttäuscht von Deutschlands Nummer eins. Das Zugspitzplatt präsentierte sich im Sommer als graue, eintönige Hochebene mit dem einen oder anderen Schneefeld, woran sich bis heute wenig geändert hat. Die spektakulären Gebäude am Gipfel machten mir auch keine Lust auf eine Tour. Ich konnte mir zudem nicht vorstellen, dass es sich dort drüben um ein feines Skigebiet handle. Und unter einem Gletscher versteht man in Tirol ohnehin etwas anderes.

Irgendwann reihte ich mich freilich doch ein in die Riesenschar an Menschen, die jedes Jahr auf die Zugspitze gehen bzw. fahren und wurde statistisch erfasst. Und ich gebe es gerne zu: Ich wählte die bequeme Aufstiegsvariante mit der Eibseeseilbahn.

Das Wort bequem passt freilich nicht wirklich. Die Passagiere, aus vieler Herren Länder kommend, mussten sich in der Gondel wie die Sardinen in der Dose fühlen. Und man konnte in den Gesichtern einiger lesen, dass sie sich gerade überlegten, ob sie nun Höhen- oder Platzangst empfinden sollten, als die Bahn in luftige Höhen hinaufschwebte …

Vielleicht liegt ein Reiz der Zugspitze ja gerade in der beinahe totalen Erschließung. Vielleicht empfinden viele es als etwas Besonderes, dass sich beim Gipfelkreuz Touristen aus aller Welt die Hand schütteln können. Ja, das ist schon ein interessanter Aspekt dieses Berges und man sollte auch diese Seite der Medaille betrachten.

Deutsche und Österreicher liefern sich seit Beginn des 20. Jahrhunderts beinahe einen Wettlauf beim Bau von Bahnen hinauf fast bis zum Gipfelkreuz. Den Anfang machten die Ehrwalder mit der Seilbahn, die 1926 eröffnet wurde. Die Bayern setzten auf Zahnradtechnik und errichteten die Bayerische Zugspitzbahn (Inbetriebnahme 1930). Seit 1962 kann man überdies mit der Eibseebahn aus dem Tal hinaufschweben. Die Bayern verlängerten in den 80er-Jahren die unterirdische Zugstrecke, 1991 erneuerten die Ehrwalder die Tiroler Zugspitzbahn. Es folgte die Seilbahn vom Platt zum Gipfel. Die Angabe rekordverdächtiger Fahrzeiten erspare ich mir und Ihnen. Wir sprechen ja nach wie vor von einem Berg.

Auch die Bauten am Gipfel schossen regelrecht aus dem Boden. Den Auftakt machte der Alpenverein mit dem Münchner Haus, das seit 1897 das Gipfelplateau ziert. Untrennbar damit verbunden ist die meteorologische Station, die im Jahr 1900 im Turm eröffnet wurde.

Im Panoramarestaurant der Tiroler Zugspitzbahn kann man essen und trinken, das »SonnAlpin« auf dem Zugspitzplatt bietet ebenfalls die Möglichkeit zur Einkehr. Das Schneefernerhaus, das sich unterhalb des Gipfels befindet, wurde inzwischen vom Hotel zur Umweltforschungsstation umgewandelt.

Doch wenden wir uns nach all dem technischen »Segen«, mit dem der Mensch die Zugspitze zwangsbeglückt hat, wieder dem bloßen Berg zu. Und der bietet tatsächlich mehr, als die Begleitumstände vermuten ließen. Die Anstiege durch das Reintal bzw. von Tirol aus über das Gatterl oder über die Wiener-Neustädter Hütte mögen nicht uninteressant und auch recht anspruchsvoll sein, die Krönung ist freilich der Weg durch das Höllental. Leiterl, Brett und Höllentalferner warten auf uns.

Zwei Tage sollte man veranschlagen für diesen schwierigen Normalweg, der auf 760 Meter in Hammersbach beginnt. Bald schon wird die Tour spektakulär, wenn sie durch die

Wie ein wuchtiger Felsklotz zeigt sich das Massiv der Zugspitze von seiner „Rückseite“, aus dem Ehrwalder Becken.

wildromantische Höllentalklamm führt. In der Höllentalangerhütte (1387 m), einem AV-Schutzhaus, sollten wir das Nachtquartier aufschlagen und uns vor den rund 1600 Höhenmetern und den Schlüsselstellen, die am nächsten Tag warten, gut ausruhen.

Die erste der Schlüsselpassagen heißt Leiterl. Gemeint sind Eisenklammern, mit deren Hilfe eine Steilpassage überwunden werden muss. Es folgt das Brett – eine rasante Querung auf Eisenstiften. Der Weg führt weiter über den nicht spaltenfreien Höllentalferner und auf dem gut versicherten Klettersteig zum höchsten Punkt Deutschlands. Eines wird beim Kreuz klar: Für einen Bergsteiger ist der Weg auf die Zugspitze das Ziel.

AUFSTIEG: Von Hammersbach zuerst ziemlich gemütlich bis zum Beginn der Höllentalklamm (beschildert). Dann unschwierig weiter durch die wildromantische Klamm (teilweise durch Tunnels) bis zur Höllentalangerhütte (ca. 2 Stunden). Nach dem Höllentalanger über das Leiterl steil hinauf zum Brett und über eine Moräne zum Hölltentalgletscher. Dort zunächst eher nach links halten, dann wieder nach rechts und erneut in die Felsen hinein. Weiter auf dem gut versicherten Klettersteig zur Irmerscharte und schließlich auf den Gipfel (5 Std. von der Hütte).

ABSTIEG: Am besten mit der Seilbahn hinab zum Eibsee.

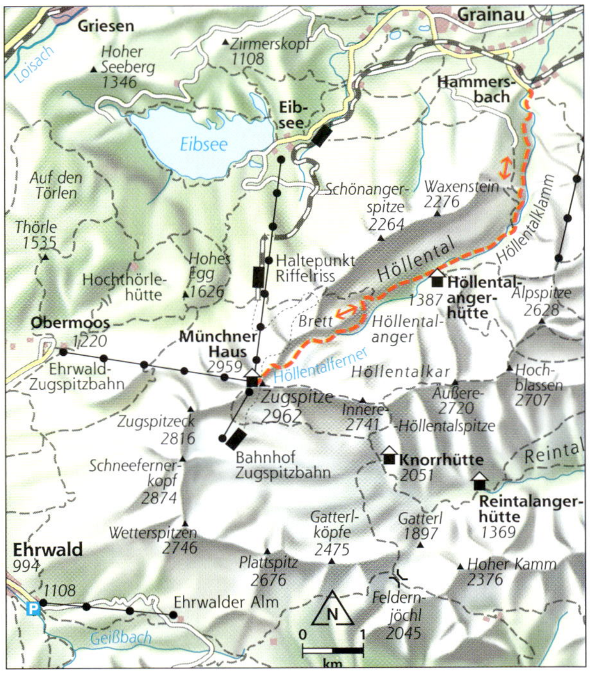

15 Reichenspitze

Einem kühnen Horn ähnelt die Reichenspitze, die sich knapp vor der Grenze zu Salzburg gerade noch auf Tiroler Boden befindet. Sie ist der östliche Eckpfeiler der Zillertaler Alpen.

Ein kühnes Horn ragt über dem Kuchelmooskees gen Himmel. Nicht weniger als 3303 Meter misst die Reichenspitze, östlicher Eckpfeiler der Zillertaler Alpen und knapp noch vor der Grenze zu Salzburg auf Tiroler Boden. Wer diesen beeindruckenden Berg einmal gesehen hat, wird den Wunsch verspüren, da hinaufzusteigen. Man kann sich auf eine fabelhafte Aussicht am höchsten Punkt freuen, weil rundherum keine Erhebung höher ist.

Sehr markant thront die Reichenspitze im Tourengebiet der Plauener Hütte. Neben der Plauener Hütte lässt sich die Reichenspitze auch von der Richterhütte und der Zittauer Hütte ersteigen, die beide zu Salzburg gehören. Wirklich empfehlen kann man freilich nur den Weg über das Kuchelmooskees mit Beginn bei der Plauener Hütte.

Das Schutzhaus auf 2364 Meter Höhe bietet seinen Gästen neben einer tollen Schau auf die umstehenden Gipfel sozusagen als Draufgabe einen prächtigen Seeblick. Zwar ist der See im Zillergründl kein Naturereignis, aber auch der von Menschenhand geschaffene Stausee hat seinen optischen Reiz.

Ich weiß – es gibt wesentlich hübschere Dinge als eine riesige Mauer aus Tausenden Tonnen von Beton. Dank der ursprünglichen Kraft des Tiroler Wassers blieben dem Herz der Alpen allerdings stinkende kalorische Kraftwerke erspart. Das soll festgehalten werden, wenn wir – völlig zu Recht – solche Stauseen kritisch betrachten.

Aber wenden wir unseren Blick wieder nach oben, wo die Bergwelt tatsächlich nicht unter menschlichen Einflüssen litt. Lassen wir uns beeindrucken von den Dreitausendern, die in dem fabelhaften Gebiet um die Plauener Hütte Richtung Himmel wachsen. Hier erleben wir eine fantastische Naturlandschaft.

Wenn man den Namen der 3303 Meter hohen Reichenspitze hinterfragt, stößt man auf alte Geschichten, die den Berg in Zusammenhang mit Gold- und Silbervorkommen bringen. Die Erwartungen und Hoffnungen der Menschen haben sich leider nicht erfüllt. Edelmetall wurde hier nie gefunden.

Eine Tour auf die Reichenspitze beginnt eigentlich in Mayrhofen. Den Anmarsch durch den 18 Kilometer langen Zillergrund tut sich heute freilich kaum jemand an. Wesentlich bequemer ist die Anfahrt mit Pkw oder Bus auf der Mautstraße zum Gasthof Bärenbad oder mit dem Bus sogar ein Stück weiter hinauf bis zur Krone der Staumauer Zillergründl. Von dort sind es dann nur mehr ungefähr 500 Höhenmeter zur Plauener Hütte.

Im Sommer 2000 wurde übrigens der neue Hüttensteig eröffnet. Man braucht jetzt nicht mehr ganz so weit auf dem Uferweg des Stausees taleinwärts zu marschieren, sondern kann bald links auf den bequemen Steig abzweigen. Die Anstiegszeit zum Schutzhaus verkürzt sich dadurch um 15 bis 30 Minuten. Da bleibt man frisch für die Besteigung der Reichenspitze über das Kuchelmooskees am nächsten Tag.

Der Weg der Erstbesteigung führte allerdings nicht über diese Route. Ein einfacher Bauer aus dem Ahrntal bezwang den 3303 Meter hohen Riesen schon im Jahr 1856 über das Rainbachkees. Zehn Jahre später gelang Paul Grohmann mit Begleitern der Gipfelsieg. Sie wählten damals den Weg über das Kuchelmooskees.

Ungefähr 1000 Höhenmeter liegen zwischen der Plauener Hütte und dem Gipfel der Reichenspitze. Konditionelle Überbelastung steht da im Normalfall nicht bevor. Doch wir begeben uns in hochalpines Gelände und müssen das Kuchelmooskees begehen. Eiserfahrung und Gletscherausrüstung sind die mindesten Voraussetzungen, um den Sicherheitsstandards zu genügen und heil am Gipfel und schließlich wieder gesund unten in der Hütte anzukommen.

Die Entwicklung dieses Gletschers verlief in den letzten Sommern vor der Jahrtausendwende interessanterweise konträr zur allgemeinen Tendenz. Das Eis hat sich hier erstaunlich gut gehalten, der Einstieg in das Kees wurde sogar etwas leichter. Selbst im Schlussstück des Gipfelanstiegs lagen stets noch im Herbst Schnee und Eis. Freuen wir

Reichenspitze, 3303 m

LAGE: Zillertaler Alpen
CHARAKTER: Kühnes Horn mit anspruchsvollem Anstieg über das Kuchelmooskees
TALORT: Mayrhofen im Zillertal (633 m)
STÜTZPUNKT: Plauener Hütte (2364 m), DAV Sektion Plauen-Vogtland, Tel. und Fax Hütte: 0043/(0)5289/255, Tel. und Fax Tal: 43/(0)5417/5167; E-Mail: plauenerhuette@telering.at; homepage: http://www.plauenerhuette.de.vu; von der Krone der Staumauer Zillergründl (1850 m) über neuen Steig in 1,5 Std. oder vom Gasthof Bärenbad (1450 m; 2,5 Std.); Mautstraße bis zum Gasthof Bärenbad (Parkplatz) und Busverbindung von Mayrhofen bis zum Stausee
ROUTEN: Normalanstieg von der Plauener Hütte über das Kuchelmooskees (3,5 Std., Eiserfahrung notwendig)
FÜHRER: Heinrich und Walter Klier, AV-Führer Zillertaler Alpen, Bergverlag Rother, Ottobrunn
KARTE: AV-Karte 1:25 000, Blatt 35/3, Zillertaler Alpen, östliches Blatt
TOURISMUSVERBAND: A-6290 Mayrhofen, Tel. 0043/(0)5285/67600, Fax: 676033, E-Mail: mayrhofen@zillertal.tirol.at

Der Gebirgskamm zwischen Reichenspitze (links) und Brandberger Kolm (rechts) bildet die nordöstliche Begrenzung der Zillertaler Alpen.

uns aber nicht zu früh: Die Situation kann sich je nach Witterung natürlich rasch wieder ändern und der Klimawandel schreitet ja munter fort. Irgendwann, so muss befürchtet werden, schlägt er auch in diesem Gebiet gnadenlos zu. Und über die Mächtigkeit des Keeses ist mit seiner Ausdehnung auch noch nichts gesagt.

Das Kuchelmooskees gilt zwar allgemein als spaltenreich, die Anstiegsroute zur Reichenspitze führt jedoch über den Teil des Gletschers, der sich in der Regel etwas freundlicher präsentiert. Dennoch darf kein Gedanke daran verschwendet werden, ans Anseilen zu verzichten, schließlich handelt es sich bei der Reichenspitze um eine gediegene Eistour.

Ungefähr eine Stunde braucht man, um auf dem schönen, bezeichneten Steig von der Hütte über das Kuchelmooskar zum Gletscher zu gelangen, wo die Wegmarkierung endet und nur Spuren weiterführen. Zunächst geht es recht steil hinauf, dann sanft ansteigend weiter Richtung Nordwesten, links und hinauf um eine große Spalte herum und anschließend von Westen über ein steiles Firnfeld zum Gipfel. Ein Vermessungszeichen neben dem Kreuz erinnert daran, dass wir uns direkt an der Grenze zwischen Tirol und Salzburg befinden.

Der Rückmarsch zur Hütte muss genauso konzentriert erfolgen wie der Aufstieg. Denn einen Berg hat man erst bestiegen, wenn man wieder sicher unten angekommen ist.

AUFSTIEG: Von der Plauener Hütte zunächst auf schönem und bezeichnetem Steig nach Nordosten in Richtung Gamsscharte. Im Kuchelmooskar links abzweigen und auf das Kuchelmooskees zu. Hier enden die Markierungen. Anseilen und steiler rechts hinauf über den Gletscher (Achtung: unter Umständen Geröll!). Diese Passage war in den vergangenen Jahren meist gut zu begehen und selbst im Herbst nicht blank. Dann weiter, nur mäßig ansteigend, nach Nordwesten. Eine große Spalte wird links in Richtung Hahnenkamm möglichst hoch umgangen. Jetzt rechts hinauf nach Osten auf ein Firnfeld und steil zum Gipfel (das Schlussstück aperte in den vergangenen Jahren kaum aus; 3,5 Std. von der Hütte).

ABSTIEG: Wie Aufstieg.

16 Hoher Riffler

Reizvolle Eisformation im Blankasee am Normalweg zum Hohen Riffler.

Die »Nummer eins« in der Verwallgruppe ist ein Modegipfel. Der Hohe Riffler erhält im Sommer viel Besuch, denn auf dem gut ausgebauten, aber einfachen Steig von der Edmund-Graf-Hütte schaffen ihn auch weniger geübte Bergsteiger problemlos. Die meisten schenken sich freilich am Schluss die leichte Kletterei hinüber vom West- zum Ostgipfel, der noch um zwei Meter höher aufragt. Mit diesem Hindernis schiebt der Riffler dem Massenansturm erst ganz zuletzt trotzig aber bestimmt einen Riegel vor.

Man kennt dieses Problem. Wenn ein Berg einen Doppelgipfel hat, ist der höhere Gipfel meist schwieriger zu erreichen als sein niedrigeres Pendant. Viele kapitulieren vor den letzten Metern, weil man sein Ziel ja eigentlich schon erreicht hat. Aber eben nur eigentlich. Und weil gerade die durchschnittlichen Bergsteiger ein ehrgeiziges Völkchen sind, wurmt sie dieses Manko spätestens dann, wenn sie zurück im Tal sind. War man jetzt wirklich auf dem Gipfel, kann man seinen Freunden mit gutem Gewissen erzählen, dass man den Berg XY bestiegen hat? Oder muss man anmerken, nur fast oben gewesen zu sein?

Wir sollten das Bergsteigen weniger buchhalterisch, dafür als Anregung und Herausforderung für unsere Sinne betrachten. Dann plagen uns solche Problemchen nicht …

Weil sich jedoch viele alpine Wanderer dieser Betrachtungsweise hartnäckig verschließen – ich selbst muss diesbezüglich ebenfalls an mir arbeiten –, hat man am Hohen Riffler zu einer List gegriffen. Das Kreuz steht wohl am höheren Ostgipfel, schon am Westgipfel befindet sich aber ein Buch. Und wo ein Buch ist, ist der Gipfel, basta! Für die Aussicht spielen die zwei lächerlichen Höhenmeter Unterschied ohnehin keine Rolle.

Viele besuchen den Hohen Riffler, weil es selten genug vorkommt, dass man einen Berg, der die Dreitausender-Grenze deutlich übersteigt, auf einem Steig ohne besondere Schwierigkeiten erreichen kann. Der kleine Pettneuer Gletscher, der überquert werden muss, ändert nichts an dieser Einschätzung. Er ist spaltenfrei und sehr flach und es handelt sich zudem lediglich um ein sehr kurzes Wegstück.

Es gibt Berge, die man von weit entfernten Gebieten im Tal gut erkennt. Der Hohe Riffler mit seiner dunklen Gipfelpyramide und den Gletscherresten ringsherum gehört in diese Kategorie. Man möchte es kaum glauben: Ich habe von mir zu Hause im mittleren Oberinntal Blickkontakt zum Hohen Riffler. Dabei trennen uns geschätzte 70 bis 80 Kilometer Luftlinie. Seine formschöne Gestalt sticht mir ins Auge, wann immer ich bei klarem Wetter in seine Richtung schaue.

Auch aus der Luft ist der Hohe Riffler von weitem zu erkennen. Wer einmal das Vergnügen hat, bei Prachtwetter die Tiroler Bergwelt mit dem Hubschrauber zu erkunden, wird ihn mit etwas Glück selbst über den Zillertaler Alpen noch ausmachen. Zum Versteckspielen eignet sich dieser Riese aus (viel) Fels und (wenig) Eis jedenfalls nicht. Keine höheren Berge rundherum versperren den Blick auf den Riffler, daher steht einem wunderbaren Panorama am Gipfel nichts im Weg. Ortler- und Wildspitzmassiv tun sich auf, die Gipfel der Lechtaler Alpen liegen zum Greifen nahe. Jeder trittsichere Bergwanderer mit etwas Kondition kann diesen Genuss erleben.

An einem Tag ist der Riffler nur für die ganz Konditionsstarken zu schaffen. Beinahe 2000 Höhenmeter sind von Pettneu am Arlberg bis zum Gipfel zu bewältigen, fast gleich viele sind es, wenn man in Kappl im Paznauntal startet. Ein kleiner Marathon, also nichts für »normale« Bergsteiger.

So nehmen die meisten den Hohen Riffler – wegen des Talorts im Norden einigen als Pettneuer Riffler bekannt – in zwei Etappen in Angriff. In rund dreieinhalb Stunden erreicht man auf einem guten Weg bzw. Steig von Pettneu über das Malfontal und später über das Jakobstal die Edmund-Graf-Hütte (2375 m). Ähnlich lange braucht man für den Anstieg von Kappl. Die knapp 800 Höhenmeter von der Hütte bis zum Gipfel sollten am nächsten Tag kein Problem darstellen, zumal ein feiner Steig hinaufführt.

Hoher Riffler, 3168 m

LAGE: Verwallgruppe
CHARAKTER: Frei stehende, weithin sichtbare Pyramide mit Resten von Gletschern; höchster Gipfel der Verwallgruppe; auf gutem Steig leicht erreichbar
TALORTE: Pettneu am Arlberg (1222 m) oder Kappl im Paznauntal (1256 m)
STÜTZPUNKT: Edmund-Graf-Hütte (2375 m), OeAV-Touristenklub Innsbruck; Tel. Hütte: 0043/(0)5448/8555, Tel. Tal: 0043/(0)5448/8338; von Pettneu durch das Malfontal und Jakobstal bzw. von Kappl/Dias über die Schmalzgrubenscharte oder von Kappl über das Kappler Joch in 3,5 Std. (von Kappl gleich lang wie Anstieg von Pettneu)
ROUTE: Normalweg von der Edmund-Graf-Hütte über den Pettneuer Gletscher (spaltenfrei, flach) zum Westgipfel; leichte Kletterei (II) zum höheren Ostgipfel (2,5 Std.)
FÜHRER: Roland Luzian, AV-Führer Verwallgruppe, Bergverlag Rother, Ottobrunn
KARTE: Österr. Karte 1:50000, Blatt 144
INFORMATION: Pettneu am Arlberg: Mag. Alexandra Raffl, Dorf 152, A-6574 Pettneu, Tel. 0043/(0)5448/8221, Fax: 8560, E-Mail: info@arlberg-stanzertal.at
TV Kappl, Dorf 112, Postfach 20, A-6555 Kappl, Tel. 0043/(0)5445/6243, Fax: 6163, E-Mail: info@kappl.at

Der Hohe (Pettneuer) Riffler (rechts) und das Blankahorn (links) von Südwesten gesehen.

Das laufende Instandsetzen des Steiges ist übrigens keine einfache Aufgabe. Nach niederschlagsreichen Wintern bleibt der Schnee in dem Gebiet sehr lange liegen, sodass dann meist die Zeit drängt. Die anspruchsvollere Route von Süden über die Blankaseen musste sogar gesperrt werden. Es war nicht mehr möglich, den Steig in gutem Zustand zu bewahren. Mit der Besteigung des Riffler sollte sich der Durchschnittsbergsteiger aus Sicherheitsgründen jedenfalls Zeit lassen, bis der Altschnee komplett abgeschmolzen und der Normalweg intakt ist.

Dann heißt es sich einreihen in die Schar der Gipfelstürmer, die der höchste Verwallgipfel jedes Jahr anzieht. Doch Modetour hin oder her: Jeder Berg hat seinen besonderen Reiz. Und jeder Berg hat Seiten, die der Masse verborgen bleiben. Beim Riffler sind dies die letzten zehn Minuten zum Hauptgipfel, vor dem 90 Prozent der Bergsteiger kapitulieren.

AUFSTIEG: Auf markiertem Steig direkt von der Edmund-Graf-Hütte zunächst in Richtung Kappler Boden. Dann durch die Schotterrinne zwischen Blankahorn und Kleinem Riffler (Vorsicht: oft bis August Schneereste) auf den flachen, spaltenfreien Pettneuer Ferner. Über eine Geröllhalde zum Westgipfel. Dann einige Meter absteigen und über eine Scharte zum Ostgipfel (Kletterstellen, II).
ABSTIEG: Wie Aufstieg.

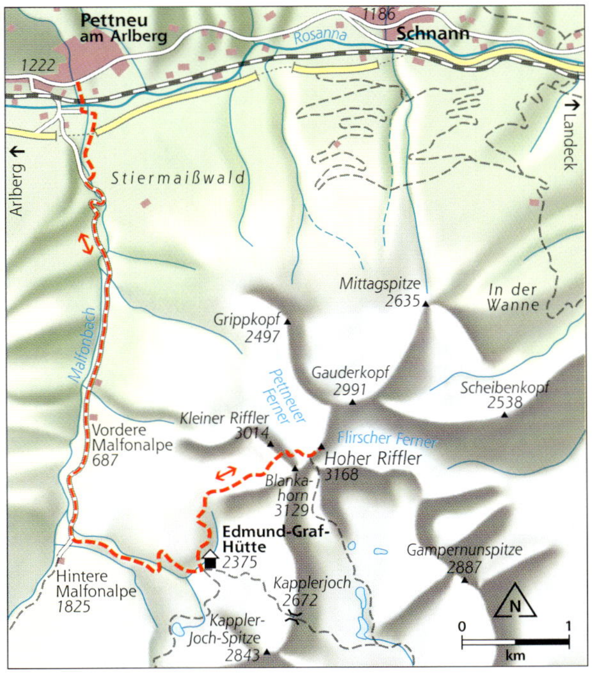

17 Laserzwand

Laserzwand, 2614 m

LAGE: Lienzer Dolomiten
CHARAKTER: Markanter Kletterberg mit steil abfallenden Wänden; von Südosten leicht ersteigbar
TALORT: Lienz (673 m)
STÜTZPUNKT: Karlsbader Hütte (2261 m), Sektion Karlsbad des DAV; Tel. Hütte: 0043/(0)663/9759998, Tel. Tal: 0043/(0)4876/8323
ROUTEN: Normalweg von der Karlsbader Hütte auf markiertem Steig (1 Std.); schwierige Kletterrouten mit Einstiegsstellen am Rudl-Eller-Weg
FÜHRER: AV-Führer Lienzer Dolomiten, H. Peterka, Bergverlag Rother, Ottobrunn
KARTEN: Österreich. Karte 1:50 000, Blatt 179; Freytag & Berndt-Wanderkarte 1:50 000, Blatt WK 182
TOURISMUSVERBAND: Tourismusverband Lienzer Dolomiten, Europaplatz 1, A-9900 Lienz; Tel.: 0043/(0)4852/65265, Fax: -2; E-Mail: tvlienz@aon.at

Ein Gipfel, der von drei Himmelsrichtungen betrachtet nur ein raues, unnahbares Felsgesicht zeigt, muss trotzdem nicht extremen Alpinisten vorbehalten sein. Jeder Berg hat bekanntlich mehrere Seiten und warum sollte da nicht auch ein sanftes Antlitz dabei sein? Das Paradebeispiel dafür steht in den Lienzer Dolomiten: Die 2614 Meter hohe Laserzwand verlangt selbst erfahrenen Kletterern einiges ab. Von Südosten hingegen erreicht man sie bequem auf einem leichten Wanderweg.

Im Herzen der Lienzer Dolomiten steht auf 2261 Meter die bekannte Karlsbader Hütte. Das Schutzhaus liegt malerisch am tiefblauen Laserzsee im berühmten Lienzer Felsenkessel, umgeben von insgesamt mehr als 20 Gipfeln. Sie ist gleichzeitig Anziehungspunkt und Zentrum für Kletterer und musste schon mehrmals vergrößert werden. Wer Hüttenromantik sucht, sollte sich ein anderes Ziel auswählen, zumal auch Tagesausflügler die Hütte relativ leicht und bequem erreichen können.

Die Laserzwand begrenzt den Felsenkessel an seiner nordöstlichen Seite. Die Laserzwand ragt aus dem gesamten Kessel zwar nicht als höchster Punkt, dafür jedoch als imposanteste und bekannteste Erhebung heraus. Hier im Laserz, wie das Kletterparadies heißt, finden Wagemutige sogar Routen im achten und neunten Schwierigkeitsgrad vor. Viele Routen präsentieren sich recht urtümlich und sind wenig saniert. Die Zahl der Bohrhaken blieb begrenzt, man klettert überwiegend klassisch. Die Nordseite der Laserzwand fällt nicht weniger als 1000 Meter ab und macht auf den durchschnittlichen Wanderer einen Furcht einflößenden und abweisenden Eindruck. Erfahrene und gute Kletterer fühlen sich dagegen wie hingezogen zu der Nordflanke. Hier warten kühne und lange Routen darauf, bewältigt zu werden. Allerdings haben auch, zur Freude der Genusskletterer, die Bohrhaken in der Nordwand Einzug gehalten. Vertreter des »Plaisirkletterns« sind freilich mehr in der Südwand daheim. Eine Herausforderung stellt die Laserzwand auf jeden Fall dar. Doch nicht alle, die sich in die Wand wagen, verfügen über ausreichend Qualifikation für ihre Route. Rettungsteams und Hubschrauberbesatzungen wissen davon ein Lied zu singen.

Wanderern, die einmal in die steilen Flanken und Kletterpassagen hineinschnuppern möchten, steht der Rudl-Eller-Weg zur Verfügung. Die Bezeichnung Weg ist in diesem Fall allerdings etwas trügerisch. Es handelt sich an einigen Stellen um einen Steig, den nur trittsichere und schwindelfreie Bergfreunde in Angriff nehmen sollten. Die Route führt von der Dolomitenhütte bis zur Karlsbader Hütte und gleichzeitig zu Einstiegen in die Laserzwand. Nicht selten hat hier ein unbedarfter Wanderer eine Gänsehaut bekommen, wenn er in die Wand geblickt und Kletterer beobachtet hat.

Große Faszination übt freilich auch die grandiose Landschaft aus, durch die der Rudl-Eller-Weg verläuft. Herrliche Passagen

Abbildung links:
Die Laserzwand zeigt sich von Norden von ihrer abweisenden Seite; von Südosten hingegen ist sie leicht zu ersteigen.

Die Insteinalm am Rudl-Eller-Weg. Im Hintergrund die Laserzwand.

durch Wald und Lärchenbestände und vorbei an idyllisch gelegenen Hütten lassen das Herz jedes Naturliebhabers höher schlagen. Der graue Fels der steil abfallenden Laserzwand bildet einen harten, geradezu Furcht erregenden Kontrast.

Der Name erinnert übrigens an jenen Mann, der als einer der Ersten begonnen hat, das Kletterparadies im Laserz zu entdecken und zu erschließen. Rudl Eller und seine Kameraden haben hier Pionierarbeit geleistet.

Wer die Laserzwand von unten anschaut, kann sich nicht vorstellen, einmal selbst auf dem 2614 Meter hohen Gipfel zu stehen. Und doch bedarf es tatsächlich nicht eines Hubschrauberflugs, um dort hinaufzukommen. Die Laserzwand kann über die Südflanke sogar erwandert werden!

Von der Karlsbader Hütte führt ein bestens markierter Steig teilweise sogar über Graspassagen zum Gipfel. Es steht keine einzige Kletterstelle hinderlich im Weg, ein trittsicherer Wanderer findet praktisch keine Schwierigkeiten vor. Zudem sind nicht einmal 400 Höhenmeter zu bewältigen, also ist der Weg in kurzer Zeit zu schaffen. Länger als eine Stunde braucht man wohl nicht, um diesen Gipfel zu erwandern. Wer sich auf der Karlsbader Hütte einquartiert hat, kann einen bequemen Halbtagsausflug auf die Laserzwand unternehmen.

Auf dem Gipfel wartet eine weitere Überraschung. Der höchste Punkt der Laserzwand ist kein enger, ausgesetzter Grat, sondern gleicht eher einem relativ breiten Rücken. Doch Vorsicht: Zu weit nach vorn sollte sich niemand wagen. Oft genügt ein kleiner Fehltritt, um einige hundert Meter abzustürzen.

Die Laserzwand mit ihren ungewöhnlich konträren Gesichtern bietet jedenfalls knackige Herausforderungen für Kletterer und gleichzeitig für Wanderer die Möglichkeit, einen ebenso bekannten wie markanten Gipfel bequem zu ersteigen. Zum Glück wissen jene, die sich durch die schwierigen und gefährlichen Routen hinaufkämpfen, dass von hinten ein leichter Weg zum höchsten Punkt führt. Die Überraschung, nach all den Mühen und Risiken am Gipfel Wanderer zu treffen, würde ihnen vermutlich nicht gut bekommen und sich womöglich noch auf den Kreislauf schlagen …

AUFSTIEG: Von der Lienzer-Dolomiten-Hütte (1616 m, auf einer Mautstraße – Beginn beim Kreithof in Tristach – bzw. mit dem Linienbus erreichbar) auf einem breiten, für den öffentlichen Verkehr komplett gesperrten Weg in ungefähr 1,5 bis 2 Stunden zunächst zur Karlsbader Hütte. Als interessante Alternative für diese Strecke bietet sich der ebenfalls markierte Rudl-Eller-Weg an, der allerdings Trittsicherheit und außerdem auch Schwindelfreiheit voraussetzt und an einigen Stellen versichert ist (Zeit: ungefähr 2,5 bis 3 Stunden). Von der Karlsbader Hütte führt schließlich ein sehr gut markierter Steig über die Südflanke der Laserzwand am Roten Turm (2700 m) vorbei unschwierig zum Gipfel der Laserzwand.
ABSTIEG: Wie Aufstieg.

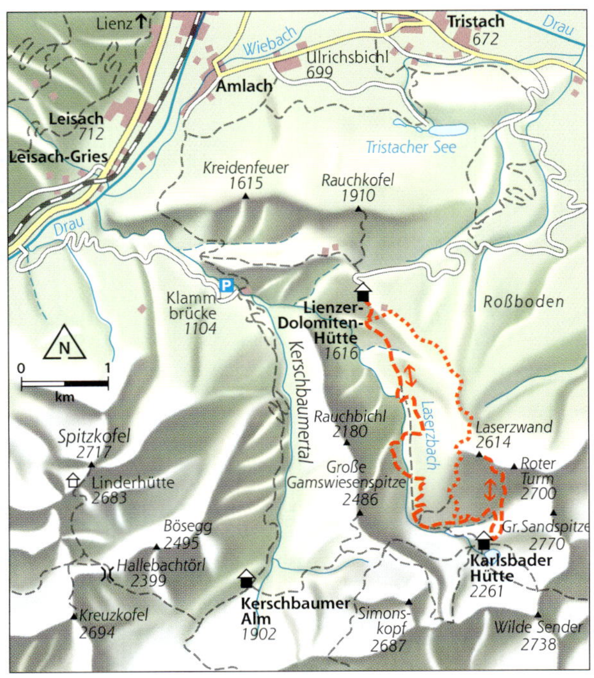

18 Dreiherrnspitze

Wer sich auf die Dreiherrnspitze in der Venedigergruppe wagt, muss sich im ewigen Eis, in steilen Firnflanken und im leichten Fels zu Hause fühlen. Der erfahrene Hochtourenbergsteiger ist hier gefragt.

Die Dreiherrnspitze ist ein ebenso imposanter wie beliebter Berg in der Venedigergruppe. Und sie gehört zu den Dreitausendern, deren Besteigung wirklich alles andere als ein Kinderspiel bedeutet. Erfahrung am Gletscher und im Fels sowie Kondition sind unbedingte Voraussetzungen für eine Tour auf diesen Gipfel, auf dem sich die Länder Salzburg, Süd- und Osttirol berühren.

Von Osttirol aus nimmt man die Dreiherrnspitze entweder von der Clarahütte oder von der Essener-Rostocker Hütte in Angriff. Von letzterer ist die Route ein wenig kürzer. Ein Vorteil, der bei der beträchtlichen Gehzeit nicht außer Acht gelassen werden sollte.

Vielleicht stellt schon die Geschichte der Essener-Rostocker Hütte einen Grund dar, dieses Schutzhaus als Stützpunkt auszuwählen. Eigentlich handelt es sich ja um zwei Hütten, die auf 2207 Meter im Maurertal stehen. Die Rostocker Hütte gibt es dort bereits seit dem Beginn des 20. Jahrhunderts. Die »Essener« stand früher im Umbaltal, wo sie Lawinen zum Opfer fiel. Man suchte einen neuen, sicheren Platz und so wurde sie in den 60er-Jahren an die »Rostocker« drangebaut.

Wir befinden uns hier übrigens in einer entlegeneren Ecke Tirols, die man wahrscheinlich nicht auf Anhieb findet. Daher zur Erklärung: In Matrei i. O., bald nach dem Felbertauerntunnel, heißt es ins Virgental abbiegen und der Isel flussaufwärts nach Prägraten und weiter nach Ströden folgen.

Wer in der Clarahütte nächtigt, hat die Möglichkeit, auf dem Weg dorthin im Umbaltal das Naturschauspiel der Umbalfälle zu bestaunen, wo man einen eigenen Wasserschaupfad angelegt hat. Zur Essener-Rostocker Hütte steigt man hingegen nicht durch das Umbal-, sondern durch das Maurertal auf. Diese beiden vereinten AV-Häuser liegen rund 200 Meter höher als die Clarahütte, was die Anstiegszeit für die eigentliche Tour auf die Dreiherrnspitze doch etwas verkürzt.

Der Zeitfaktor darf bei dieser Tour keinesfalls unterschätzt werden. Immerhin muss man von unserem Stützpunkt Essener-Rostocker Hütte zum Gipfel 1300 Höhenmeter bewältigen und fünfeinhalb bis sechs Stunden kalkulieren. Diese Berechnung setzt freilich bereits eine gute Kondition voraus.

Tadellose körperliche Verfassung ist jedoch bei weitem nicht die einzige Qualifikation, die es für diesen beinahe 3500 Meter hohen Koloss braucht. Das Queren des spaltenreichen Umbalkeeses entpuppt sich als schwieriges Unterfangen und erfordert deswegen ausreichend Gletschererfahrung. Die ist auch schon im Anstieg zum Reggentörl notwendig. Die steile Firnflanke, die zu einem Sattel vor dem eigentlichen Gipfelaufbau führt, ist nicht einfacher als der Weg über das Umbalkees. Die Wand ist oft im Sommer nach Schneefällen besonders tückisch. Wer da nicht einige Tage wartet, bis sich der Schnee gesetzt hat, gerät leicht in Lawinengefahr.

Nach dieser Schlüsselstelle sollte jedoch der Gipfelaufbau der Dreiherrnspitze kein großes Hindernis mehr bedeuten. Wer es bis dahin geschafft hat, wird das Zweiergelände problemlos bewältigen.

Die Dreiherrnspitze ziert kein Gipfelkreuz im herkömmlichen Sinn. Nein, dort oben kratzt ein Gipfelzeichen samt einer Art Glockenspiel an der 3500-Meter-Marke. Bergrettungsmänner aus dem Südtiroler Ahrntal, aus Salzburg und aus Prägraten in Osttirol haben die verschiedenen Teile hinaufgetragen und in luftigen Höhen zusammengebaut.

Unser Eis- und Felsriese trug übrigens bereits im 16. Jahrhundert seinen heutigen Namen. Er dürfte auf die Grafen von Tirol und Görz sowie auf den Bischof von Salzburg zurückgehen. Die »drei Herren« waren damals die glücklichen Besitzer der prachtvollen Gegend um diesen Grenzberg.

Doch wenden wir uns wieder der Gegenwart zu. Und da lautet das Motto: Je eher der Gipfel der Dreiherrnspitze erreicht wird, desto sicherer ist der lange Weg zurück zur Hütte. Als heikel entpuppt sich in diesem Zusammenhang vor allem der Ostgrat der Nördlichen Malhamspitze. Von dort kann vor allem im Tagesverlauf leicht der eine oder andere

Dreiherrnspitze, 3499 m

LAGE: Hohe Tauern, Venedigergruppe
CHARAKTER: Anspruchsvoller und imposanter Dreitausender an der Grenze von Salzburg, Süd- und Osttirol
TALORT: Ströden (1403 m), Gemeinde Prägraten am Großvenediger(1312 m)
STÜTZPUNKT: Essener-Rostocker Hütte (2207 m), DAV Sektionen Essen und Main-Spessart, Tel. und Fax Hütte: 0043/(0)4877/5473 oder 5101 oder Tel. 0043/(0)0664/3140016; E-Mail: essener-rostocker.huette@netway.at; info@essener-rostockerhuette.at; internet: http://www.netway.at/erh; 2,5 Std. von Streden (Gepäcktransport mit Materialseilbahn möglich; Funksprechverbindung von der Talstation zu den beiden Hütten); Clarahütte (2036 m), DAV Sektion Essen, Tel. Hütte: 0043/(0)663/9758893, Tel. und Fax Tal: 0043/(0)4875/6422; 2,5 bis 3 Std. von Ströden durch das Umbaltal; gebührenpflichtiger Parkplatz in Ströden
ROUTEN: Gletschertour über Reggentörl (3047 m), Umbalkees, Südostflanke (Gipfelaufbau II; 5,5 bis 6 Std. von der Essener-Rostocker Hütte); Abstiegsvariante über das Umbalkees zur Clarahütte (3 bis 3,5 Std.)
FÜHRER: AV-Führer Venedigergruppe, Bergverlag Rother, Ottobrunn
KARTE: AV-Karte 1.25 000, Blatt 36, Venedigergruppe
TOURISMUSVERBAND: Prägraten am Großvenediger, Tel: 0043/(0)4877/6366; Fax: 63665;

Eine imposante Erscheinung, die dem Großvenediger an Formschönheit kaum nachsteht:
Die Dreiherrnspitze gehörte dereinst den Grafen von Tirol und Görz sowie dem Bischof von Salzburg.

Stein auf die Alpinisten herunterdonnern, die sich auf dem Rückmarsch befinden. Daher empfiehlt es sich, eben möglichst früh diesen Abschnitt zu passieren. Oder man wählt die Abstiegsvariante über das Umbalkees zur Clarahütte.

Nach dieser ebenso imposanten wie anstrengenden Tour ist es nur vernünftig, das grandiose Bergerlebnis gemütlich auf der Hütte ausklingen zu lassen und erst am nächsten Tag ins Tal zurückzukehren. Bergsteigen soll ja schließlich keine Hetzjagd sein.

AUFSTIEG: Zustieg zur Essener-Rostocker Hütte: Vom Parkplatz in Ströden zunächst auf dem Weg links vom Maurer Bach bis zur Stoanalm (1450 m). Dort über die Brücke und rechts des Baches weiter bis zur Talstation der Materialseilbahn. Weiter auf einem Steig, der in Folge rechts etwas steiler in Kehren durch den Wald hinaufführt. Dann wieder etwas flacher und am Ende entweder auf dem steileren Direktanstieg oder auf dem bequemeren Normalweg hinauf zu den beiden Hütten (2,5 Std. vom Parkplatz). Von den Hütten über die Moräne hinauf zum Gletscher (wegen Steinschlaggefahr Gletscher nicht zu hoch angehen) und zum Reggentörl. Eine flachere Wegvariante führt über den Simonysee (die beiden Wege vereinen sich noch vor dem Gletscher). Nach dem Reggentörl weiter auf dem Umbalkees Richtung Norden, am Westsporn der Vorderen Gubachspitze vorbei. Zwischen der Vorderen und der Hinteren Gubachspitze nach links hinüberqueren über das Umbalkees (Spaltenzone!) zum Wandfuß der Dreiherrnspitze. Die Firnflanke beginnt auf 3100 Meter. Über diese Südostwand ungefähr 250 Höhenmeter aufsteigen. Auf dem folgenden Sattel flach in Richtung Norden und schließlich über den Gipfelaufbau (direkt oder über Westgrat) zum höchsten Punkt (5,5 bis 6 Std. von der Hütte).

ABSTIEG: Wie Aufstieg (Achtung Steinschlaggefahr!). Variante: Vom Wandfuß über das Umbalkees (Achtung Spalten!) absteigen (statt Querung), über die Moräne und der Isel entlang zur Clarahütte (2036 m; 3 bis 3,5 Std.). Von der Clarahütte auf gutem Steig bzw. Weg und über den Wasserschaupfad Umbalfälle durch das Umbaltal zurück zum Parkplatz nach Ströden.

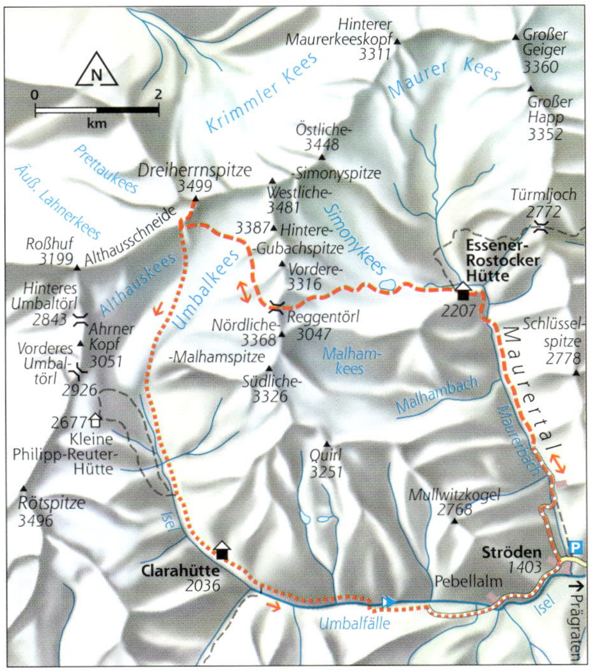

19 Hochfeiler

Hochfeiler, 3509 m

LAGE: Zillertaler Alpen
CHARAKTER: Höchster Berg in den Zillertaler Alpen; Grenzberg Nord- und Südtirol; im Spätsommer leicht und meist schnee- und eisfrei zu erreichen
TALORT: St. Jakob in Pfitsch (1449 m), Südtirol
STÜTZPUNKT: Hochfeilerhütte (2669 m), AVS, Sektion Sterzing, auf gutem Steig in 3 Std. von der dritten Kehre (1700 m, gebührenfreier Parkplatz) der Straße aufs Pfitscher Joch zu erreichen; Tel. Hütte: 0039/0472/646071, Tel. Tal: 0039/0472/765824; Furtschaglhaus (2295 m), Nordtirol, DAV Sektion Berlin, 2,5 Std. vom Parkplatz am Ende der Mautstraße zum Schlegeisstausee; Tel.: 0043/(0)664/2010607 (Mailbox)
ROUTEN: Normalweg von der Hochfeilerhütte über den im Spätsommer schnee- und eisfreien Südwestgrat (problemlos, 2,5 Std.); Eistour durch die Nordwand (2 bis 10 Std. ab Einstieg)
FÜHRER: Heinrich und Walter Klier, AV-Führer Zillertaler Alpen, Bergverlag Rother, Ottobrunn
KARTE: Österreich. Karte 176, 1:50.000

Die höchsten Gipfel müssen nicht immer die schwierigsten sein. Ein gutes Beispiel dafür gefällig? Der Hochfeiler, mit seinen gewaltigen 3509 Metern höchster Punkt in den Zillertaler Alpen und damit sogar noch ein wenig höher als die Nummer eins in den Stubaiern, lässt sich von Süden her relativ leicht und im Spätsommer meist ohne technische Schwierigkeiten besteigen. Um in den Genuss dieser sehr angenehmen Route zu gelangen, müssen wir freilich über den Brenner ein Stück nach Süden fahren. Der Hochfeiler selbst steht direkt an der Grenze zwischen Nord- und Südtirol.

Einem »echten« Tiroler macht es natürlich nichts aus, wenn er jenseits des Brenners zu einer Tour aufbricht. Tirol »isch« ja bekanntlich »lei oans«. Und als trennenden »Grenzberg« zwischen Nord- und Südtirol hat er den Hochfeiler ohnehin nie betrachtet. Die Bedeutung des Grenzsteins, der – zusammen mit dem Kreuz – den Gipfel ziert, hat er stets ignoriert.

Der Hochfeiler trägt auch einen italienischen Namen. Gran Pilastro nennen ihn die Italiener. Übersetzt heißt dies Großer Pfeiler.

Lassen wir uns durch diese Bezeichnung aber nicht in die Irre führen. Schwierigkeiten sind auf dem einfachsten Weg von Süden kaum zu erwarten. Freuen wir uns lieber auf eine tolle Tour, die uns unter Umständen trockenen Fußes bis ganz hinauf führt.

Nach Norden präsentiert der höchste Zillertaler Berg hingegen seine Zähne. Mit seiner Respekt einflößenden und schaurigen Nordwand zeigt er hier vielen Bergsteigern ihre Grenzen auf. Ein echter Grenzberg eben. 300 Meter hoch ragt die Wand empor. Diese Eistour zählt zu den wenigen Klassikern, die man in den Zillertaler Alpen noch findet. Bei günstigen Verhältnissen schafft man die Durchsteigung in zwei Stunden, bei schlechten Bedingungen braucht man natürlich wesentlich länger.

In den 70er- und 80er-Jahren hat die Wand viele Alpinisten angezogen. Damals, als sich Eistouren größerer Beliebtheit erfreuten als heute, hat sie leider auch zahlreiche Opfer gefordert. In den vergangenen Jahren wurde sie freilich nicht oft begangen; die Ausaperung hat sicher Mitschuld daran.

Empfehlenswert ist die Eisroute heute bis zum Frühsommer und dann erst wieder im Spätherbst. In der warmen Jahreszeit präsentiert sich die Wand äußerst brüchig mit enormer Steinschlaggefahr. Echte Nordwandgesichter sind hier gefragt. Die Wand wurde übrigens auch schon mit Ski befahren. Nordseitig gelangt man vom Schlegeisstausee zum Einstieg. Von Vorteil ist es, die Tour auf zwei Tage auszudehnen und am Furtschaglhaus zu übernachten. Auf diese Weise kann man früh morgens einsteigen. Die übliche Zustiegsroute verläuft allerdings von Süden über das Günther-Messner-Biwak, dessen Name an den im Himalaya tödlich verunglückten Bruder Reinhold Messners erinnert. Das Biwak wurde erst kürzlich neu hergerichtet. Es bietet Platz für knapp zehn Personen.

Die italienische Bezeichnung Gran Pilastro beschreibt das Aussehen des höchsten Gipfels der Zillertaler Alpen übrigens falsch. Einem Pfeiler ähnelt der Hochfeiler eigentlich von keiner Seite.

Über den heute als Normalanstieg bekannten Südwestgrat wurde der Hochfeiler zum ersten Mal bestiegen. Paul Grohmann, Georg Samer und Peter Fuchs standen 1865 als erste Menschen auf dem Gipfel. Extreme Anforderungen an die Alpinisten hat dieser Anstieg zwar auch damals nicht gestellt, die drei Erstbegeher mussten sich aber doch mit weit mehr Schwierigkeiten und Hindernissen auf dem Weg zum höchsten Punkt auseinander setzen als die Bergsteiger der Gegenwart. Wir haben es heute nicht nur wegen der modernen Ausrüstung einfacher. Der Grund für die Erleichterung liegt vielmehr in der durch die Klimaveränderung bedingten Erwärmung. Die lässt viele früher firn- oder eisbedeckte Stellen wegschmelzen. Das Erstbesteigertrio kam jedenfalls sicher nicht auf einem ausgeaperten Grat hinauf.

Heute bietet sich der Hochfeiler als feine Zweitagestour für all jene an, die trittsicher sind und keine Angst vor Graten haben, die links und rechts steil und weit abfallen. Der Normalweg weist nur eine einzige Schwierigkeit auf – die schnee- und eisbedeckten letzten rund 100 Meter. Doch Schnee und Eis schmelzen seit einigen Jahren meist bis zum Spätsommer weg, sodass den Bergsteiger dann ein nackter Grat erwartet. Die tückische Firnschneide gibt es ohnehin nicht mehr. Man hat die Möglichkeit, trockenen Fußes auf den höchsten Gipfel der Zillertaler Alpen zu gelangen. So betrachtet könnte man den Hochfeiler mit dem beinahe gleich hohen Schrankogel in den Stubaiern vergleichen. Beide Gipfel stellen jedenfalls äußerst lohnende Ziele vor allem für jene Bergfreunde dar, die sich in Eis und Schnee nicht wohl fühlen, trotzdem jedoch nach Möglichkeit hoch hinaus möchten.

Halbwegs trittsichere Bergsteiger – und nur solche sollten sich auf Höhen jenseits der 3000 Meter wagen – benötigen nicht einmal ein Seil für den finalen Teil der Strecke zum Hochfeilergipfel, wenn am Grat tatsächlich kein Schnee mehr liegt. Gute Bergschuhe reichen leicht aus, um die Stelle zu passieren und zum Kreuz zu gelangen.

Wie beschreibt man die Aussicht auf einem 3509 Meter hohen Berg am besten? Ich bin für »grenzenlos« und es ist ein aussichtsloses Unterfangen, hier eine Aufzählung der Gipfel zu versuchen, die man von hier oben sieht. Auf dem Gipfel ist Deutsch in der Regel nicht die einzige Sprache, die gesprochen wird. Der Hochfeiler zieht sehr viele italienische Alpinisten an, die sich den Genuss der Besteigung der Zillertaler Nummer eins nicht entgehen lassen wollen.

Abbildung links: Der Hochfeiler bietet mit seiner Nordwand noch eine der wenigen klassischen Eisrouten in den Zillertaler Alpen. Von Süden lässt er sich relativ leicht ersteigen.

Nicht immer erreicht man den höchsten Zillertaler Gipfel auf dem Normalweg trockenen Fußes.

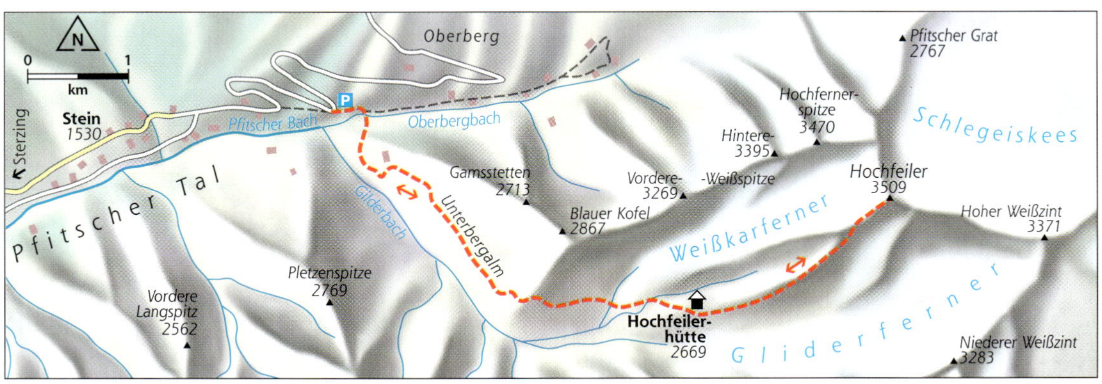

Hochfeiler (Mitte) und Hochferner (rechts) erheben sich über dem Schlegeiskees.

Abbildung rechts: Steinmandln markieren über weite Strecken den Normalweg, der von Süden auf den Hochfeiler führt.

Dass der Hochfeiler in einer Zweitagestour mit bequemer Übernachtungsmöglichkeit erreichbar ist, ermöglicht die Hochfeilerhütte der Sektion Sterzing des Alpenvereins Südtirol, die auf 2669 Meter Höhe unterhalb des Südwestrückens steht. Man erreicht sie auf einem einfachen Weg von der dritten Kehre der Straße zum Pfitscher Joch aus. Der Aufstieg zur Hütte bietet wunderbare landschaftliche Eindrücke. Immer wieder kommt man an Quellen vorbei, die Flora entlang des Weges beeindruckt mit ihrer Vielfalt und ihrem Reichtum. Darüber hinaus führt die Strecke über wunderbare Almflächen. Mir erscheinen sie als ein lieblicher Vorgeschmack auf den doch raueren Abschnitt, der uns am nächsten Tag erwartet.

Weniger Trittsichere können auf der Etappe zur Hütte teilweise auf Seile zurückgreifen und niemand braucht sich Sorgen zu machen, dass beim Zustieg zum Schutzhaus, das immerhin nicht weit unterhalb der Dreitausendergrenze liegt, der Weg über das Ewige Eis führt. Eine Gletscherüberquerung ist hier zur Freude vieler Bergsteiger nicht zu erwarten. Und nach der Übernachtung trennen uns lediglich rund 800 Höhenmeter vom Gipfel.

Die Hochfeilerhütte, die knapp 100 Personen eine Schlafmöglichkeit bietet, gehört übrigens zur neuen Generation der Schutzhütten. Sie wurde erst 1986 eingeweiht, hat einen Hubschrauberlandeplatz und trat praktisch an die Stelle der alten Wiener Hütte. Deren Zerstörung gibt nach wie vor einige Rätsel auf. Reste des früheren Schutzhauses erkennt man noch heute auf dem Weg zur neuen Hochfeilerhütte.

Vorsicht: Die Verhältnisse am Südwestgrat sind nicht jedes Jahr gleich. Man kann nicht grundsätzlich davon ausgehen, dass er sich im Spätsommer vollkommen aper präsentiert. Wer sich vor der Tour telefonisch auf der Hütte über die aktuelle Situation erkundigt, erlebt keine unliebsame Überraschung oder spart sich möglicherweise das mühsame Hinaufschleppen von Seil, Pickel und Steigeisen.

Auf die Tourenplanung kommt es eben an. Sie stellt eine unverzichtbare Voraussetzung dar, wann immer man in die Berge geht, ganz egal, welchen Namen der Gipfel trägt. Für eine ordentliche Vorbereitung muss immer Zeit sein.

AUFSTIEG: Direkt von der Hochfeilerhütte links weg und mit Unterstützung von einigen Seilversicherungen recht steil hinauf auf den Südwestrücken. Auf dem vorwiegend mit Steinmandln markierten Steig über den schottrigen und steinigen Rücken aufwärts, immer steiler werdend, schließlich zum schmalen und ausgesetzten Hauptgrat. Die letzten 100 Meter etwas schwieriger, im Spätsommer jedoch meist eis- und schneefrei, zum Gipfelkreuz. Ansonsten Steigeisen, Pickel und eventuell Seil ratsam (2,5 Std.).
ABSTIEG: Wie Aufstieg.

20 Hohe Munde

Hohe Munde, 2662 m

LAGE: Mieminger Kette
CHARAKTER: Markanter Doppelgipfel über dem Inntal
TALORT: Telfs (634 m)
STÜTZPUNKT: Rauthhütte (1605 m); privat, Übernachtung möglich
AUSGANGSPUNKT: Strassberg (1191 m, erreichbar auf Forstweg von Telfs)
ROUTEN: Strassberg (1191 m, Gemeinde Telfs), Niedere-Munde-Sattel (2059 m), Westgrat, Rauhes Tal, Westgipfel (Hauptgipfel); Leutasch-Moos (1169 m), Mundelift, Rauthhütte (1605 m), Oströcken, Ostgipfel (2592 m), Hauptgipfel
FÜHRER: AV-Führer Mieminger Kette, Bergverlag Rother, Ottobrunn
KARTE: AV-Karte 1:25 000, Blatt 4/2 und 4/3, Wetterstein- und Mieminger-Gebirge, mittl. und östliches Blatt
TOURISMUSVERBAND: Telfs-Mösern, Noaflhaus, A-6410 Telfs, Tel.: 0043/(0)5262/62245, Fax: 62245/4, E-Mail: info-telfs@telfs.com

Die einen halten die Hohe Munde überhaupt für den schönsten Berg der Welt, die anderen hingegen völlig konträr für einen wenig sehenswerten, schottrigen Felsklotz. Die Wahrheit dürfte wieder einmal in der Mitte liegen. Ob das Urteil über die Hohe Munde nun gut oder schlecht ausfällt, hängt vermutlich eng mit der Wahl der Aufstiegsroute zusammen. Der bekannte Tiroler Autor Felix Mitterer war von dem Berg jedenfalls dermaßen angetan, dass er die Munde kurzerhand zur Theaterbühne machte.

Ich gebe es vorweg zu: Ich gehöre zu jenen, die ein Faible für die Munde haben. Sie fasziniert mich mehr als andere Berge. Ihr Doppelgipfel ragt direkt vor meiner Haustür empor und so schaue ich dem Telfer Hausberg täglich ins Antlitz. Die raue Südwand wirkt dabei alles andere als einladend.

Insgesamt ist es dennoch keine ungetrübte Beziehung zwischen der Munde und mir. Ich finde diesen Berg zwar wunderschön, empfinde aber gleichzeitig gehörigen Respekt vor der Mächtigkeit dieses wuchtigen Kolosses aus grauem Fels. Vermutlich beeindruckt mich die Munde gerade deshalb besonders.

Gerade noch und knapp ragt der Hauptgipfel der Hohen Munde empor. Sein dominierendes Gesicht zeigt der Telfer Hausberg nach Süden.

Die Hohe Munde gehört inzwischen der Marktgemeinde Telfs, und niemand behaupte etwas anderes. Da verstehen die Telfer keinen Spaß. Sie organisierten vor einigen Jahren extra einen Grundtausch und präsentierten dann auf dem Gipfel stolz die Besitzurkunde. Manche Leute vermuten sogar, die Munde würde irgendwann einmal besiedelt sein. Der Siedlungsraum rückt dem Telfer Hausberg jedenfalls immer näher auf den Pelz und irgendwann, argwöhnen Pessimisten, sei man ganz oben angelangt.

Die Mächtigkeit, mit der dieser Berg über dem Inntal emporragt, verleitet leicht dazu, seine Höhe zu überschätzen. Tatsächlich misst der Hauptgipfel nur 2662 Meter über dem Meer und wird von anderen Gipfeln der Mieminger Kette an Höhe klar übertroffen.

Die Hohe Munde zieht die Menschen mit anderen Vorzügen in ihren Bann. Felix Mitterer, über die Grenzen Tirols hinaus bekannter und anerkannter Autor, blickte während der Tiroler Volksschauspiele in Telfs oft und sehnsüchtig hinauf auf diesen markanten Berg. Irgendwann entschloss er sich, den Ostgipfel in eine Theaterbühne zu verwandeln. 1990 wurde sein Stück »Munde« tatsächlich an mehreren Abenden dort oben aufgeführt. Die Theaterbesucher übernachteten in Zelten und stiegen am nächsten Tag wieder ab. Die Unwetter auf der Munde sind gefürchtet und daher war das Unternehmen gleichsam faszinierend wie riskant. Tatsächlich verendeten an einem der Aufführungstage unweit der Aufstiegsroute einige Schafe nach einem Blitzschlag. Resümee: Glück gehabt!

Unterschätzen darf man die Hohe Munde keinesfalls. Von der Rauthhütte (1605 m), die mit dem Sessellift von Leutasch-Moos bequem zu erreichen ist, sind es zwar nur noch rund 1000 Höhenmeter hinauf – die haben es allerdings in sich. Der Ostrücken weist stellenweise eine Neigung von rund 40 Grad auf, Schotter und Geröll erschweren den Aufstieg. Dazu brennt an schönen Tagen die Sonne gnadenlos in den Rücken der Bergsteiger, die sich durch Latschen hinaufquälen. Kein Wunder, dass viele der Theatergäste kein zweites Mal die Munde besucht haben.

Freilich, wer zeitig am Morgen über den Ostrücken aufsteigt – später als um fünf Uhr sollte man im Sommer nicht starten – erlebt die Munde auch hier von ihrer wunderbaren Seite. Die Massen sind noch unten im Tal, nur die aufgehende Sonne begleitet uns hi-

Abbildung links: Die Hohe Munde vom Gaistal aus gesehen. Rechts davon die mächtige Hochwand.

Die Hohe Munde thront majestätisch in der Mieminger Kette über der Oberinntaler Gemeinde Telfs, hier gesehen vom Südwandsteig im Wettersteingebirge.

nauf. Da und dort taucht eine Herde Gämsen auf, ab und zu steht ein Edelweiß am Weg. Der Blick hinunter ins Inntal ist grandios.

So habe ich die Munde als Bub kennen gelernt. Ich habe damals diese Route gewählt, weil ich viele Schauermärchen vom Westgrat gehört hatte. Das Rauhe Tal, wie der letzte Einschnitt vor dem Gipfel heißt, habe es in sich, wurde mir erzählt. Sein Name spräche Bände. Da nahm ich lieber den einfacheren Weg.

Ein Jahr später – das Rauhe Tal wurde immer noch als angsteinflößend und gefährlich geschildert – wollte ich mir selbst ein Bild von dieser Schlüsselstelle machen. Tatsächlich schlotterten mir dann ziemlich die Knie, als ich an der Einstiegstelle stand und durch den engen Kamin hinunterschaute. Der nahe Gipfel schien plötzlich in weite Ferne gerückt zu sein und die Tour fast schon abgebrochen.

Der Anblick eines Stahlseils direkt beim Einstieg gab mir wieder Mut und ich wagte doch ein paar Schritte hinab. Der Bann war gebrochen, der Weg durch das Tal und auf der anderen Seite hinauf beinahe ein angenehmer Spaziergang, zumal überall Seilversicherungen den nötigen Halt boten.

Diese Schlüsselstelle verdankt ihren Ruf vermutlich dem ersten Eindruck, den man beim Einstieg gewinnt. Wer unter Höhenangst leidet, dem fährt hier der Schreck in die Glieder. Bei näherer Betrachtung stellt sich freilich alles als halb so wild heraus. Tatsächlich kommen auch weniger geübte Bergsteiger problem- und gefahrlos durch das Rauhe Tal direkt zum Hauptgipfel. Zum Besuch der Gipfelmesse ziehen regelmäßig wahre Karawanen hindurch.

Die eigentliche Gefahr geht in diesem Abschnitt von den Stahlseilen aus, die beinahe das gesamte Tal durchspannen. Wenn unerwartet ein Gewitter aufzieht, heißt es das Rauhe Tal unverzüglich zu verlassen. Die Seilversicherung zieht die Blitze an, nicht erst einmal hat ein Blitz eingeschlagen. Höchste Lebensgefahr, also nichts wie weg! Stabile Wetterverhältnisse vorausgesetzt sollte die Schlüsselstelle allerdings kein wirkliches Hindernis bedeuten.

Wer zum ersten Mal auf dem Gipfel der Hohen Munde steht, kann ein großes Glücksgefühl erfahren. Dazu trägt nicht nur die herrliche Aussicht bei und der Eindruck, beinahe mit der Hand nach Telfs hinuntergreifen zu können. Vermutlich ist es die Gewissheit, diesen wuchtigen, vom Tal aus so unnahbar wirkenden Felskoloss doch bezwungen zu haben.

AUFSTIEG: Vom Parkplatz am Strassberg auf breitem Weg zunächst bis zum Gasthof, dann

nach rechts auf markiertem Weg bzw. Steig sehr steil hinauf zur Niederen Munde (2059 m). Von dieser Einsattelung auf dem breiten Westgrat recht flach bis zu einigen seilversicherten Stellen und weiter zum so genannten Rauhen Tal. Nach der Durchquerung dieses praktisch komplett seilversicherten Einschnitts in wenigen Minuten flach von hinten zum dezenten Gipfelkreuz des Haupt- bzw. Westgipfels.

ABSTIEG: Zum Ostgipfel hinüber und dann über den sehr steilen und schottrigen Ostrücken hinunter zur Rauthhütte und mit dem Mundelift nach Leutasch-Moos oder (einfacher) den gleichen Weg zurück.

21 Totenkirchl

Vom Stripsenjochhaus, das zwischen dem Kaiserbachtal und dem Kaisertal liegt, führt die leichteste Kletterroute über den Nordrücken auf das Totenkirchl. Diese 2190 Meter hohe Erhebung ist eine der bekanntesten im gesamten Wilden Kaiser und bei den Kletterern überaus beliebt.

Totenkirchl, 2190 m

LAGE: Kaisergebirge, Wilder Kaiser
CHARAKTER: Äußerst beliebter Kletterberg mit 600 Meter abfallender Westwand und schwierigen Routen; wuchtiger Felsklotz
TALORT: Griesenau (719 m), Gemeinde Kirchdorf (640 m); Kufstein (503 m)
STÜTZPUNKT: Stripsenjochhaus (1577 m), OeAV Sektion Kufstein, Tel. und Fax Hütte: 0043/(0)5372/62579 oder Tel. 0043/(0)664/3408040, Tel. Tal: 0043/(0)5354/52558; E-Mail: oeav-kufstein@kufnet.at; erreichbar auf gutem Wanderweg in 1,5 Std. aus dem Kaiserbachtal von der Griesner Alm (988 m) oder auf gutem Fußweg von Griesenau durch das Kaiserbachtal (3 Std.); Mautstraße von Griesenau zur Griesner Alm (Parkplatz in Griesenau und bei der Griesner Alm); erreichbar in 4,5 Std. von Kufstein durch das Kaisertal
ROUTEN: Normalweg (Führerweg) vom Stripsenjochhaus über die Nordflanke zum Gipfel (Schwierigkeitsgrad III; 3 bis 4 Std.); Heroldweg (Fünferweg) über die Nordflanke (maximal III+)
FÜHRER: Pit Schubert/Wolfgang Zeis, AV-Führer Kaisergebirge; Pit Schubert, AV-Führer Kaisergebirge extrem, beide Bergverlag Rother, Ottobrunn
KARTE: AV-Karte 1:25000, Blatt 8, Kaisergebirge
TOURISMUSVERBAND: A-6382 Kirchdorf, Tel. 0043/(0)5352/6933, Fax 0043/(0)5352/65208, E-Mail: info@kirchdorf.com; TVB, A-6330 Kufstein, Tel. 0043/(0)5372/62207, Fax 61455, E-Mail: kufstein@netway.at

Totenkirchl – bei dem Namen könnte es einem kalt über den Buckel laufen. Tatsächlich hat das Totenkirchl eine gewisse Schärfe. Hier tummeln sich keine Wanderer oder Durchschnittsbergsteiger. Nein, das Totenkirchl ist ein Dorado für Kletterer, die eine Herausforderung suchen. Wirklich einfache Routen findet man hier nicht, sogar der leichteste Anstieg führt über Dreiergelände. Wahrscheinlich strahlt diese 2190 Meter hohe Erhebung südlich des Stripsenjochs gerade deshalb eine große Faszination aus.

Ohne die Kletterberge des Wilden Kaisers in eine Beliebtheitsskala pressen zu wollen, gehört das Totenkirchl sicher zu den gefragtesten. Andere Gipfel sind zwar deutlich höher, vermutlich keiner aber dermaßen bekannt und dermaßen beliebt.

An Beliebtheit steht das Stripsenjochhaus, das auf 1577 Meter zwischen dem Kaiserbachtal und dem Kaisertal liegt, dem Totenkirchl nicht nach. Neben der Gaudeamushütte liegt beim Stripsenjochhaus das Kletterzentrum im Wilden Kaiser (Totenkirchl, Fleischbank, Predigtstuhl, Goinger Halt ...). Wer mehr als nur eine Tagestour vorhat, findet hier die ideale Unterkunft und ein weites Betätigungsfeld für viele Tage.

Interessanterweise strömen zum Stripsenjoch jedoch nicht nur die Kletterer. An schönen Wochenenden ziehen regelrechte Ausflüglerkarawanen herauf von der Griesner Alm. Kein Wunder: Die Alm erreicht man von Griesenau sehr angenehm über eine Mautstraße. Die verbleibenden rund eineinhalb Stunden Gehzeit zu dem Kletterstützpunkt schafft praktisch jeder. Was liegt da näher, als am Sonntag mit der ganzen Familie zum Stripsenjochhaus zu wandern?

Wer auf das Auto verzichten und die »Strips« praktisch vom Beginn des Kaiserbachtals erwandern möchte, muss nicht auf der asphaltierten Straße gehen. Bald hinter der Mautstelle in Griesenau beginnt ein schöner Fußweg, der auf der orographisch linken Seite des Bachs bis zur Griesner Alm leitet. In drei Stunden sollte die Strecke geschafft sein.

Deutlich länger zieht sich hingegen der Weg von Kufstein durch das Kaisertal zum Stripsenjochhaus hin. Viereinhalb Stunden muss man da einkalkulieren. Trotz dieser Entfernung gilt das Totenkirchl als der Hausberg der Festungsstadt.

Diesem Kletterberg ging es einst wie vielen Gipfeln: Keiner glaubte, dass sich das Totenkirchl jemals bezwingen ließe. Tatsächlich dauerte es auch recht lange, ehe der erste Mensch dort oben stand. Im Jahr 1881 gelang dieses Kunststück Gottfried Merzbacher und Michel Soyer, bekannt als der »Steinackerer« aus Going. Die beiden waren ursprünglich in Begleitung eines dritten Bergsteigers gewesen. Doch der ließ sich vom Regen abschrecken, die Tour fortzuführen. Pech gehabt, kann man da nur sagen, wenn man an den heutigen Status des Totenkirchls denkt.

Obwohl nicht einmal 2200 Meter hoch, zeigt sich das »Kirchl« als wuchtiger Felsklotz. Es ragt allerdings nicht dermaßen markant auf wie die Ackerlspitze und hebt sich aus der Felsmasse, von der es umgeben ist, nicht besonders hervor. Sein Fels bietet jedoch im Gegensatz zur Ackerlspitze große Kompaktheit. Ideale Voraussetzungen für einen Kletterberg eben.

Die Westwand lockt mit besonders schwierigen Touren. Der direkte Durchstieg, die »Dülfer«, trägt den Namen des großartigen Felskletterers Hans Dülfer. Er und Willi von Redwitz eröffneten im Jahr 1913 diese Route durch die Wand. Man muss sich vor Augen halten, dass die Wand ungefähr 600 Meter hoch ist und beinahe senkrecht abfällt. Beim Aufzählen der Klassiker im gesamten Wilden Kaiser kommt man um die »Dülfer« nicht herum. Viele halten sie ohnehin für die Nummer eins. Die Ostwand misst immerhin auch noch 400 Meter und bietet ebenfalls einige knackige Routen.

Angesichts dieser Wandhöhen erscheint es nicht unlogisch, dass der so genannte Normalanstieg – Führerweg genannt – über die Nordflanke des Totenkirchls zum Gipfel führt. Drei Felsstufen, die Terrassen ähneln und aus

Das Totenkirchl (rechts) gehört zu den am meisten besuchten Kletterbergen im Wilden Kaiser; hier der Anblick von Nordosten.

diesem Grund erste, zweite und dritte Terrasse genannt werden, ziehen auf dieser Seite hinauf zum höchsten Punkt. Punkt ist eigentlich die falsche Bezeichnung, denn tatsächlich handelt es sich um eine schräge Platte, auf der man halbwegs bequem sitzen kann und die, wie könnte es anders sein auf einem »Kirchl«, ein Gipfelkreuz ziert.

Ungefähr eine Dreiviertelstunde braucht man vom Kletterstützpunkt Stripsenjochhaus bis zum Einstieg, der über einen sanften Verbindungsgrat erreicht wird. Meist bewegt man sich auf der Normalroute im Zweiergelände. Ab und zu wird es freilich ein bisschen schwieriger, aber nicht schwieriger als ein Dreier. Im Gegenteil: Des Öfteren hat man sogar erstaunlicherweise Gehgelände unter den Füßen. Durch zahlreiche Scharten und Kamine, über Bänder und Terrassen geht es empor. Einige Markierungen helfen uns weiter, ansonsten gilt es grundsätzlich den Spuren zu folgen. In drei bis vier Stunden sollte der Gipfel erreicht sein.

Sehr beliebt auf dieser Seite ist auch der so genannte Heroldweg, als »Fünferweg« bekannt. Wer die schwierige Passage (IV/AO) gleich am Anfang gut bewältigt, entdeckt im folgenden Gelände (maximal drei) keine unüberwindbaren Hindernisse mehr.

Welche Route man auch immer wählt, für einen Kletterer sollte der Grundsatz gelten: Einmal muss er den bekanntesten Kletterberg im Wilden Kaiser gemacht haben.

AUFSTIEG (Führerweg, Nordflanke): Über einen sanften Grat und Felsstufen in rund 45 Minuten vom Stripsenjochhaus zum Einstieg. Durch Scharten, Kamine, über Bänder und Terrassen zum Gipfel (meist Schwierigkeitsgrad II, höchstens III; oft auch Gehgelände; 3 bis 4 Std. vom Stripsenjochhaus zum Gipfel; genaue Beschreibung des Normalwegs im Auf- und Abstieg im AV-Führer »Kaisergebirge extrem«).

ABSTIEG: Wie Aufstieg.

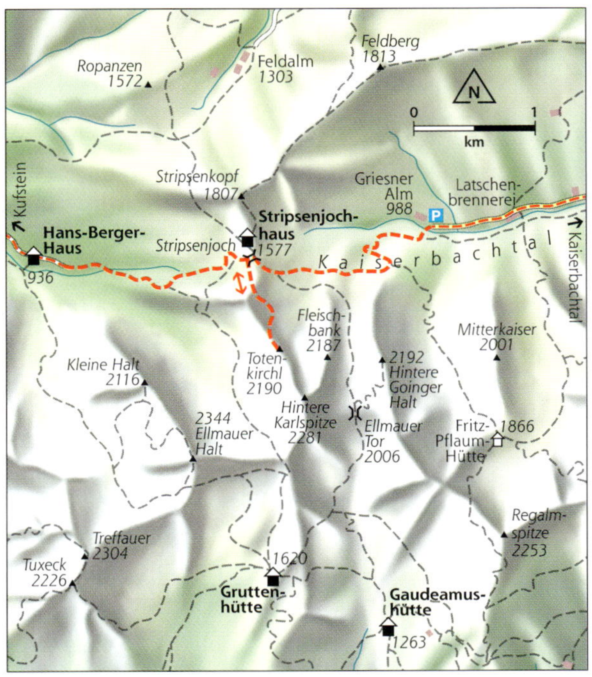

22 Watzespitze

Von der Kaunergrathütte auf 2817 Metern nimmt man den Gletscherweg über den Plangeroßferner auf die Watze und die rasante Klettertour über den Ostgrat in Angriff. Man erreicht die Hütte in dreieinhalb Stunden von Plangeroß im Pitztal.

Als eine Bilderbuchschönheit kann man den höchsten Gipfel am Kaunergrat nicht bezeichnen. Aber Schönheit ist ohnehin etwas höchst Subjektives, was jeder für sich anders definiert. Wie bei uns Menschen gibt es auch bei den Bergen klassische und raue Schönheiten. Die »Watze« zähle ich zur zweiten Kategorie. Wer es gern wild mag und die Abwechslung liebt, liegt hier richtig.

Als Jugendlicher hatte ich in Erzählungen alter Bergfexe immer wieder das Wort »Watzespitze« gehört. Ich konnte damals mit diesem Berg nichts anfangen, ihn schon gar nicht einordnen. Aber ich sah stets ein gewisses Leuchten in den Augen der Bergsteiger, wenn sie von Touren auf die »Watze« erzählten. Da war etwas von Ehrfurcht und Respekt. Das machte mich neugierig.

Ich erinnere mich noch genau an den Tag, als ich diesen mächtigen, massiven Berg zum ersten Mal erblickte. Ich konnte – wenn auch nur als stiller Betrachter von unten – die Emotion der Bergsteiger nachfühlen, mit der sie über diesen Gipfel gesprochen hatten.

Tatsächlich ragt dort am Kaunergrat zwischen dem Pitz- und dem Kaunertal eine wilde, beinahe Furcht erregende Berggestalt empor. Überall Grate und steile Wände, darüber hinaus mit dem Plangeroßferner ein Hängegletscher voll von Séracs. Ein Honiglecken würde die Tour auf die Watzespitze wohl nicht sein. Eher eine Herausforderung in Fels und Eis. Ein Berg, der niemanden kalt lässt und mit seiner rauen Pracht wunderbar in das hintere Pitztal passt.

Vom Talort Plangeroß aus schafft man die Watzespitze kaum an einem Tag. Knapp 2000 Höhenmeter in einer Etappe gehen sich bei den Anforderungen, die selbst der Normalanstieg über den Gletscher stellt, vermutlich nicht aus. Allein der Anstieg zur Kaunergrathütte dauert zwischen drei und dreieinhalb Stunden. Dann weitere vier Stunden auf den Gipfel – dieser Brocken lässt sich in einer Etappe fast nicht verdauen. Vor allem auch deshalb nicht, weil der Sicherheitsaspekt zu kurz käme!

Mit der Watzespitze ist jedenfalls nicht zu spaßen. Wer nur eine Spielwiese im Gebirge sucht, liegt hier völlig falsch und sollte sich auf einem harmlosen Grasberg austoben. Die höchste Erhebung am Kaunergrat galt nämlich lange Zeit als »Todesberg«. Die heimtückischen Spalten und herabbrechendes Eis vom überhängenden Plangeroßferner sind vielen Alpinisten zum tödlichen Verhängnis geworden. Der Ostgrat, früher nur mit schlechten Sicherungsmöglichkeiten ausgestattet, hat ebenfalls hohen Tribut gefordert. Erst in den vergangenen Jahren sind die Unfallzahlen etwas zurückgegangen und diese wilde Gestalt aus Fels und Eis hat ein wenig von ihrem Schrecken verloren.

Die 2817 Meter hoch gelegene Kaunergrathütte am Ende des Plangeroßtals dient als idealer Stützpunkt für den Gipfelsturm. Sie wurde im Sommer 2000 von einem einheimischen Pächter übernommen und könnte sich wieder zu einem beliebten alpinen Zentrum entwickeln. Hier sind Fels- und Eiskurse möglich, der Plangeroßferner eignet sich hervorragend zum Üben von Spaltenbergungen. Heute wissen eigentlich nur Insider, dass das Haus früher einmal statt der inzwischen berühmten Rudolfshütte als Alpinzentrum zur Diskussion stand. Kein Wunder: Die Verhältnisse rundherum sind wahrlich ideal.

Zur Blütezeit der Kaunergrathütte wurden pro Saison fast 4000 Übernachtungen gezählt. In den letzten Jahren hat diese Zahl stark abgenommen. Der neue Pächter versucht, wieder an alte Zeiten anzuknüpfen. Erfreulich für alle durstigen Alpinisten und Hüttengäste: Es wird wieder Bier vom Fass auf knapp 3000 Meter Höhe ausgeschenkt!

Außerdem wartet die Küche mit einer echten kulinarischen Spezialität auf, die es in anderen Tiroler Regionen kaum gibt. Man mag es eigentlich nicht für möglich halten und viele schütteln zunächst ungläubig den Kopf: Am Fuße der Watzespitze kann man echtes Steinbockgulasch genießen! Die Steinböcke leben in der unmittelbaren Umgebung des

Watzespitze, 3532 m

LAGE: Ötztaler Alpen, Kaunergrat
CHARAKTER: Wilde und schroffe Berggestalt mit Doppelgipfel und überhängendem Gletscher; höchster Gipfel am Kaunergrat
TALORT: Plangeroß (1612 m), Pitztal
STÜTZPUNKT: Kaunergrathütte (2817 m), OeAV, Tel. Hütte: 0043/(0)5413/86242, Tel. Tal: 0043/(0)5413/87593
ROUTEN: Eistour über den Plangeroßferner (4 Std.); Klettertour über den Ostgrat (4 Std.; II und III, eine Stelle IV); Kletterroute über den Nordpfeiler (III) vom Madatschjoch
FÜHRER: Walter Klier, AV-Führer Ötztaler Alpen, Bergverlag Rother, Ottobrunn
KARTE: AV-Karte 1:25 000, Blatt 30/3, Ötztaler Alpen/Kaunergrat
TOURISMUSVERBAND: TVB Pitztal, Ortsinformationsstelle St. Leonhard, A-6481 St. Leonhard, Tel. 0043/(0)5414/86999, Fax: 8699988; E-Mail: info@pitztal.com; Internet: http://www.pitztal.com

Die Watzespitze, höchste Erhebung des Kaunergrats, von Nordwesten gesehen.

Schutzhauses, niemand braucht daher zu fürchten, dass das Gulasch – wie angeblich vielfach in Tirol – aus der Dose stammt. Die Tiere bieten einen prächtigen Anblick – so man sie zu sehen bekommt! – und runden das Bergerlebnis zusätzlich ab. (Ähnliche Gaumenfreuden gibt es übrigens auch gegenüber auf der Neuen Chemnitzer Hütte.)

Wenn wir von der Kaunergrathütte, die auf einem Felssporn östlich des Madatschjochs liegt, hinauf zur Watzespitze schauen, dann präsentiert sie sich dem Betrachter mit zwei Gipfeln. Der Südgipfel ragt 3501 Meter empor, der Hauptgipfel ist um 31 Meter höher und dadurch das begehrtere Ziel von beiden. Es sind freilich beide in einer Tour machbar.

Bei der Besteigung der Watzespitze hat man jedenfalls die Qual der Wahl. Wer eine Eistour unternehmen möchte, kommt hier genauso auf seine Rechnung wie jene, die im Fels beheimatet sind.

Viele Pitztaler halten den eisfreien Ostgrat für die interessanteste Route auf diesen

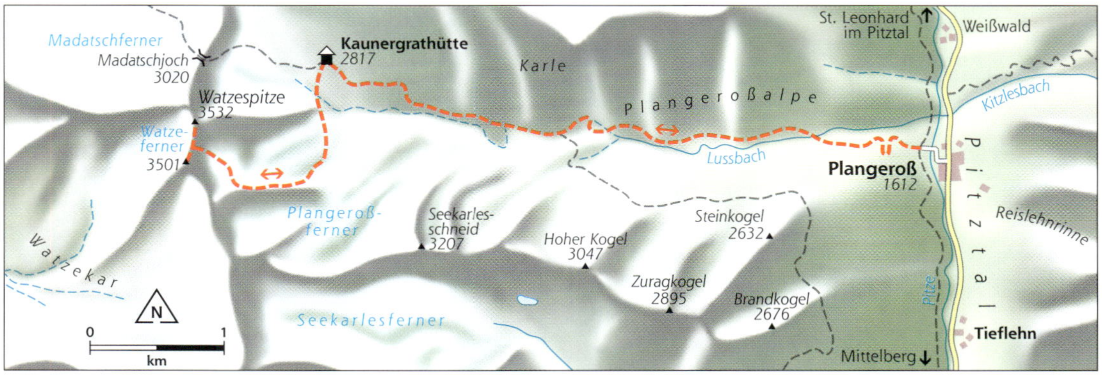

Zerrissene Hängegletscher und steile Grate und Wände sind das Kennzeichen der Watzespitze.

Furcht einflößenden Riesen. Zur Einstiegsstelle sind es von der Hütte lediglich rund 15 Minuten Gehzeit. Sie ist nach kurzem Abstieg leicht zu auszumachen, praktisch entlang der gesamten Kletterroute findet man Sicherungen vor. Wer die Schwierigkeitsgrade II und III beherrscht, dürfte hier keine Probleme haben. Lediglich eine überhängende Stelle stellt sich im vierten Grad in den Weg. Danach könnte man jedoch fast die Hände in die Hosentaschen stecken und gemütlich weiterspazieren. Aber Vorsicht: Die Gefahr am Ostgrat liegt vor allem darin, dass die Route nicht immer leicht zu entdecken ist. Orientierungsfehler werden schnell zum mitunter tödlichen Verhängnis.

Der kompakte Ostgrat bedeutet freilich nicht nur für die Kletterer selbst großes Vergnügen. Von der Terrasse der Kaunergrathütte aus können Tagesgäste die Bergsteiger bequem mit dem Fernglas verfolgen und sie auf Schritt und Tritt beobachten. Den Kletterern ist's jedoch egal, sie bekommen nichts davon mit …

An eine Eistour auf die Watzespitze sollten sich nur Bergsteiger mit hochalpiner Erfahrung und nur nach genauem Studium der Route wagen. Die Risiken auf dem Plangeroßferner sind beträchtlich. Neben heimtückischen Spalten lauert im spröden und brüchigen Hängegletscher vor allem im ausgeaperten unteren Teil die Gefahr von Eisschlag. Wer den Gletscher am späteren Vormittag im Anschluss an eine größere Gruppe durchsteigt, muss mit erhöhtem Risiko rechnen. Wahrlich keine sehr verheißungsvolle Perspektive.

Einmal aus der Gefahrenzone der Eisbrüche heraus, führt die Route über ein Schneefeld und eine Moräne auf einen Sattel, von dem aus man in leichter Kletterei die beiden Gipfel erreicht. Inzwischen queren auch viele Bergsteiger hinter dem Schneefeld nach rechts in den Fels, um die Anstiegszeit zu verkürzen. Als zweite Klettervariante bietet sich der Nordpfeiler vom Madatschjoch an.

Die Aussicht am höchsten Punkt des Kaunergrats steht der von der nicht weit entfernten Wildspitze in nichts nach. Dafür treten sich auf der Watzespitze die Bergsteiger nicht gegenseitig auf die Zehen. Nur wenn sich größere Gruppen zu Kursen auf der Kaunergrathütte aufhalten, besuchen mehr Alpinisten diese wilde Perle des Pitztals. Doch keine Sorge: So eng wie auf dem Grat hinauf zur Wildspitze wird es nicht. Das verhindert schon der raue Charakter dieses mitunter Furcht erregenden Berges.

AUFSTIEG (Gletscherweg über den Plangeroßferner): Von der Hütte leicht abwärts hinunter zu den Ausläufern des Plangeroßferners. Über diesen stark zerklüfteten und brüchigen Hängegletscher, der zudem zahl-

reiche Séracs aufweist, hinauf auf ein Schneefeld und weiter auf eine Scharte zwischen dem Süd- und dem Hauptgipfel. Von hier in leichter Kletterei auf den Südgipfel und dann zurück in Richtung Norden auf den höchsten Punkt. Es besteht auch die Möglichkeit, im Anschluss an das Schneefeld nach rechts in den Fels zu queren und von dort auf den Hauptgipfel zu gelangen (4 Std. ab Hütte).
ABSTIEG: Wie Aufstieg.

23 Dreiländerspitze

Die Dreiländerspitze liegt im Schnittbereich der Länder Tirol, Vorarlberg und Graubünden. Man erreicht sie entweder aus Vorarlberg von der Wiesbadener Hütte oder aus Tirol von der Jamtalhütte. Viele Bergsteiger unterschätzen die Anforderungen, die dieser Grenzberg stellt.

Beschreibungen der Dreiländerspitze verleiten manche Alpinisten dazu, diesen Berg ziemlich zu unterschätzen. Der knapp 3200 Meter hohe Silvrettagipfel ist nämlich von der Wiesbadener Hütte in relativ kurzer Zeit erreichbar und die Normalroute weist keine Kletterstelle auf, die über dem zweiten Schwierigkeitsgrad liegt. Es gibt freilich einen Haken: Der rasante Übergang vom Vor- zum Hauptgipfel erfordert wegen seiner Ausgesetztheit ein bisschen Mut, auf jeden Fall aber absolute Schwindelfreiheit.

Dreiländerspitze – der Name sagt viel über die Lage dieses Berges aus. Die Landesgrenze zwischen Tirol und Vorarlberg und die Staatsgrenze zwischen der Schweiz und Österreich treffen sich im Gipfel. Es hat also seinerzeit wenig Fantasie gebraucht, um sich eine Bezeichnung für den Berg auszudenken.

Im Gegensatz zu anderen »Spitzen«, bei denen der Eindruck von unten täuscht, sind die Platzverhältnisse am Hauptgipfel der Dreiländerspitze tatsächlich sehr beengt. Fünf bis sechs Alpinisten, dann ist bereits »alles besetzt«. In diesem Punkt unterscheidet sich die Dreiländerspitze vom bekannteren Piz Buin in der Nachbarschaft. Auf diesem Modeberg braucht man sich keine Gedanken über das Platzangebot zu machen. Allerdings: Es zieht dort deutlich mehr Alpinisten hinauf, da wird es oben auch schon wieder eng. Kein Wunder, dass die meisten die Dreiländerspitze für den schöneren Gipfel halten. Neben dem Gipfelkreuz hat man freilich ausreichend Platz gefunden, um eine schöne runde Kupferplatte anzubringen. Auf ihr sind die Länder Tirol, Vorarlberg und Graubünden eingezeichnet.

Man könnte diesen Silvrettagipfel wegen seiner Lage beinahe als Kosmopoliten bezeichnen. Da passt es gut ins Bild, dass die zwei gängigsten Anstiegsrouten in Tirol bzw. Vorarlberg ihren Ausgangspunkt haben und auf der Ochsenscharte (2970 m) zusammentreffen. Hier gehen zudem der Vermunt- und der Jamtalferner ineinander über.

Der kürzeste und relativ einfachste Weg beginnt bei der Wiesbadener Hütte (2443 m) in Vorarlberg und führt über den beinahe bis ganz oben ziemlich problemlosen Vermuntgletscher. Die Lage der Wiesbadener Hütte stellt übrigens eine Besonderheit dar, die eigentlich hervorragend zu der Region passt. Die Hütte befindet sich zwar jenseits der Landesgrenze in Vorarlberg, die Tiroler Gemeinde Galtür ist aber Eigentümerin des Grundes, auf dem die Hütte steht. Zu Beginn des 20. Jahrhunderts hat nämlich Galtür die Flächen in dem Gebiet von der Schweiz gekauft.

Wer etwas länger unterwegs sein möchte, quartiert sich in der Jamtalhütte ein und bricht von dort zur Dreiländerspitze auf. Vorsicht: Die Spalten des Jamtalferners dürfen keinesfalls unterschätzt werden.

Man bräuchte es eigentlich gar nicht extra zu betonen, dass ein Berg im Schnittpunkt von drei Ländern eine grandiose Aussicht über die Grenzen hinweg bietet – noch dazu, wenn er dermaßen zentral liegt. Kleine Auswahl gefällig? Ortler, Berninagruppe, Ötztaler, Lechtaler ... Es wird vermutlich auch an der grandiosen Gipfelschau liegen, dass eine beträchtliche Zahl von Alpinisten jedes Jahr auf die Dreiländerspitze steigt. Freilich – dermaßen arg wie auf dem Piz Buin ist die Frequentierung nicht. Das würden auch die Platzverhältnisse im felsigen Gipfelbereich gar nicht zulassen.

Die Dreiländerspitze lockt darüber hinaus die Bergsteiger mit Vorzügen bzw. Herausforderungen, die man woanders weniger entdeckt: Neben Gletscherpassagen muss eine rasante Eis- bzw. Schneeflanke und ganz oben Fels im zweiten Schwierigkeitsgrad bewältigt werden. Als kombinierte Tour hat sie manchem Ötztaler Gipfel einiges voraus. Die Nordwestflanke – im Winter übrigens bei den Skifahrern sehr beliebt – präsentiert sich ungefähr 40 Grad steil, ähnelt einem Dreieck und ist je nach Verhältnissen unterschiedlich schwierig. Ende der 90er-Jahre aperte sie zweimal völlig aus. Bei solchen Bedingungen muss man Steinschlaggefahr aus dem felsigen Bereich im Anschluss an das Eisfeld einkalkulieren.

Dreiländerspitze, 3197 m

LAGE: Silvretta
CHARAKTER: Markante, im Gipfelbereich felsige Spitze im Schnittpunkt von Vorarlberg, Tirol und Graubünden
TALORT: Galtür (1584 m) im Paznauntal
STÜTZPUNKTE: Wiesbadener Hütte (2443 m), DAV Sektion Wiesbaden, Tel. Hütte: 0043/(0)5558/4233, Tel. Tal: 0043/(0)5522/39473; von der Bieler Höhe (2071 m) durch das Ochsental 2,25 Std.; Jamtalhütte (2165 m), DAV Sektion Schwaben, Tel. und Fax Hütte: 0043/(0)5443/8408, Tel. Tal: 0043/(0)5443/8394, Fax Tal: 8584; E-Mail: jamtalhuette@netway.at; 3,25 Std. von Galtür
ROUTEN: Normalweg von der Wiesbadener Hütte über den Vermuntferner und die Ochsenscharte (2970 m) (3 Std.); Normalweg von der Jamtalhütte über den Jamtalferner und die Ochsenscharte (3,75 Std.; größere Spaltengefahr als am Vermuntferner); Felskletterpassagen im zweiten Schwierigkeitsgrad im Gipfelbereich
FÜHRER: Walther Flaig, AV-Führer Silvretta, Bergverlag Rother, Ottobrunn
KARTE: Österreich. Karte 1:50 000, Blatt 169; AV-Karte 1:25 000, Blatt 26, Silvrettagruppe
TOURISMUSVERBAND: Galtür, Tel. 0043/(0)5443/8521, Fax 852176; E-Mail: galtuer@netway.at

Die Dreiländerspitze (Bildmitte) von Nordosten gesehen; von ihrem Gipfel bietet sich dank ihrer zentralen Lage eine herrliche Rundsicht.

Zum Schluss folgt die Kraxelei im zweiten Schwierigkeitsgrad zum Vorgipfel, die den Reiz der Tour abermals erhöht. Nach einem kurzen Abstieg heißt es für jene, denen in ausgesetzten Passagen ab und zu mulmig wird, Mutreserven abzurufen. Denn vor dem Hauptgipfel wartet eine schöne und luftige Gratschneide, die man nicht wegzaubern kann.

Nicht wegzuzaubern sind auch die wunderbaren Berge ringsherum und die drei Länder, die direkt zu Füßen der Alpinisten liegen. An Grenzen mag man an diesem außergewöhnlichen Platz gar nicht denken …

AUFSTIEG: Von der Wiesbadener Hütte ziemlich gerade Richtung Südosten und über den Vermuntgletscher, der bis zum oberen Bereich kaum Spalten aufweist, hinauf knapp unter die Ochsenscharte. Von dort Richtung Südwesten weiter und an den Fuß der steilen Eisflanke (Nordwestflanke). Durch die dreieckige Flanke rund 100 Höhenmeter hinauf (je nach Verhältnissen direkt oder in Serpentinen) bis zu einer Schulter, die im Winter als Skidepot dient. Jetzt in felsiges Gelände und durch eine Rinne zum Vorgipfel (Nordgipfel) (Schwierigkeitsgrad II). Nach einem kurzen Abstieg in eine Scharte weiter über eine scharfe Gratschneide hinauf zum Hauptgipfel (Südgipfel) mit dem Kreuz (II; sehr ausgesetzt; 3 Std. von der Hütte).

ABSTIEG: Wie Aufstieg.

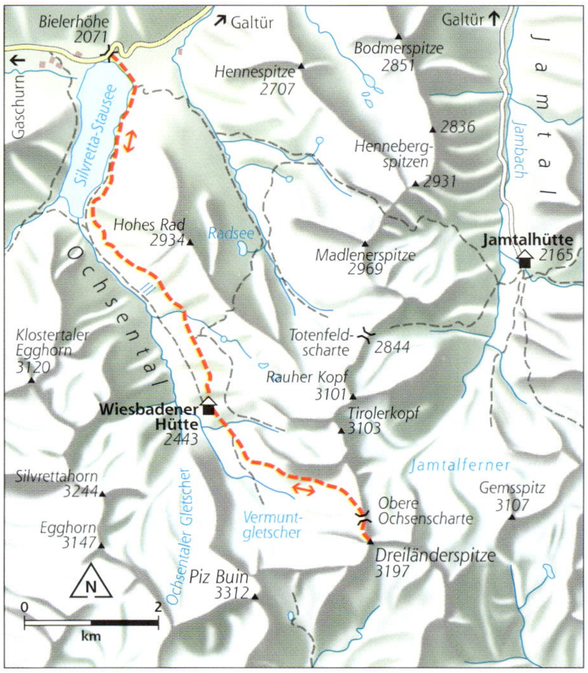

24 Fluchthorn

Die Heidelberger Hütte ist das einzige Schutzhaus des DAV, das sich auf Schweizer Boden befindet. Die Bezeichnung Hütte passt freilich nicht ganz. Immerhin könnten dort rund 150 Menschen gleichzeitig nächtigen. Ein großes Haus auf 2264 Meter Höhe.

Fluchthorn, 3399 m

LAGE: Silvretta
CHARAKTER: Schwarze, zackige Felswand aus Urgestein mit Süd- bzw. Hauptgipfel (3399 m), Mittel- (3397 m) und Nordgipfel (3303 m)
TALORT: Galtür, Paznauntal (1584 m); Ischgl, Paznauntal (1376 m)
STÜTZPUNKT: Jamtalhütte (2165 m), DAV Sektion Schwaben, Tel. und Fax Hütte: 0043/(0)5443/8408, Tel. Tal: 0043/(0)5443/8394, Fax Tal: 8584, E-Mail: jamtalhuette@netway.at; 3,25 Std. von Galtür; Heidelberger Hütte (2264 m), DAV Sektion Heidelberg, Tel. und Fax Hütte: 0043/(0)5444/5418, Tel. Tal: 0043/(0)5444/5612, 4,5 Std. von Ischgl durch das Fimbatal.
ROUTEN: Aufstieg durch die Weilenmannrinne zum Haupt- bzw. Südgipfel von beiden Hütten aus (4,5 Std. von Jamtalhütte; II)
FÜHRER: Walther Flaig, AV-Führer Silvretta, Bergverlag Rother, Ottobrunn
KARTE: AV-Karte 1:25 000, Blatt 26, Silvrettagruppe
TOURISMUSVERBAND: A-6563 Galtür, Tel. 0043/(0)5443/8521, Fax 852176, E-Mail: galtuer@netway.at; A-6561 Ischgl, Tel. 0043/0)5444/5266, Fax 5636, E-Mail: tvb.ischgl@netway.at

Drei Fluchthörner sind in der Silvrettagruppe bekannt. Doch wenn vom Fluchthorn die Rede ist, meint man eigentlich nur das südlichste und gleichzeitig höchste Fluchthorn. Theoretisch fehlt ein großer Stein am Gipfel, um die Grenze von 3400 Meter Höhe zu erreichen. Da könnte man fast auf den Gedanken kommen, auf das Gipfelkreuz zu klettern. Aber verzichten wir lieber auf dieses riskante Unterfangen, zumal die Tour auf den zweithöchsten Silvrettagipfel ohnehin Herausforderung genug darstellt.

Nicht oft entdeckt man einen Berg, der aus so vielen Zacken besteht wie die Fluchthorngruppe. Die drei Gipfel sind trotzdem deutlich zu unterscheiden. Sie setzen sich zudem klar von den kleineren Zacken ab, die um sie herum stehen. Das Massiv gleicht einer mächtigen schwarzen Wand, die sich von Süden nach Norden zieht. Bis zu 500 Meter fallen die Flanken ab. Die Gruppe steht ziemlich frei da und wirkt deshalb besonders markant auf den Betrachter.

Der Südgipfel ragt nur unwesentlich höher auf als der Mittelgipfel mit 3397 Metern. Den Nordgipfel könnte man als den kleinen Bruder der beiden bezeichnen. Er misst 3309 Meter. Die Bergfexen haben in erster Linie Interesse am höchsten Punkt dieses Massivs.

Gleich zwei Hütten bieten sich hier im Grenzgebiet zur Schweiz für die Besteigung dieses Felsklotzes an. Die Bezeichnung »Hütte« führt freilich etwas in die Irre. Es handelt sich nicht um spartanische Unterkünfte, sondern um gediegene Stützpunkte mit allen erdenklichen Vorzügen und Vorteilen für den Alpinisten.

Zum einen kann man von der Heidelberger Hütte aufbrechen. Das 2264 Meter hoch gelegene Schutzhaus ist übrigens das einzige des DAV, das sich auf Schweizer Boden befindet. Die relativ leichtere Route führt hingegen von der Jamtalhütte auf das Fluchthorn. Man hat zwar 100 Höhenmeter mehr zu bewältigen, erspart sich dafür aber den Weg über den Zahnjochgletscher. Außerdem kann man vom Jamtal in dem Gefühl aufsteigen, einen Tiroler Berg auch von Tiroler Boden aus in Angriff zu nehmen.

Der Normalweg zum Südgipfel bzw. Hauptgipfel führt, von welchem Stützpunkt aus man auch immer loszieht, über die Südflanke durch die Weilenmannrinne. Sie wurde benannt nach dem bekannten Schweizer Alpinisten Johann Jakob Weilenmann, einem wichtigen Erschließer der Silvretta, der Adula-, Bernina- und Ötztaler Alpen. Er hat 1862 als Erster das Fluchthorn besteigen, und zwar durch die heute nach ihm benannte Rinne. Er benötigte dafür jedoch Tiroler Unterstützung: Der Hirte Franz Pöll war mit ihm unterwegs.

Als Weilenmann seinerzeit ins Silvrettagebiet gekommen war mit dem Ziel, das Fluchthorn zu ersteigen, suchte er Einheimische, die über gute Kenntnisse der Gegend verfügten. Da wurde er an den Bauernburschen Pöll verwiesen. Der hat zu der Zeit Kühe gehütet im Laraintal, einem Seitental des Jamtals, das ein Stück näher zu dem Felsmassiv liegt und einen idealen Platz darstellte, um die Berge zu erkunden. Franz Pöll kannte die Gegend tatsächlich bestens und so verwundert es nicht, dass er und sein »Herr« am Fluchthorn Erfolg hatten. Wenn man der Überlieferung glauben darf, war Pöll vorher schon einmal allein auf dem Fluchthorn gewesen. Da dies jedoch nirgendwo festgehalten wurde, musste er sich die Erstbesteigung mit dem Schweizer teilen. Sozusagen Künstlerpech.

Das Fluchthorn ist der zweithöchste Gipfel in der Silvretta. An Höhe wird es einzig vom Piz Linard überragt, allerdings nur um elf Meter. Der Piz Linard liegt freilich bereits auf Schweizer Boden, das Fluchthorn hingegen liegt, obwohl die Schweizer Grenze nicht weit ist, noch eindeutig in Tirol.

Die Weilenmannrinne dürfen sich nur trittsichere und schwindelfreie Bergsteiger vornehmen. Bis der letzte Schnee abgeschmolzen ist – meist dauert es bis in den Sommer –, empfiehlt sich die Mitnahme von Pickel und Steigeisen. Bei aperen Verhältnissen muss in der sehr schottrigen Flanke stets

Blick vom Piz Tasna auf das die umliegenden Gipfel beherrschende Fluchthorn.

mit Steinschlag gerechnet werden, deshalb sollte man einen Steinschlaghelm tragen. Um die Gefahr weiter zu verringern, weicht man dann auch besser auf eine Rippe rechts von der Rinne aus. Ganz oben folgt brüchiger Fels im zweiten Schwierigkeitsgrad.

Nach dem doch mühsamen Anstieg lässt sich schließlich die Aussicht ganz besonders genießen. Wer einmal oben beim Gipfelkreuz steht, gewinnt tiefe Eindrücke von der Gebirgslandschaft der Ostschweiz. Der Ortler, höchster Berg »aller Tirols«, ist nicht zu übersehen, im Norden taucht die Verwallgruppe mit Patteriol und Hohem Riffler auf, dahinter die Lechtaler Alpen, um nur einige Gipfel und Gebirgszüge zu nennen.

Die meisten Alpinisten besteigen heute lediglich den Hauptgipfel und lassen dessen kleinere Brüder mehr oder weniger links liegen. Die Überschreitung, die in der Regel von Norden nach Süden erfolgt und mit dem Abstieg durch die Weilenmannrinne endet, lockt inzwischen fast niemanden mehr an. Die jüngeren Bergsteiger schrecken vor den langen Zustiegen zurück und ziehen Kletterziele vor, die leicht und bequem mit dem Auto zu erreichen sind. Vor einigen Jahren wurde diese klassische und sehr lange Klettertour hingegen noch sehr häufig gemacht.

Sie fordert jedenfalls große alpinistische Erfahrung. Immerhin gilt es, Stellen im vierten Schwierigkeitsgrad zu bewältigen; nur

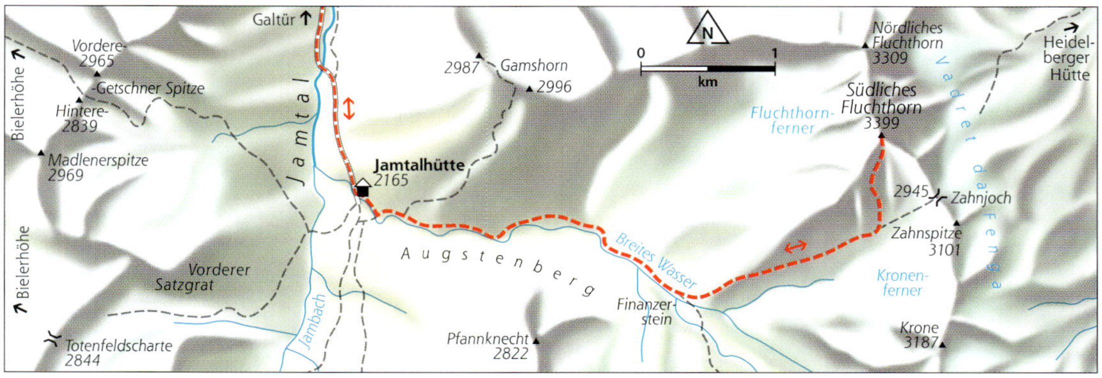

Bild oben: Das Fluchthorn, zweithöchster Gipfel der Silvretta, beeindruckt durch seine pyramidenförmige Gestalt.
Bild unten: Der Anmarsch zur Heidelberger Hütte führt durch das Fimbatal. *Bild rechts:* Durch die Weilenmannrinne führt der Anstieg auf das Fluchthorn. Sie ist die linke und breitere der beiden Rinnen, die auf der Abbildung zu sehen sind.

ab und zu findet man einen alten – meist verrosteten – Haken. Ungeübte müssen unbedingt die Finger davon lassen.

Das Fluchthorn gehört nicht zur Kategorie der Modegipfel, und die Massen strömen woanders hinauf, wo sie weniger Mühen erwarten. Gerade das sollte Anreiz für einen Bergsteiger sein, einmal auf dem höchsten Tiroler Silvrettagipfel zu stehen.

AUFSTIEG (vom Stützpunkt Jamtalhütte): Von der Hütte nach links in Richtung Osten zunächst bis zum Finanzerstein (2476 m). Dort auf den Steig nach links abzweigen und zunächst steil ansteigend über grüne Hänge und später einen Moränenrücken (jetzt sanft

ansteigend) bis 500 Meter vor das Zahnjoch (2945 m). Dort nach Norden bis zum Beginn der Weilenmannrinne, der linken und breiteren von zwei Rinnen. Der Einstieg in die Rinne befindet sich links von einem markanten Felssporn. Wenn noch Schneereste vorhanden sind, am besten direkt durch die Rinne aufwärts (Pickel, Steigeisen vorteilhaft), sonst über die Felsrippe rechts davon. Am Ende der Rinne in eine Scharte und felsiges Gelände. Von der Scharte Richtung Nordosten und schließlich Richtung Norden durch eine kurze Rinne zum Gipfel (Abschnitt ab Ende der Weilenmannrinne II; stellenweise Steinmandln als Markierungen).

ABSTIEG: Wie Aufstieg.

25 Großer Löffler

Die eisgepanzerte Pyramide des Großen Löffler gibt von allen Seiten eine gute Figur ab. Besonders schön ist der Blick von seinem Gipfel auf die Rieserfernergruppe.

Im vergangenen Jahrhundert hielt man den Großen Löffler für den höchsten Berg der Zillertaler Alpen. Diese Einschätzung war natürlich falsch, wie sich bei der Vermessung bald herausstellte. Heute laufen andere Zillertaler Gipfel dem Großen Löffler den Rang ab, die Höhe mag einer der Gründe dafür sein. Eine Tour auf diesen immerhin 3379 Meter hohen Berg kann trotzdem eine wunderbare Angelegenheit sein. Eiserfahrung ist dafür unbedingt notwendig, denn mit dem Großen Löffler spaßt man nicht.

Wer den Namen »Monte Lovello« hört, wird ihn nicht sofort mit Tirol in Verbindung bringen. Doch Monte Lovello ist nichts anderes als der italienische Name für den Großen Löffler. Und damit wissen wir, dass es sich um einen Berg an der Grenze Tirol-Südtirol bzw. Österreich-Italien handelt. Heute bedeuted dieser Umstand nicht mehr so viel; die geographische Lage des Berges zwischen Floiten- und Stillupptal und der Reiz dieser Fels- und Eispyramide sind für den Bergsteiger ungleich wichtiger.

Der Große Löffler galt im 19. Jahrhundert bei den Einheimischen eigentlich als unbesteigbar. Wäre da nicht ein kühner Gämsenjäger aus Mayrhofen gewesen, der anderer Meinung war. Er kam wie gerufen für Bergrat M. V. Lipolt, der Vermessungsarbeiten durchzuführen hatte und sich auf der Suche nach einem Partner befand, um den vermeintlich höchsten Zillertaler Gipfel zu bezwingen. So widerlegten die beiden im Jahr 1850 das Vorurteil der Unbesteigbarkeit und standen als Erste auf dem Großen Löffler. Der Zugang über das östliche Floitenkees, den sie damals gewählt haben, hat sich bis heute als der gebräuchlichste Normalweg erhalten. Die Erstbesteigung des Hochfeiler, des tatsächlich höchsten »Zillertalers«, glückte übrigens erst 1865.

Der Große Löffler hat an Ernsthaftigkeit wenig eingebüßt. Wer ihn ersteigen will, muss Erfahrung im Hochgebirge und in erster Linie am Gletscher mitbringen. Es steht zwar keine extreme Herausforderung bevor, wer diese Tour jedoch auf die leichte Schulter nimmt oder bei schlechten Witterungsverhältnissen aufbricht, begibt sich in große Gefahr. Eigentlich bräuchte man es gar nicht extra zu erwähnen, weil es ohnehin jedem klar sein sollte: Gletscherausrüstung und Anseilen sind hier absolute Pflicht, zumal Spalten das Floitenkees stark zerklüften. Beste Jahreszeit ist der Hochsommer, der Juli bietet sich besonders an.

Als Tagestour schafft man den Großen Löffler nicht, von der 2227 Meter hoch gelegenen Greizer Hütte kommt man hingegen in drei bis vier Stunden zum Gipfel. Der Anmarsch zur Hütte zieht sich ordentlich hin. Es ist zwar möglich, mit dem Pkw auf asphaltiertem Weg zunächst von Ginzling durch das Floitental bis zur Tristenbachalm zu fahren, wo sich auch ein Parkplatz befindet. Dann muss man aber rund dreieinhalb Stunden auf einem Schotterweg bzw. Steig zur Hütte aufsteigen. Ein bisschen mehr als 1000 Höhenmeter sind vom Parkplatz bis zum Schutzhaus zu bewältigen. Eigentlich keine große Sache, wenn da nicht am nächsten Tag weitere 1100 Höhenmeter bevorstünden. Also rechtzeitig in die Federn!

Der Aufstieg zum Großen Löffler beginnt bei der Hütte und führt rechts neben der Wasserleitung zunächst auf einem markierten und beschilderten Weg unschwierig bis zum Beginn des Floitenkeeses. Der Gletscher steigt am Beginn nur mäßig und erst später steiler an. Vor dem Beginn des Südgrats geht es links über Blockwerk und Steine hinauf zum Gipfel. Meist findet man hier selbst im Spätsommer noch Eis- und Schneereste vor. Es gilt, Augen und Ohren offen zu halten und die Steinschlaggefahr zu berücksichtigen.

Steht man am Gipfelkreuz, liegen einem im Norden die verschiedenen Zillertaler Gründe mit den Stauseen zu Füßen, im Süden blickt man hinunter in das Südtiroler Ahrntal. Von der Fernsicht und dem Panorama in knapp 3400 Meter Höhe ganz zu schweigen!

Großer Löffler, 3379 m

LAGE: Zillertaler Alpen
CHARAKTER: Pyramide aus Fels und Eis hoch über dem Floiten- und Stilluppgrund; alpine Erfahrung, v. a. am Gletscher, nötig
TALORT: Ginzling (1000 m); St. Johann im Ahrntal (Südtirol)
STÜTZPUNKTE: Greizer Hütte (2227 m), DAV Sektion Greiz, Tel. Hütte: 0043/(0)664/1405003, Tel. Tal: 0043/(0)5282/3211; 3,5 Std. vom Parkplatz (gebührenfrei) bei der Tristenbachalm (1177 m) im Floitengrund; Schwarzensteinhütte (2922 m), CAI, Tel. Hütte: 0039/0474/671160, Tel. Tal: 0039/0474/671451; E-Mail: knapp@rolmail.net; Internet: http://www.schwarzensteinhuette.com; 4 bis 4,5 Std. vom Berggasthof Stallila (ca. 1450 m; Parkplatz)
ROUTEN: Gletschertour über das Floitenkees von der Greizer Hütte oder von der Schwarzensteinhütte (Tribbachsattel, 3053 m)
FÜHRER: Heinrich und Walter Klier, AV-Führer Zillertaler Alpen, Bergverlag Rother, Ottobrunn
KARTE: AV-Karte 1:25 000, Blatt 35/2, Zillertaler Alpen, Mittleres Blatt
TOURISMUSVERBAND: TVB Mayrhofen-Ginzling, A-6295 Dornauberg-Ginzling, Tel: 0043/(0)5285/6760, Fax 43/(0)5285/676033; E-Mail: mayrhofen@zillertal.tirol.at

Der Große Löffler baut sich beeindruckend über dem Löfflerkees auf.

Stichwort Ahrntal. Wem die Anreise nach Südtirol ins Ahrntal nicht zu weit ist, der kann für die Tour auf den Großen Löffler auch die Schwarzensteinhütte (2922 m) jenseits der Grenze als Stützpunkt hernehmen. Der Hüttenzustieg dauert freilich noch länger als der Zustieg zur Greizer Hütte. Ungefähr 1500 Höhenmeter müssen bewältigt werden, mit vier bis viereinhalb Stunden Gehzeit ist auf jeden Fall zu rechnen. Reizvoll daran ist allerdings ein Klettersteig im Schlussabschnitt oder wahlweise der Anstieg über den spaltenfreien Rotbachgletscher.

Der beste Weg von der Schwarzensteinhütte zum Löffler führt nicht direkt auf der Südseite hinauf, sondern über den Tribbachsattel hinüber nach Norden und – möglichst ohne viel Höhe zu verlieren – abermals über das Floitenkees. Schließlich mündet die Route ein in den Anstieg, der bei der Greizer Hütte beginnt. Von Südtirol aus dagegen erreicht man den Gipfel in ungefähr drei Stunden.

Der Große Löffler mag vielleicht nicht der gewaltigste unter den Bergen der Zillertaler Alpen sein. Ein beeindruckender Anziehungspunkt hoch über dem Floiten- und Stilluppgrund bleibt dieser 3379 Meter hohe Riese jedoch allemal.

AUFSTIEG: Bei der Greizer Hütte zunächst auf einem markierten Weg rechts der Wasserleitung in Richtung Südosten bis zum Beginn des östlichen Floitenkeeses (ca. 1,5 Std.). Über das Kees hinauf, am Westgrat des Großen Löffler vorbei und meist nicht weit davon entfernt Richtung Osten in den obersten Teil des Floitenkeeses. Vor dem Fuß des Südgrats des Großen Löffler links hinauf über Blockwerk und Steine (meist Eis- und Schneereste) zum Gipfel (dieser Abschnitt eventuell I); insgesamt 3 bis 4 Std. von der Hütte; Vorsicht: Floitenkees stellenweise stark zerklüftet!

ABSTIEG: Wie Aufstieg.

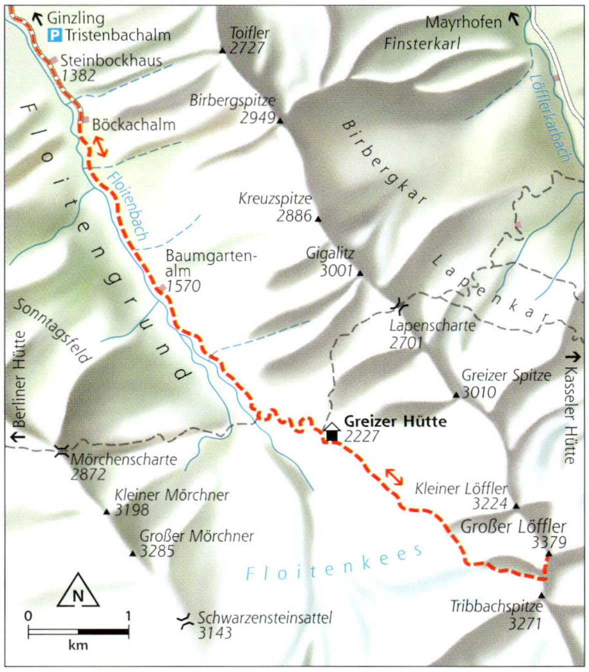

26 Schrankogel

Beim Anstieg zur Amberger Hütte passieren wir eine riesige Grundlawine.

Zum Zuckerhütl, dem höchsten Berg in den Stubaier Alpen, fehlen dem Schrankogel nur ein paar Meter. Auch an die symbolträchtige Grenze von 3500 Metern kommt er knapp nicht heran. Aber zum zweithöchsten Gipfel der Stubaier Alpen reicht es. Doch der Schrankogel hat ein großes Plus: Er ist von der Amberger Hütte aus auf trockenem Weg eis- und schneefrei zu erreichen. Die Massen strömen trotzdem nicht hinauf.

Ein Dreitausender mit Weg. Diese Vorstellung will einem überhaupt nicht in den Kopf, wenn man diese herrliche, markante Felspyramide von anderen Gipfeln aus erblickt. Umgeben von Gletschern, steil abfallende Flanken, ein kühner Ostgrat und eine mehr als nur Respekt einflößende Nordwand – wer mag da glauben, dass man keinen Fuß auf einen Gletscher setzen muss, um ganz hinauf zu gelangen?

Der Schrankogel gehört überhaupt zu den höchsten Erhebungen in den Ostalpen, die auf trockenem Weg machbar sind. Das verleiht ihm eine besondere Note. Deshalb wurde er auch – verglichen mit anderen Stubaier Bergriesen – bereits sehr früh bestiegen. Die Erstbesteigung gelang 1840 dem Pfarrer Schöpf aus Gries im Sulztal. Möglicherweise hat ein gewisser Harpasser den Berg aber schon 1824 bezwungen.

Freilich – unterschätzen darf man den Schrankogel trotz des eisfreien Anstiegs keinesfalls. Ich erinnere mich noch gut an eine ziemlich respektlose Frage, mit der ich vor vielen Jahren auf dem Weg zur Amberger Hütte meinen Tourenpartner erstaunte. Was denn das für ein Gipfelchen sei, wollte ich von dem erfahrenen Bergfex wissen und deutete zum Schrankogel empor, der hier im Sulztal bis in den Talboden fußt. »Vor dir steht der 3497 Meter hohe Schrankogel«, wurde ich zurechtgewiesen. Ja, wer den Schrankogel unterschätzt, macht einen großen Fehler. Niemand sollte sich einbilden, völlig problem- und gefahrlos zum Gipfel gelangen zu können.

Natürlich darf der Normalanstieg von der Amberger Hütte einem geübten Bergsteiger keine größeren Schwierigkeiten bereiten. Der Schmelcherweg ist gut markiert und führt über die so genannte Sulze über die Seitenmoräne des Schwarzenbergferners, und schließlich auf einem zunächst recht breiten, später schmaler werdenden Rücken bzw. Grat zum Gipfel. Wer gute Schuhe trägt und halbwegs trittsicher ist, kommt bei günstigen Verhältnissen sicher an.

Jedes Ding hat freilich zwei Seiten. Nässe erschwert den Anstieg wesentlich. Wer hier ausrutscht, fällt weit hinunter … Immerhin ragt der Schrankogel fast 1400 jähe Höhenmeter über der Amberger Hütte empor. Die Situation verschärft sich außerdem, wenn auf dem Grat unter dem Gipfel Schnee liegt. Daher sollte man gute Verhältnisse abwarten oder für dieses letzte Stück Steigeisen und Pickel mithaben.

Tödliche Unglücke gab es auf dem Schrankogel jedenfalls bereits genügend. Der Normalweg blieb leider nicht davon verschont, die Unfallursachen waren mannigfaltig. Die einen verstiegen sich im dichten Nebel, andere hat der Blitz getroffen, wieder anderen wurde Steinschlag zum tödlichen Verhängnis.

Doch lassen wir uns von den Gefahren nicht die Freude an dieser markanten Felspyramide verderben und wenden wir uns wieder den Schönheiten des Schrankogels zu. Beim Gipfelkreuz – 1961 errichtet, 1987 wurde das Aluminiumkreuz durch eines aus Holz ersetzt – erwartet uns jedenfalls ein grandioses Panorama. Großvenediger, Dolomiten, Ortler, Zugspitze, die Lechtaler und markante Gipfel der Zillertaler Alpen sind bei guter Fernsicht deutlich zu erkennen. Von den höchsten Stubaier und Ötztaler Eisriesen in der unmittelbaren Umgebung ganz zu schweigen.

Trotz der relativ einfachen Anstiegsmöglichkeit zählt der Schrankogel nicht zur Kategorie der Modetouren. Die Ursache liegt wohl darin, dass die Amberger Hütte ein feiner Stützpunkt mit überschaubaren Ausmaßen

Schrankogel, 3497 m

LAGE: Stubaier Alpen
CHARAKTER: Steil aufragende Felspyramide über dem Sulztal; höchster Gipfel der Stubaier Alpen, der ohne Gletscheranstieg zu erreichen ist
TALORT: Gries im Sulztal (1569 m)
STÜTZPUNKT: Amberger Hütte (2136 m), DAV Sektion Amberg; Tel. Hütte: 0043/(0)5253/5605; Tel. Tal: 0043/(0)5253/5106, Fax Tal 6462
ROUTEN: Normalanstieg eisfrei auf dem gut markierten Schmelcherweg über den Südwestgrat (4 bis 4,5 Std. von der Hütte); Ostgrat (Zustieg von der Amberger Hütte über den Schwarzenbergferner), keine besonderen technischen Schwierigkeiten, aber sehr ausgesetzt; Eistour durch die Nordflanke
FÜHRER: Walter Klier, Av-Führer Stubaier Alpen alpin, Bergverlag Rother, Ottobrunn
KARTE: AV-Karte 1:25 000, Blatt 31/1, Hochstubai; Österreich. Karte 1:50 000, Blatt 147
TOURISMUSVERBAND: Gries bei Längenfeld, A-6444 Gries im Sulztal, Gries 34; Tel. 0043/(0)5253/5103; Fax 5031; E-Mail: gries@netway.at

Im Winter wird der Schrankogel vornehmlich über den Ostgrat bezwungen. Der ist freilich ziemlich ausgesetzt und bei weitem nicht so einfach wie der Schmelcherweg, der von Südwesten meist eis- und schneefrei auf den zweithöchsten Punkt in den gesamten Stubaier Alpen führt.

geblieben ist und sich nicht – wie andere Schutzhäuser – zu einem Hotel in den Bergen entwickelt hat.

Auf der benachbarten Ruderhofspitze mit dem Ausgangspunkt Franz-Senn-Hütte tummeln sich hingegen bedeutend mehr Menschen. Dabei erreicht der Ruderhof – wie ihn Einheimische nennen – nicht ganz die Höhe des Schrankogels.

Der Schrankogel hat nicht nur Reize für den durchschnittlichen Bergsteiger. Die knapp 40 Grad steile Nordflanke hinauf vom Schwarzenbergferner bietet jenen Alpinisten, die eine Herausforderung suchen, interessante Möglichkeiten in Schnee und Eis. Bedauerlicherweise hat das Eis am Schrankogel in den vergangenen Jahren sehr unter der allgemeinen Erwärmung gelitten.

Die Eistour mündet schließlich in den oberen Teil der Route über den Ostgrat. Den ausgesetzten Ostgrat sollte man von Beginn an nur mit Seil begehen. Ein falscher Tritt hat hier meist tödliche Folgen.

Der Schrankogel möge mir die Unbedarftheit verzeihen, mit der ich ihm einst begegnet bin. Dieser außergewöhnlich schöne Bergriese hat gehörigen Respekt verdient.

AUFSTIEG: Von der Amberger Hütte gehen wir zunächst am Bach entlang eben in die so genannte Sulze hinein. Bald schon folgen wir dem markierten Schmelcherweg hinauf zu den Ausläufern des Schwarzenbergferners. In einigen Kehren steigen wir dann höher zum so genannten Hohen Egg, einem auf rund 2800 Meter liegenden Felsriegel. Bald erreichen wir die Ausläufer der Franzensschneid. Über diesen zunächst recht breiten Felsrücken, der sich bis ganz ins Tal hinunterzieht, gelangen wir über Blockwerk und zuletzt auf einem doch schmaler werdenden Grat hinauf zum Gipfelkreuz des Schrankogel. Nach Schneefällen ist gerade im letzten Abschnitt unserer Gipfelroute Vorsicht geboten; ungefähr 4 bis 4,5 Stunden von der Hütte.

ABSTIEG: Wie Aufstieg.

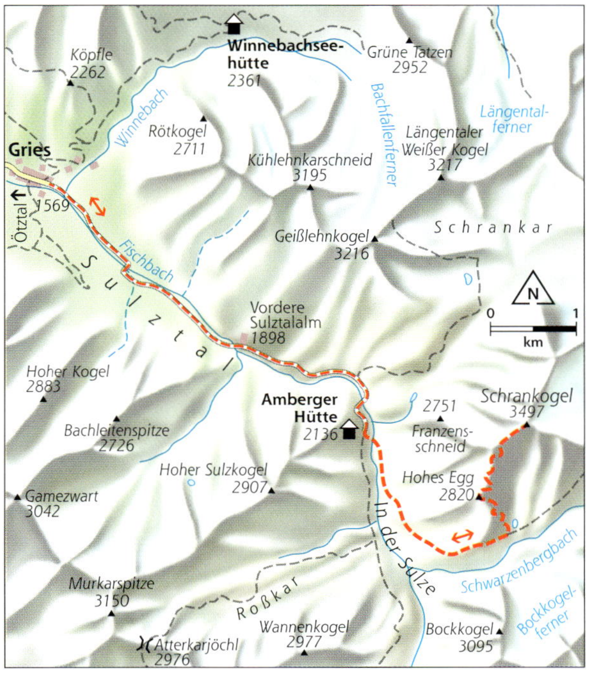

27 Namloser Wetterspitze

Während die Namloser Wetterspitze auf drei Normalwegen leicht zu erwandern und ein Berg für die ganze Familie ist, zeigt ihre Nordwand ein ziemlich düsteres Gesicht. Doch genießen wir lieber die sanften Seiten dieses Berges, den eine wunderbare und eindrucksvolle Flora umgibt.

»Namlos? Wo liegt denn das schon wieder?« Stellte bereits die geographische Zuordnung von Hinterhornbach für die Tour auf den Hochvogel (Tour 9) eine Herausforderung dar, so fällt es nicht leichter, den Ort Namlos auf der Tirol-Karte zu finden. Dabei liegen Namlos und Hinterhornbach nur wenige Kilometer Luftlinie voneinander entfernt in Seitentälern des Lech. Weit weniger schwierig sind die Anstiege auf die Namloser Wetterspitze. Endlich ein prachtvoller Aussichtsgipfel beinahe für jedermann.

»Trittsicherheit und Schwindelfreiheit unbedingte Voraussetzungen, Kletterkenntnisse nicht von Nachteil.« Diese Anforderungen liest man in vielen der Beschreibungen unserer schönsten Tiroler Gipfel. Ob Hochvogel, Hohe Munde, Parseierspitze oder Schrankogel, um nur vier von 40 zu nennen: Auf keinen dieser Berge gelangt man, wenn man nicht die vorhin erwähnten Voraussetzungen erfüllt. Da verzichtet der eine oder andere gern und freiwillig auf die Tour, wenn er in der Beschreibung liest, was er alles beherrschen muss, um einen bestimmten Gipfel zu erreichen.

Die Namloser Wetterspitze tanzt da aus der Reihe. Fast wohltuend, wäre man geneigt zu sagen. Lehnen wir uns jedenfalls entspannt zurück: Wer diesen Berg in den Lechtaler Alpen »bezwingen« will, braucht kein Spezialist des Extremen und auch nicht auf den schwierigsten Graten zu Hause zu sein. Die Namloser Wetterspitze lässt sich als Berg für die ganze Familie bezeichnen, zumal es nicht weniger als drei Normalrouten von Süden gibt, die im Prinzip jeder schafft. Einzige Anforderung: ein Mindestmaß an Kondition, die man leicht mitbringt, wenn man ab und zu in die Berge geht. Der Marsch zur Namloser Wetterspitze sollte übrigens grundsätzlich nur bei trockenen Verhältnissen erfolgen. Wenn es regnet oder der Boden nach einer Schlechtwetterphase noch nass ist, muss man auf dem größtenteils lehmigen Weg besonders aufpassen. Die Gefahr des Ausrutschens ist beträchtlich.

Von Süden betrachtet eine markante Spitze, von Osten und Westen ein steiler, felsiger Kegel. So schauen die sanften Gesichter der Namloser Wetterspitze aus. Der Blick in ihre Nordwand, die steil und jäh abfällt, lehrt den durchschnittlichen Wanderer hingegen das Fürchten.

Da es sich bei allen drei Normalanstiegen um eine gemütliche Wanderung auf einen schönen Aussichtsberg handelt, sollten wir jene Aufstiegsvariante wählen, die an einer bewirtschafteten Hütte vorbeiführt. In diesem Fall kommt nur die Route vom Hahntennjoch aus infrage. In deren Verlauf passieren wir die Anhalter Hütte, frei stehend am Nordfuß des Maldongrats und unterhalb des Tschachaun. Das Schutzhaus der DAV-Sektion Oberer Neckar ist übrigens die letzte bewirtschaftete Hütte im Osten der Lechtaler Alpen. Hier beginnt gleichzeitig der Anhalter Höhenweg, der hinunter nach Elmen im Lechtal führt.

Wir brauchen die Hütte freilich nicht als Stützpunkt für eine Nächtigung. Die Namloser Wetterspitze ist problemlos an einem Tag zu schaffen. Natürlich: All jene, die es besonders gemütlich angehen möchten, können am Nachmittag völlig stressfrei vom Hahntennjoch zur Hütte wandern und dort einen kurzen Abstecher auf den grünen Tschachaun (2334 m) machen, dessen Blumenpracht die Besucher bestimmt bezaubert. Am folgenden Tag steigt man dann die verbleibenden 500 Höhenmeter zur Namloser Wetterspitze auf.

Wer lediglich einen Tag Zeit hat, wird nach der Gipfelfreude gerne in der Hütte einkehren und sich vor dem Rückmarsch zum Hahntennjoch stärken. Die Hütte gehört nicht, wie man leicht annehmen könnte, zur Gemeinde Namlos, sondern steht auf Imster Gemeindegebiet. Auf welcher Route man die Wetterspitze auch in Angriff nimmt, länger als dreieinhalb bis vier Stunden dauert der Aufstieg kaum. Ganz egal ob man direkt in Namlos, am Hahntennjoch oder in Fallerschein startet. Fallerschein, etwas südwestlich und ein wenig höher als Namlos gelegen, war ursprünglich einmal eine Almsiedlung. Heute dienen die ehemaligen Almhütten einem an-

Namloser Wetterspitze, 2553 m

LAGE: Lechtaler Alpen
CHARAKTER: Leicht erwanderbarer Aussichtsberg mit drei Normalanstiegen
TALORT: Imst (Hahntennjoch, 1894 m; gebührenfreier Parkplatz); Namlos (1263 m)
STÜTZPUNKT: Anhalter Hütte (2038 m), DAV Sektion Oberer Neckar, Tel. Hütte: 0043/(0)664/4618993, Tel. Tal: 0043/(0)5414/87771
ROUTEN: Normalweg vom Hahntennjoch (Blumenparadies) über Anhalter Hütte und Grubigkopf; alternative Normalanstiege von Namlos bzw. Fallerschein (1302 m); alle unschwierig (zwischen 3,5 und 4 Std.)
FÜHRER: Heinz Groth, AV-Führer Lechtaler Alpen, Bergverlag Rother, Ottobrunn
KARTE: Österreich. Karte 1:50 000, Blatt 114
TOURISMUSVERBAND: Namlos-Kelmen, A-6642 Namlos, Tel. 0043/(0)5674/8418, Fax 8385

Blick vom Gipfel der Namloser Wetterspitze nach Osten; die Seitentäler sind in dichten Nebel gehüllt.

deren Zweck: Sie wurden zu Wochenendhäuschen umgebaut.

Wer auf der Namloser Wetterspitze eine Herausforderung sucht, muss den Nordgrat durchsteigen. Ein Honiglecken erwartet den Kletterer dort allerdings nicht. Der Wettersteinkalk stellt sich hier als extrem brüchig heraus. Man befindet sich in ungutem Gelände. Unter diesen Voraussetzungen gilt es Stellen im zweiten, dritten und sogar vierten Schwierigkeitsgrad zu bewältigen. Empfehlen kann man diese Route nicht, sie ist eigentlich nur etwas für Bergsteiger, die sich in diesem Gebiet bestens auskennen. Der durchschnittliche Kletterer sollte die Herausforderung des Nordgrats nicht annehmen.

Betrachten wir die Namloser Wetterspitze lieber als einen sympathischen, leicht erwanderbaren Aussichtsberg. Wie geschaffen für die ganze Familie, für Kind und Kegel eben.

AUFSTIEG: Vom Hahntennjoch auf markiertem Wanderweg bzw. Steig erst recht flach, dann etwas steiler ansteigend zum Steinjöchl (2198 m). Von dort abwärts zur Anhalter Hütte und zunächst auf dem Anhalter Höhenweg (Beginn bei der Hütte) weiter hinunter auf ungefähr 1900 Meter in Almgebiet. Durch Latschen hinauf auf den Grubigkopf und östlich vorbei am Putzenjoch. Über den breiten Südwestrücken (teilweise schottrig) zum Gipfel.
ABSTIEG: Wie Aufstieg.

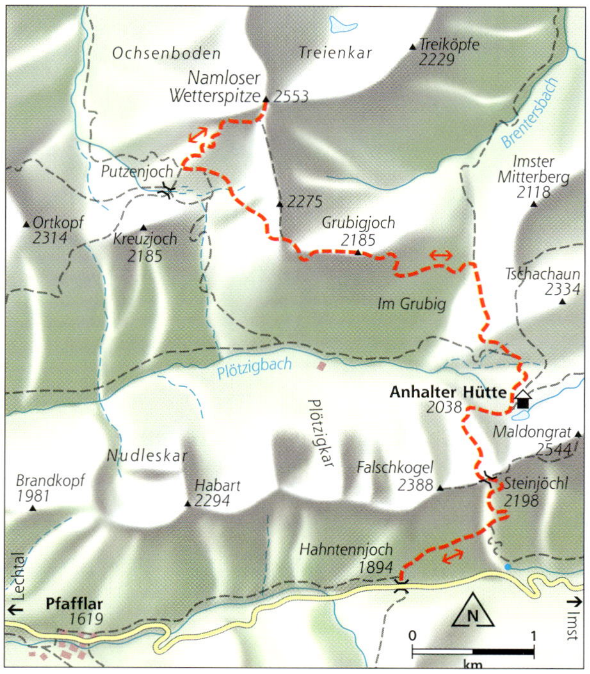

28 Ackerlspitze

Die Ackerlspitze zeigt sich von allen Seiten als abweisende Gestalt, sie ist jedoch auf dem Normalweg relativ leicht zu ersteigen.

Ackerlspitze, 2329 m

LAGE: Kaisergebirge, Wilder Kaiser
CHARAKTER: Höchster Gipfel im Ostkaiser, relativ einfacher Normalweg von Süden
TALORT: Ellmau (804 m); Going am Wilden Kaiser (772 m)
HÜTTEN: Gaudeamushütte (1263 m), DAV Sektion Main-Spessart, Tel. Hütte: 0043/(0)5358/2262, Tel. Tal: 0043/(0)5358/2770, erreichbar auf gutem Weg in 30 Minuten vom Parkplatz bei der Wochenbrunner Alm (1085 m) (Talort Ellmau; Mautstraße vom Gasthof Wochenbrunn, 981 m, zur Wochenbrunner Alm); Neue Ackerlhütte (1455 m), OeAV Sektion Kitzbühel, unbewirtschaftet; Tel. Tal: 0043/(0)5356/643933 (AV-Schlüssel), erreichbar in 1,5 Std. vom kostenfreien Parkplatz in Prama (Going)
ROUTEN: Normalweg; Berglerweg durch die direkte Südwand (V+); Normalwegabstieg: wie Aufstieg oder etwas länger (aber leichter) über die Maukspitze (2231 m) zum Niedersessel
FÜHRER: Pit Schubert und Wolfgang Zeis, AV-Führer Kaisergebirge, Bergverlag Rother, Ottobrunn; Pit Schubert, AV-Führer Kaisergebirge extrem, Bergverlag Rother, Ottobrunn; A. Stocker und P. Brandstätter, Klettern über der Ackerlhütte, Edelweißgilde Kitzbühel
KARTE: AV-Karte 1:25 000, Blatt 8, Kaisergebirge
TOURISMUSVERBAND: Ellmau: Tel. 0043/(0)5358/2301, Fax 3443; E-Mail: ellmau@netway.at; Going am Wilden Kaiser: Tel. 0043/(0)5358/2438, Fax 3501; E-Mail: going@netway.at

Der »Koasa« – welches Bergsteigerherz schlägt nicht höher, wenn dieser magische Name fällt! Vornehmlich beim Wilden Kaiser denkt man an spektakuläre Kletterrouten in den oberen Schwierigkeitsbereichen. Weniger bekannt ist, dass auf den einen oder anderen Gipfel ebenfalls ein – für beinahe jedermann begehbarer – Normalweg führt. So lässt sich auch die Ackerlspitze (2329 m) von Süden relativ leicht ersteigen. An die Ellmauer Halt, mit 2344 Metern der höchste Gipfel im Kaisergebirge, kommt die Ackerlspitze nicht ganz heran. Im Ostkaiser, dem Gebiet zwischen Maukspitze und Ellmauer Tor, ist sie aber die höchste Erhebung.

Der durchschnittliche Bergsteiger soll der Ackerlspitze durchaus Respekt zollen, zu fürchten braucht er sich allerdings nicht. Und man braucht genauso wenig ein Kletterkünstler zu sein, um diesen wunderbaren Aussichtsgipfel zu erreichen.

Der einfache Grund: Zur Ackerlspitze zieht ein Weg hinauf, der eigentlich in die Kategorie der Wanderrouten fällt. Freilich, man muss schon dazusagen, dass es sich um eine äußerst extreme Wanderroute handelt. An manchen Stellen kann man auch von einem Klettersteig sprechen und besonders der Gipfelbereich setzt Schwindelfreiheit voraus. Mehr als ein »Einser« erwartet uns jedoch nirgendwo.

Die erste touristische Ersteigung dieses Berges gelang überaus früh – bereits im ersten Drittel des 19. Jahrhunderts. Peter Carl Thurwieser aus Kramsach, Johann Carl und Stephan Unterrainer bezwangen den höchsten Punkt des Ostkaisers am 1. Oktober 1826 und nahmen gleich die benachbarte Maukspitze (2231 m), die zu dem Zeitpunkt ebenfalls noch jungfräulich gewesen ist, in einem Aufwasch mit. Das Trio unterlag damals übrigens einem Irrtum. Die Männer glaubten, auf dem höchsten Kaisergipfel zu stehen. Doch zur Ellmauer Halt fehlen der Nummer eins im Ostkaiser eben noch 15 Meter.

Der Normalweg von Süden auf die Ackerlspitze führt entweder über die Gaudeamushütte oder über die Neue Ackerlhütte. Die Gehzeiten zum Gipfel sind freilich nicht so lang, dass man in einer der Unterkünfte nächtigen müsste. Vielmehr bietet sich die Gaudeamushütte für eine gemütliche Einkehr auf dem Retourweg an. Für die unbewirtschaftete Ackerlhütte braucht man einen AV-Schlüssel.

Zur Gaudeamushütte gelangt man sehr schnell in ungefähr einer halben Stunde vom Parkplatz bei der Wochenbrunner Alm, die man bequem mit dem Auto – teilweise über eine Mautstraße – von Ellmau aus erreicht. Vom Schutzhaus führt der Weg dann zunächst leicht ansteigend zum Brennenden Palven, wo sich übrigens ein Kitzbüheler begraben hat lassen. Über das Hechenfeld – im Frühjahr bei den Tourenskiläufern sehr beliebt – geht es dann hinüber zur zerstörten Alten Ackerlhütte.

Wer die zweite Route wählt, startet beim Stanglwirt in Going, lässt das Auto auf dem Parkplatz im Ortsteil Prama stehen und wandert auf gutem Weg über die Obere Regalm zur Neuen Ackerlhütte und weiter zum alten Haus.

Die Ackerlhütte stellt allein schon ein lohnendes Ziel dar. Obwohl wir uns noch unterhalb der 2000-Meter-Grenze befinden, kann man hier eine fantastische Aussicht genießen. Keine höheren Berge verstellen die Sicht, der Blick schweift von den Tuxer Voralpen über das Rofangebirge bis zu den Tauern und dem Großglockner.

Bald folgen der Beginn der eigentlichen Tour und die Schlüsselstelle, eine fast senkrechte Wand vom Niedersessel zum Hochsessel. Hat man die zwei Hochkare hinter sich, wird der Weg wieder einfacher. Über die Ackerlschneid, einen flachen Grat, für den es Schwindelfreiheit mitzubringen gilt, gelangt man schließlich unschwierig zum Gipfel, dem einige niedrigere Türme vorgelagert sind. Das Panorama rund um das Kreuz trägt mit dazu bei, sich jetzt wie ein Kaiser zu fühlen.

Das Kaisergebirge aus der Luft: Der Talboden von Scheffau und Ellmau ist noch mit Nebel bedeckt.

Der Abstieg erfolgt auf derselben Route. Wer allerdings noch etwas mehr möchte, kann die Überschreitung zur 2231 Meter hohen Maukspitze machen und schließlich über die so genannte Rampe, ein Gras- und Schrofenband, zum Niedersessel hinunterkraxeln. Diese Variante ist leichter, aber länger. Auf die Nordseite zur Fritz-Pflaum-Hütte wechseln hingegen nur wenige, weil man da einen ziemlich weiten Weg zur Griesner Alm im Kaiserbachtal vor sich hat.

Die Ackerlspitze lässt sich freilich nicht auf den einen oder anderen leicht machbaren Normalweg reduzieren. Ihr Gestein ist zwar eher brüchig und daher nicht das Nonplusultra für die Meister im Fels, dennoch bietet sie Herausforderungen für die Kletterer.

In diesem Zusammenhang sticht die direkte Südwand hervor. Der Berglerweg, der durch diese rund 600 Meter hohe Flanke führt, ist mit einer Stelle V+ recht schwierig. Für die alte Südwand genügt es, einen »Vierer« zu beherrschen.

Vielen reicht es jedoch, die Ackerlspitze auf der Route über Nieder- und Hochsessel zu ersteigen.

AUFSTIEG: Von der Wochenbrunner Alm auf gutem Weg zur Gaudeamushütte. Von dort leicht ansteigend, vorbei am Freiberghaus, zum Brennenden Palven (1572 m) und über das Hechenfeld zur Alten Ackerlhütte. Oder von Prama auf einem Forstweg zunächst zur Oberen Regalm. Von der Regalm weiter zur Neuen Ackerlhütte und auf einem Steig hinauf zur Alten Ackerlhütte. Von der Alten Ackerlhütte zunächst leicht abwärts über ein Schotterkar bis zum Wandfuß der Ackerlspitze. Auf einem Steig in das Hochkar Niedersessel. Am Ende des Kars folgt über eine Steilstufe der Übergang in das Hochkar Hochsessel. Danach auf dem Steig weiter auf die Ackerlschneid und auf diesem flachen Grat nach links zum Gipfel (markiert, teilweise versichert; 4 bzw. 4,5 Std. von der Wochenbrunner Alm bzw. von Prama).

ABSTIEG: Gleich wie Aufstieg; oder Überschreitung hinüber zur Maukspitze, dann hinab über ein Gras- und Schrofenband, die so genannte Rampe, zum Niedersessel. Schließlich der gleiche Weg wie im Aufstieg (markiert).

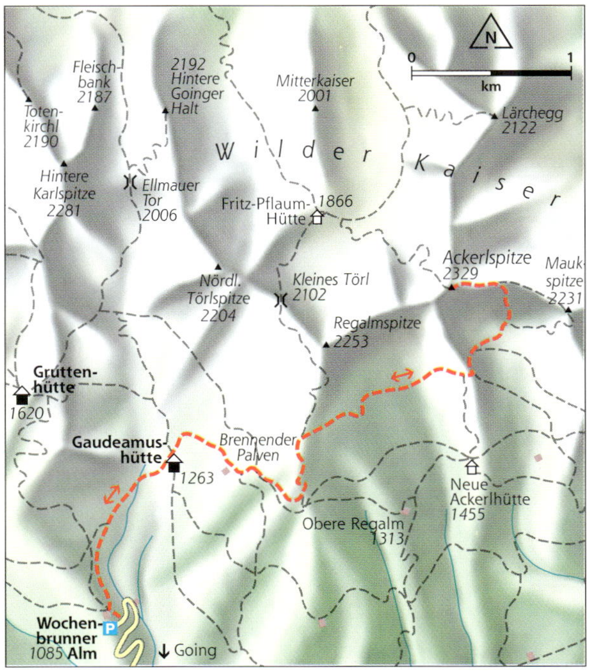

29 Hochiß

Der Zireiner See vor den Gipfelaufbauten von Rofanspitze und Hochiß. Wer möchte da nicht einfach eintauchen in die wunderbare Welt des Rofangebirges in den Brandenberger Alpen mit seinen zwar an Höhe bescheidenen, aber trotzdem überaus reizvollen Gipfeln?

Im Rofan, wie die Brandenberger Alpen gemeinhin genannt werden, wachsen die Berge wahrlich nicht in den Himmel. Klein, aber oho sind hier die Gipfel, die über dem größten See Tirols, dem Achensee, aufragen. Der Größte unter den Kleinen ist die Hochiß. Ihre 2299 Meter reichen völlig aus, um einen großartigen Rundblick, auch hinaus ins Bayerische, zu haben. Bei schönem Wetter taucht im Blickfeld sogar die Millionenmetropole München auf. Die Hochiß lockt trittsichere Wanderer genauso an wie kühne Kletterer. Eine Tour dort hinauf lohnt allemal.

Die einen beschreiben die Hochiß als markante Pyramide, die anderen vergleichen sie mit einer Nase – einer schrägen, wohlgemerkt! Wer mit Nasen kein Problem hat, der wird diese Bezeichnung für den höchsten Rofanberg nicht als negativ empfinden. Feiner klingt freilich »Pyramide«. Wie dem auch sei – die Hochiß genügt sich als Berg selbst, ganz gleich was ihre Besucher für Ansichten haben.

Die Hochiß präsentiert sich dem Betrachter mit zwei völlig unterschiedlichen Gesichtern. Die Südwestseite ist eine Mischung aus Gras, Fels und Geröll. Blickt man hingegen von Norden auf diesen Gipfel, so baut sich vor dem Betrachter eine steile Wand auf, die vom höchsten Punkt aus beinahe 400 Meter weit senkrecht abfällt. Diese beiden konträren Seiten machen die Hochiß sowohl für Wanderer wie auch für erfahrene Kletterer interessant. Sogar Wanderer, die konditionell gerade einmal am Durchschnitt kratzen, schaffen diesen Berg problemlos.

Warum? Die Hochiß teilt das Schicksal vieler Tiroler Berge. Sie befindet sich im Nahbereich von Liftanlagen. Die Rofanseilbahn führt von Maurach am Achensee direkt zur Erfurter Hütte. Von dort fehlen nicht einmal mehr 500 Höhenmeter, um die grandiose Aussicht am höchsten Punkt des Rofans genießen zu können. In 1,5 bis 2 Stunden sollte man den Gipfel erreichen.

Freilich muss man sich einreihen in die Schar von Besuchern, die es an schönen Tagen auf dieser bequemen Route auf die Hochiß zieht. Mit dem Prädikat »einsamer Aussichtsberg« kann sich die Hochiß nicht mehr schmücken.

Unterschätzen sollte diesen Anstieg jedoch niemand, nur weil er keine wirklichen Anforderungen an die Kondition stellt. Trittsicherheit ist eine unbedingte Voraussetzung, Schwindelfreiheit wäre ebenfalls kein Nachteil. Seilversicherungen beim Queren der Südflanke stellen gerade bei nassem Boden eine feine Hilfe dar.

Die Fahrt mit der Rofanseilbahn können sich jene sparen, die über einen konditionellen Grundstock verfügen. Zwar befindet sich der Ausgangspunkt der Tour im schon fast 1000 Meter hoch gelegenen Maurach, zum Gipfel der Hochiß müssen freilich immer noch etwas mehr als 1300 Höhenmeter bewältigt werden. Ich weiß natürlich, dass die meisten Bergsteiger erst bei 1500 Höhenmetern richtig zu schnaufen beginnen. Die Wanderung vom Tal aus zum höchsten Rofangipfel ist dennoch keine Babytour. Ungefähr vier Stunden Gehzeit sollte man einkalkulieren, wenn man über die Durra-Alm und die Dalfaz-Alm auf die Hochiß marschiert und die Seilbahn sozusagen links liegen lässt.

Auf dieser Route sind deutlich weniger Menschen unterwegs. Erst knapp vor dem Gipfel, wenn der Steig mit jenem von der Erfurter Hütte zusammentrifft, wird's dann wieder etwas »wurliger«.

Wie viele Menschen auch immer dort oben stehen, spielt letztlich keine Rolle. Das Panorama zieht einen sofort in den Bann und schnell ist vergessen, dass man sich nicht allein hier befindet. Nicht die Aussicht nach Süden macht die Besonderheit aus, zumal man den Alpenhauptkamm von vielen Tiroler Bergen gut erkennt. Nein, der Norden sorgt für das Salz in der Suppe. Die Bayerischen Voralpen liegen praktisch direkt vor der Hochiß und damit vor den Augen der Bergsteiger, die Seen südlich von München sind teilweise zu

Hochiß, 2299 m

LAGE: Brandenberger Alpen (Rofangebirge)
CHARAKTER: Felspyramide mit steil abfallender Nordwand, höchster Berg im Rofan
TALORT: Maurach am Achensee (970 m)
AUSGANGSPUNKT: Erfurter Hütte (1831 m), DAV Sektion Erfurt, Tel. und Fax Hütte: 0043(0)5243/5517, Tel. Tal: 0043/(0)5243/5150, Fax Tal: 515026
ROUTEN: Normalweg von der Erfurter Hütte (mit Rofanseilbahn von Maurach erreichbar) über bezeichneten Steig (stellenweise versichert) zum Gipfel (1,5 bis 2 Std.; Trittsicherheit notwendig); Talaufstieg von Maurach über Durra-Alm, Dalfaz-Alm, Kotalmsattel (1976 m), Streichkopfgatterl (2196 m), Rotes Klamml zum Gipfel (stellenweise versichert; 4 Std.)
FÜHRER: Röder/Schmid/v.Werden, AV-Führer Rofangebirge, Brandenberger Alpen, Bergverlag Rother, Ottobrunn
KARTEN: Österreich. Karte 1:50 000, Blatt 119; AV-Karte 1:25 000, Blatt 6, Rofan
TOURISTISCHE INFORMATIONEN: Lida Fritz, Maurach 82, A-6212 Maurach, Tel. 0043/(0)5243/5355, Fax 5297; E-Mail: info.maurach@gmx.at

Einer Nase ähnelt die Hochiß, der höchste Gipfel des Rofangebirges. Trittsicher und schwindelfrei sollte man in jedem Fall sein, wenn man auf dem Normalweg zum höchsten Punkt möchte.

sehen, schließlich die Silhouette der Landeshauptstadt selbst. Damit haben sich das zeitige Aufstehen und die Anfahrt ins Rofan für alle gelohnt, die nicht den Standortvorteil der Tiroler Alpinisten genießen.

So viel zur wanderbaren Seite der Hochiß. Wenn der Blick im Norden einmal kurz von der Waagrechten in die Tiefe fällt, erkennt man rasch, dass der höchste Rofangipfel auch ein raues Gesicht hat – die Nordwand. Erfahrene Kletterer finden ein wahres Paradies vor. Zahlreiche knackige Routen führen hinauf, keine lässt Freiraum für Unkonzentriertheiten. Man sollte im vierten und fünften Schwierigkeitsgrad zu Hause sein, um das Unternehmen Hochiß-Nordwand erfolgreich in Angriff zu nehmen und gesund zu beenden.

Doch wir sind nicht in erster Linie auf die Hochiß gestiegen, um eine alpine Herausforderung zu suchen. Daher empfiehlt es sich nach erfolgreichem Gipfelsturm, gemütlich zur Erfurter Hütte zu wandern und bei einem Bier das Bergerlebnis so richtig auf sich wirken zu lassen.

Innerlich hätten wir uns also abgekühlt. Im Tal wartet nach einem heißen und anstrengenden Bergtag freilich noch die Möglichkeit eines kühlen und entspannenden Bades im Achensee auf uns. Das sei jedoch nur hartgesottenen Bergsteigern empfohlen, denn das Meer der Tiroler wird nicht von warmen Quellen gespeist …

AUFSTIEG: Von der Erfurter Hütte auf markiertem Steig zunächst in nördliche Richtung. Rechts vorbei am Gschöllkopf auf eine Einsattelung. Unterhalb des Spieljochs vorbei und auf einen Sattel (bei den Einheimischen als Gamshals bekannt, in keiner Karte eingetragen). Am Sattel links weg über einen versicherten Steig Richtung Westen. Durch die schottrige Südflanke der Hochiß (abermals seilversichert) bis knapp vor den Streichkopf (2243 m). Dort rechts abzweigen und über den Graskamm direkt zum Gipfel.
ABSTIEG: Wie Aufstieg.

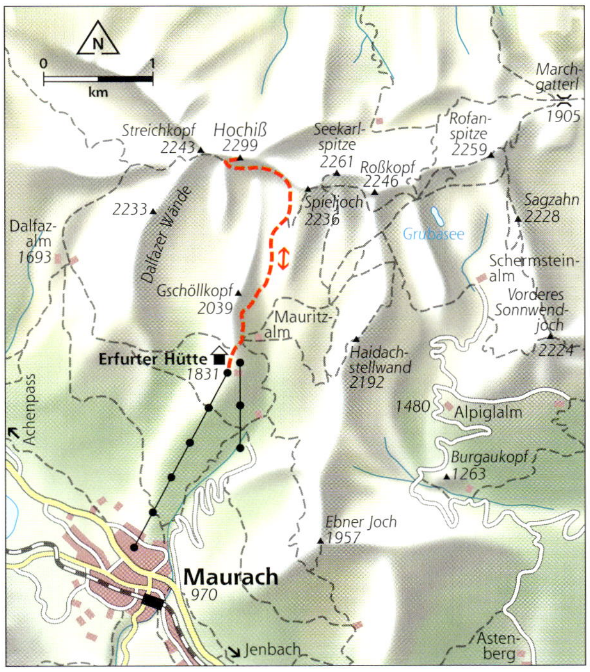

30 Birkkarspitze

Nicht hudeln sollte man bei einer Tour auf die Birkkarspitze. Was liegt näher, als mit dem Rad zum komfortablen Karwendelhaus zu fahren, dort zu übernachten und den höchsten Karwendelgipfel am nächsten Tag gemütlich anzugehen. Dann hat man nur noch rund 1000 Höhenmeter im Aufstieg vor sich.

Kein Berg prägt das Karwendelgebirge so sehr wie die Birkkarspitze. Sie ist nicht nur der höchste Gipfel des Gebietes, sondern auch ohne Einschränkungen der bekannteste. Mit ihrer prachtvollen Pyramidenform setzt sie dieser Gebirgsgruppe gleichsam die Krone auf. »Wer ins Karwendel geht, muss einfach die Birkkarspitze besteigen«, lautet ein ungeschriebenes Gesetz. Diese Pflicht wird zum Genuss, denn die Aussicht vom Gipfel beschert uns Eindrücke, die wir wohl lange nicht vergessen.

»Natur erleben, Natur lieben, Natur erhalten« lautet das Motto des Alpenparks Karwendel. Die Birkkarspitze liegt praktisch im Zentrum dieses mit insgesamt 920 Quadratkilometern Fläche größten zusammenhängenden Schutzgebietes in den Nördlichen Kalkalpen. Wir sollten den Leitsatz des Alpenparks beherzigen, wenn wir den höchsten Karwendelgipfel besteigen. Stress und zeitlicher Druck dürfen im Karwendel nicht unsere Begleiter sein. Sonst würden wir zu achtlos an der landschaftlichen Pracht vorübergehen.

Es sollte daher den sportlich ambitionierten Bergsteigern vorbehalten bleiben, die Birkkarspitze an einem einzigen Tag vom Tal aus zu schaffen. Hut ab vor deren Leistung – immerhin benötigt der durchschnittliche Wanderer allein für die 19 Kilometer lange Strecke von Scharnitz zum Karwendelhaus viereinhalb Stunden und von Hinterriss sind es auch noch satte drei Stunden Gehzeit. Die Schönheit des Karwendels offenbart sich nur dann, wenn man den Weg zum Ziel macht und sich Zeit lässt.

Was bietet sich also besser an, als die Tour auf die Birkkarspitze auf zwei Tage auszudehnen und das Karwendelhaus zum Stützpunkt zu wählen? Wem der Hatscher dorthin zu weit und mühsam erscheint, der steigt auf den Drahtesel um. Mit dem Mountainbike kann man das Karwendel im wahrsten Sinn des Wortes elegant und bequem »erfahren«.

Die kürzere und – subjektiv betrachtet – schönere Strecke verläuft von Hinterriss durch das Johannestal und über den Kleinen Ahornboden zum Schutzhaus. Am Kleinen Ahornboden erhascht man einen ersten optischen Vorgeschmack auf den höchsten Karwendelgipfel. Einen schöneren Blick vom Tal hinauf zu der prächtigen Felspyramide gibt es von keiner anderen Stelle.

Das Karwendelhaus liegt direkt am Fuß der Birkkarspitze. Für den Bau des Schutzhauses mussten zu Beginn des 20. Jahrhunderts 4000 Kubikmeter Fels mit Dynamit und Pickel beseitigt werden. Heute verfügt es, der Philosophie des Alpenparks entsprechend, über eine vollbiologische Kläranlage und bekam sogar das Umweltgütesiegel des Alpenvereins verliehen.

Beim abendlichen Bier blicken wir schon einmal hinauf zu unserem Ziel, das wir am nächsten Tag mit frischem Elan, jedoch ohne zeitlichen Stress, in Angriff nehmen können. Im Gespräch mit anderen Hüttengästen wird klar, dass wir nicht allein hinaufsteigen werden. Dafür lassen uns die Schilderungen vom Rundblick, der sich vom Gipfel bietet, das Morgengrauen kaum erwarten.

Direkt hinter dem Schutzhaus geht die Tour zum König des Karwendels los, der markierte und beschilderte Steig ist nicht zu verfehlen. Viele werden die Lawinenschutzbauten, die man durchqueren muss, für wenig einladend oder gar abschreckend halten. Dieses Stück des Wegs hat man freilich rasch zurückgelegt und bald ist man wieder in ungezähmter Berglandschaft.

Wenig später folgt die Schlüsselstelle des Anstiegs, das Schlauchkar. Worauf auch immer der Name sich gründet, man muss sagen: Das Schlauchkar schlaucht. Und zwar ordentlich! Das Kar wird stetig steiler, die Geröllmengen unter den Füßen nehmen ständig zu. Man muss sich eigentlich fast hinaufwühlen. Die Sonne macht an schönen Tagen den Anstieg auch nicht gerade leichter, zudem heißt es bis in den Sommer hinein in dem überaus steilen Gelände wegen der Altschneefelder höllisch aufpassen. Man kann sich gut vorstellen, dass sich das Kar bei den Skitourengehern im Winter größerer Beliebtheit erfreut.

Birkkarspitze, 2749 m

LAGE: Karwendelgebirge
CHARAKTER: Höchster Karwendelgipfel, markante Felspyramide
TALORT: Hinterriss (928 m) und Scharnitz (964 m)
STÜTZPUNKT: Karwendelhaus (1771 m), DAV; Gehzeit von Hinterriss 3 Std., Gehzeit von Scharnitz 4,5 Std.; Tel. und Fax Hütte 0043/(0)5213/5623, Tel. Tal 0043/(0)5264/5492; Fax Tal 5492/66 E-Mail: wolf.ruech@aon.at; Internet: http://www.members.aon.at/karwendelhaus
ROUTEN: Normalweg vom Karwendelhaus über das Schlauchkar und den Schlauchkarsattel (2639 m) zum Gipfel (Trittsicherheit im letzten Abschnitt erforderlich; versicherte Stellen) (2,5 bis 3 Std.); Brendelsteig (versicherte Stellen; Trittsicherheit und Schwindelfreiheit erforderlich) über die Ödkarspitzen (2745 m) zum Schlauchkarsattel (4,5 Std. vom Karwendelhaus)
FÜHRER: Robert Demmel: »Karwendel – Die schönsten Tal- und Höhenwanderungen«, Bergverlag Rother, Ottobrunn; Walter Klier, Alpenvereinsführer »Karwendel alpin«, Bergverlag Rother, Ottobrunn
KARTE: AV-Karte 1:25 000, Blatt 5/2, Karwendelgebirge, Mittleres Blatt; Österreich. Karte 1:50 000, Blatt 118; Bayer. Landesvermessungsamt 1:50 000, Blatt Karwendelgebirge
INFORMATIONSSTELLEN: Infozentrum Scharnitz, Innsbrucker Straße 282, A-6108 Scharnitz, Tel. 0043/(0)5213/5270; Infozentrum Hinterriss, A-6215 Hinterriss, Tel. 0043/(0)5245/250

Nicht nur die Höhe, auch die herrliche Pyramidenform verleiht der Birkkarspitze im Karwendel einen besonderen Reiz.

Das Erreichen des Schlauchkarsattels bedeutet die Erlösung vom Kampf durch die Geröllwüste. Der Gipfel mit seinem schönen Kreuz liegt nun zum Greifen nahe.

Wer nicht über Trittsicherheit verfügt, beschließt den Aufstieg am besten auf dem Sattel. Natürlich will man stets den Gipfel schaffen, es hat jedoch wenig Sinn, sich über versicherte Stellen, vorbei an der erneuerten hölzernen Biwakschachtel, die letzten Meter zum höchsten Punkt zu quälen. Die Aussicht fällt bereits am Sattel großartig aus und steht der am Gipfel praktisch in nichts nach. Man überblickt das gesamte Karwendel, gewinnt tiefe Einblicke in die Stubaier Alpen, sieht im Südwesten die Wildspitze aus den Ötztaler Alpen hervorstechen und erkennt weit entfernt sogar die Hohen Tauern.

Erfahrene Bergsteiger haben die Möglichkeit, die Strapazen des Schlauchkars elegant zu umgehen. Der teilweise seilversicherte Brendelsteig führt über die Westliche, die Mittlere und die Östliche Ödkarspitze zum Schlauchkarsattel. Auf dem mittleren Gipfel dieses Kamms ist man fast schon so hoch wie auf der Birkkarspitze. Menschen mit Höhenangst haben auf dieser Route nichts verloren.

Nach der grandiosen Gipfelschau freut man sich auf die Einkehr im Karwendelhaus, krönender Abschluss einer prächtigen Bergtour. Wer den Aufstieg am Morgen früh genug in Angriff genommen hat, kann jetzt sein Bergerlebnis auf sich wirken lassen und braucht sich nicht zu beeilen. Vor allem dann nicht, wenn das Mountainbike bei der Hütte steht. Es bleibt genügend Zeit, ehe die Sonne untergeht im Karwendel.

AUFSTIEG: Direkt vom Karwendelhaus führt der markierte und beschilderte Steig recht steil in einigen Serpentinen hinauf. Zwischen Lawinenschutzbauten hindurch allmählich zum Beginn des Schlauchkars. Mühsam und immer steiler ansteigend durch Geröll zum Schlauchkarsattel. Hier nach links, vorbei an der neuen Biwakschachtel, und auf dem stellenweise versicherten Steig in wenigen Minuten zum Gipfel (Zeit: 2,5 bis 3 Std.).
ABSTIEG: Wie Aufstieg.

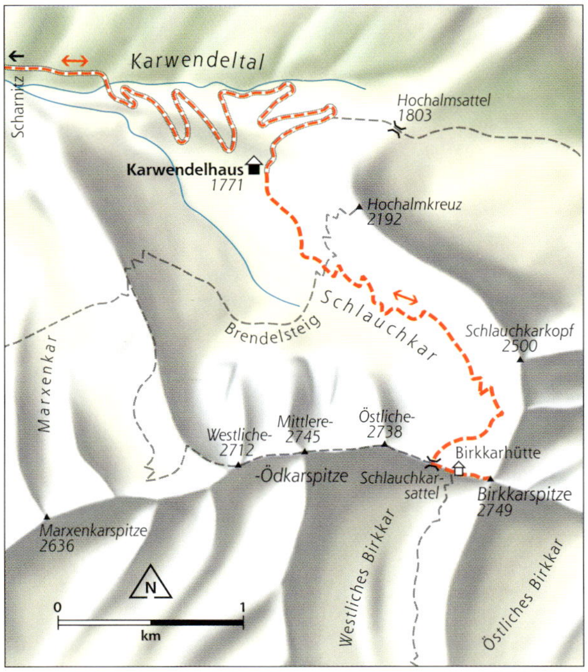

31 Hochschober

Hochschober, 3242 m

LAGE: Hohe Tauern, Schobergruppe
CHARAKTER: Schottrige Felspyramide in Nachbarschaft des Großglockners, von Südwesten eisfrei zu erwandern
TALORT: Ainet im Iseltal, Osttirol (750 m)
STÜTZPUNKT: Hochschoberhütte (2322 m), OeAV Wiener Lehrer, Tel. Hütte: 0043/(0)663/9157722; Tal: 0043/(0)4843/5285
ROUTEN: Normalweg von der Hochschoberhütte über die Staniskascharte (2930 m) und den Westgrat; Anstieg von der Lesachalm über das Schoberkees, dann Eistour durch die Nordflanke
FÜHRER: Walter Mair, AV-Führer Schobergruppe, Bergverlag Rother, Ottobrunn
KARTEN: AV-Karte 1:25 000, Blatt 41; Österreich. Karte 1:50 000, Blatt 179; Freytag&Berndt-Wanderkarte 1:50 000, Blatt 181
TOURISMUSVERBAND: TVB Iseltal, 9900 Oberlienz, Tel.: 0043/(0)4852/64759, Fax: 61533, E-mail: tvbiseltal@gmx.at

Der Gipfel des Hochschobers, ein Nachbar des Großglockners, ragt deutlich über die 3000-Meter-Grenze empor. Trotzdem gehört der Hochschober zu jener kleinen Gruppe von Dreitausendern, die praktisch eis- und schneefrei zu erreichen sind. Die markante Schotterpyramide ist damit lohnendes Ziel für trittsichere und konditionsstarke Wanderer, die eine grandiose Aussicht genießen wollen. Wer eine größere Herausforderung an diesem Berg sucht, kann auch eine interessante Eistour unternehmen.

Festen Fels findet man hier nicht. Eher hat es den Anschein, als hätte vor vielen Jahren ein Wesen mit Riesenkräften einen gewaltigen Haufen Steine und Schotter gesammelt und in mühsamer Arbeit zur Schobergruppe übereinander gelegt. Garniert wurde das Gebilde dann auf der Nordseite mit Schnee und Eis.

Die Schobergruppe gehört zu den Südlichen Hohen Tauern. Im Gegensatz zum Glocknermassiv spielte sie touristisch gesehen lange Zeit nur eine untergeordnete Rolle. Dieser viele Jahre dauernde Dornröschenschlaf ist eigentlich aus heutiger Sicht unverständlich. Immerhin sind mehr als 50 Gipfel über 3000 Meter hoch.

Wenn auch der Hochschober oft spöttisch Hochschotter genannt wird, mit dem österreichischen Sänger Hubert von Goisern kann man sagen: Oben am Gipfel ist es allemal schöner als unten im Tal. Diese Binsenweisheit trifft auf den Hochschober ganz besonders zu. Selten erwartet den Bergsteiger ein dermaßen prachtvolles Panorama wie am Gipfel dieses 3242 Meter hohen Berges.

Eine Auswahl gefällig? Der Großglockner liegt zum Greifen nahe; im Süden erblickt man die packenden Nordwände der Drei Zinnen, zudem sticht der graue Fels der Lienzer Dolomiten ins Auge.

Doch Halt! Wir müssen uns den Gipfel erst erarbeiten. Konditionsstarke schaffen dies leicht in einer Tagestour. Genießer erwandern die Schotterpyramide hingegen besser in zwei Etappen und übernachten einmal auf der Hochschoberhütte (2322 m). Bot die Hütte früher wenig Verlockendes, so hat sich das grundlegend gewandelt. Nach einem Brand neu aufgebaut, lädt sie jetzt vor allem wegen ihrer urigen und gemütlichen Ausstrahlung Wanderer und Bergsteiger zum Besuch ein. Ein Schutzhaus zum Wohlfühlen also. Da passt die Hütte in ihrer Art wunderbar zum Hochschober. Wer von hier den Normalweg zum Gipfel wählt, sucht weniger eine bergsteigerische Herausforderung, sondern ein fantastisches Panorama.

Der Erste, der sich über dieses Landschaftserlebnis freuen konnte, war der Geoplast Franz Keil im Jahr 1852. Ihm gelang die Erstbesteigung zusammen mit einigen Bergkameraden über die Südwestflanke. Große Verdienste um die Erschließung der gesamten Schobergruppe hat sich der Salzburger Ludwig Purtscheller erworben. Er hat am Hochschober etwa 40 Jahre nach der Erstbesteigung jenen Weg eröffnet, der heute als Normalweg und damit leichtester Zustieg gilt.

Diese Normalroute stellt insgesamt keine besonderen Anforderungen an trittsichere Wanderer, die die Tour mit gutem Schuhwerk und bei trockener Witterung in Angriff nehmen. Feste Schuhe sind allerdings eine absolute Notwendigkeit, zumal der Untergrund tatsächlich recht lose ist; auf Steinschlag achten, keine Steine lostreten!

Der Westgrat ab der Staniskascharte, die knapp unterhalb der 3000-Meter-Grenze liegt, verläuft zwar ab und zu recht luftig, ist aber an heikleren Stellen seilversichert. Ein Schneefeld knapp vor dem Gipfel dürfte ebenfalls kein Hindernis mehr bedeuten auf dem Weg zum eigentlichen Ziel dieser Tour. Und das kann nur die unvergleichliche Aussicht am Gipfel sein, die es in vollen Zügen auszukosten gilt.

Freilich – die gerne und oft zitierte Einsamkeit der Berge findet man am Gipfel des Hochschobers nicht mehr. Dazu wird diese Aussichtswarte ersten Ranges inzwischen einfach zu häufig besucht. Gesellschaft wird auf diesem Berg schon durch die zahlreichen Anstiegsmöglichkeiten garantiert. Neben relativ einfachen Routen wartet beim Aufstieg vom Lesachtal über das Schoberkees ein Gustostückerl für »Nordwandgesichter«. Die Nordflanke des Hochschobers entpuppt sich nämlich als knackige Eistour, die unterhalb des Gipfels mit einer Steilheit von 40 Grad und sogar noch ein bisschen mehr die Bergsteiger ordentlich prüft. Man sollte diese Herausforderung nicht zu spät im Sommer annehmen, um sich nicht unnötig der Gefahr von Steinschlag auszusetzen. Im Winter fahren hier übrigens gerne mutige Skitourengeher in die Tiefe.

Die meisten besuchen den Hochschober freilich nicht, um sich selbst Unerschrockenheit am Berg zu beweisen. Die Mehrzahl nimmt einfach dankbar die Möglichkeit an, ohne Gletscheranstieg ziemlich leicht und sicher einen Aussichtsgipfel weit über der 3000-Meter-Grenze zu erwandern.

Einem relativ leichten Normalweg steht der Aufstieg durch die eindrucksvolle Nordflanke des Hochschobers gegenüber.

AUFSTIEG: Vom Parkplatz bei der Leibnitzbrücke (1656 Meter) oberhalb des Weilers Alkus auf dem Adalbert-Jordan-Weg bequem in 2 Stunden zur Hochschoberhütte, die auf einer Höhe von 2322 Meter liegt. Von der Hütte zunächst auf gut markiertem Steig hinauf zur Schoberlache und dann zur Staniskascharte (2930 m). Weiter auf dem Westgrat, teilweise luftig, über Blockwerk und Schotter zu einem Schneefeld. Schließlich durch eine seilversicherte Rinne zum Gipfel (3 Std.).
ABSTIEG: Wie Aufstieg.

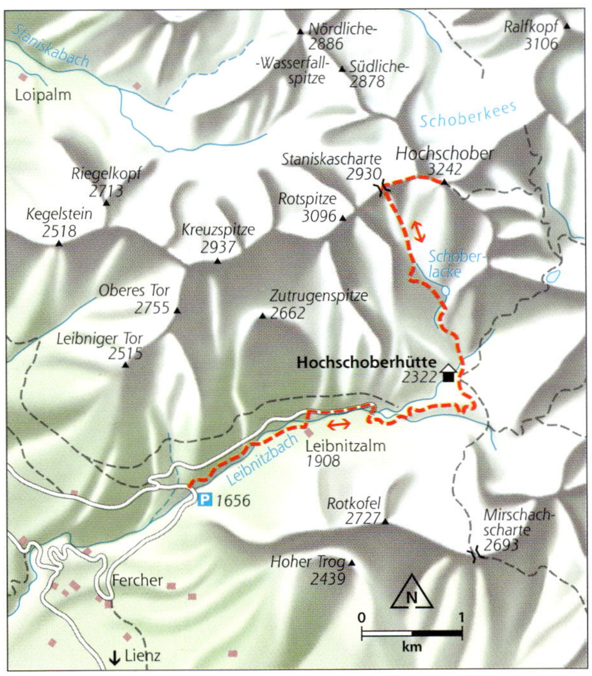

Abbildung links: Ein stimmungsvoller Blick in die formenreiche Schobergruppe.

32 Turnerkamp

Passagen in Fels und Eis beinhaltet eine Tour auf den Turnerkamp. Während die Spaltengefahr auf dem Normalweg über den Östlichen Nevesferner gering ist, gilt es in der Rinne, die schließlich durch die Südostflanke zum Gipfel hinaufführt, auf möglichen Steinschlag zu achten.

Würde man einen Berg allein nach seinem Aussehen beurteilen, dann bekäme der 3420 Meter hohe Turnerkamp im Zillertaler Hauptkamm bestimmt Bestnoten. Es handelt sich freilich nicht um eine raue Schönheit wie etwa das Paradestück Watzespitze, sondern um eine prächtige Felspyramide mit wunderbaren Graten, die aus dem Bilderbuch stammen könnten. Wer diese Schönheit bezwingen will, hat aber keine leichte Aufgabe vor sich, vor allem wenn man die Tour nicht von Südtirol aus angeht.

Cima di Campo – im italienischen Namen schwingt durch die klingende Aussprache die Schönheit dieses Kolosses ein wenig mit, dem im Norden das Hornkees und im Süden der östliche Nevesferner zu Füßen liegen. Aber geraten wir nicht zu sehr ins Schwärmen, zumal auch auf dem Normalweg einige Schwierigkeiten und Gefahrenstellen warten.

Der Normalweg beginnt in Südtirol bei der Chemnitzer Hütte am Neveser Joch, deren Talort bzw. Ausgangspunkt doch etwas versteckt liegt. Von Bruneck fährt man zuerst durch das Tauferer Tal und zweigt kurz vor Sand links nach Mühlwald ab. In Lappach zieht die Straße dann hinauf zum künstlich aufgestauten Neveser See. Hier ist Endstation für Pkw. Jetzt heißt es, die gut 500 Höhenmeter zur Hütte hinaufzuwandern. Wer das Mountainbike dabei hat, kann den Weg freilich sehr gut mit diesem zurücklegen. Der Turnerkamp eignet sich gar nicht schlecht für eine ausgedehnte Bike-and-Hike-Tour.

Beachtliche 2419 Meter hoch liegt das Schutzhaus, das mehrmals seinen Namen gewechselt hat. Das erste Bauwerk hieß Nevesjochhütte, den Neubau nannte man zunächst Chemnitzer Hütte, ehe wieder von der Nevesjochhütte gesprochen wurde. Und um die Verwirrung perfekt zu machen: Heute heißt das Schutzhaus Chemnitzer Hütte am Neveser Joch. Wer soll sich da noch auskennen!

Für den Turnerkamp wird jedenfalls eine Nächtigung auf der Hütte empfohlen. Obwohl – zeitmäßig liegt eine Eintagestour mit Start beim Stausee durchaus im Bereich des Möglichen. Konditionsstarke Bergsteiger sollten nicht unbedingt überfordert sein, wobei man die Anreise mit dem Pkw in seine zeitlichen Überlegungen einbeziehen muss.

Der Turnerkamp ist kein Berg für jedermann. Zwar führt der Normalanstieg nur ein relativ kurzes Stück über Gletscher und zudem dort, wo keine Spaltengefahr herrscht. Dafür braucht man jedoch vor allem Erfahrung im Fels und natürlich Schwindelfreiheit, wenn man auf diese Felspyramide klettern möchte.

Die Erstbesteigung in den 60er-Jahren des 19. Jahrhunderts war schon ein kühnes Unterfangen. Der Bauer Johann Kirchler aus Luttach hat damals eine große Portion Mut bewiesen, als er sich zum Turnerkamp aufmachte. Immerhin wurde sein Mut belohnt. Die ersten Touristen standen 1872 auf dem 3420 Meter hohen Gipfel.

Keine Schönheit ist vollkommen perfekt, der Turnerkamp leider auch nicht. Diese Einschätzung bezieht sich freilich nicht unbedingt auf Form und Aussehen, sondern auf das Gestein dieser wunderbaren Erscheinung. Und in dem Zusammenhang muss man kritisch anmerken, dass der Fels an Kompaktheit zu wünschen übrig lässt. Er erweist sich leider fast überall als brüchig.

Steinschlag stellt daher, natürlich besonders im Herbst, eine ernste Gefahr in der Rinne dar, die sich durch die Südostflanke zum Gipfel zieht. Die Rinne ist immerhin rund 300 Meter lang und wartet mit dem zweiten Schwierigkeitsgrad auf. Ohne Helm geht man da besser nicht hinein, Anseilen gehört ebenfalls unerlässlich dazu. Die einheimischen Bergführer betrachten trotz des Steinschlagrisikos diese Route nach wie vor als den Normalweg. In fünf Stunden sollte der Aufstieg von der Hütte zum Gipfel zu bewältigen sein.

Die Zahl der Alpinisten, die die Strapazen der Tour zum Turnerkamp auf sich nehmen, hält sich in Grenzen. Mit »Gegenverkehr« an engen Stellen und Platzmangel am flächenmäßig bescheidenen Gipfel braucht man nicht zu rechnen, da sich die insgesamt nicht

Turnerkamp, 3420 m

LAGE: Zillertaler Alpen
CHARAKTER: Prachtvolle Felspyramide mit mehreren Graten; fantastischer Aussichtsberg
TALORT: Lappach, Südtirol (1439 m); Ausgangspunkt ist der Neves-Stausee (1856 m; gebührenfreier Parkplatz; mit dem Pkw auf Straße von Lappach erreichbar).
STÜTZPUNKT: Chemnitzer Hütte am Neveser Joch (2419 m), CAI, Tel. Hütte: 0039/0474/653244, Tel. Tal: 0039/0474/678559; erreichbar auf gutem Weg in 1,5 Std. vom Parkplatz beim Stausee
ROUTEN: Normalweg: Von der Hütte zunächst dem Neveser Höhenweg folgend, dann über die Sattelschneid und in die Rinne in der Südostflanke (führt zum Gipfel, Schwierigkeitsgrad II, Steinschlaggefahr). Auf dem Normalweg wird ein kurzes Stück des hier spaltenfreien Östlichen Nevesferners überquert (5 Std. von der Hütte zum Gipfel).
FÜHRER: Heinrich und Walter Klier, AV-Führer Zillertaler Alpen, Bergverlag Rother, Ottobrunn
KARTE: AV-Karte 1:25 000, Blatt 35/1 und 35/2 Zillertaler Alpen, Westliches und Mittleres Blatt

Blick auf den Turnerkamp, wie er sich beim Aufstieg vom Friesenberghaus präsentiert.

mehr als 40 bis 50 Bergsteiger über den Sommer ganz gut verteilen. Sie werden beim Gipfelkreuz jedenfalls für ihre Mühen mit einer fantastischen Aussicht belohnt, die man sich trotz der Höhe nicht erwartet hätte. Die Aussicht schließt nahtlos an das Aussehen des Berges an. Zweimal kann man das Prädikat »Extraklasse« vergeben.

Der Abstieg erfolgt normalerweise über den Aufstiegsweg. Wer möchte, kann sich auch im Westen über die so genannte Engländerführe abseilen. Sie wurde ausreichend mit Haken ausgestattet.

Bei Schönwetter sollte der Abstieg eigentlich kein Problem darstellen. Schwierig wird es allerdings, wenn Nebel einfällt. Da kann die Suche nach der Route zur Lotterie werden und schneller als gedacht findet man sich auf dem falschen Grat wieder.

Stichwort Grat: Der Turnerkamp ist ein wunderbarer Kletterberg. Dabei tut sich vor allem der Südgrat hervor, der eine Vierer- und eine Fünferpassage aufweist. Im Jahre 1905 wagten sich zum ersten Mal Kletterer auf diese Route.

Es gibt in den Zillertalern bekanntere Gipfel als den Turnerkamp und auch solche, die noch ein bisschen weiter in den Himmel ragen. Höhe und Bekanntheitsgrad müssen aber nicht unbedingt Zeichen von Klasse sein. Klasse freilich ist das Letzte, woran es diesem prachtvollen Dreitausender mangelt.

AUFSTIEG: Zustieg zur Chemnitzer Hütte am Neveser Joch: Vom Parkplatz beim Neveser See zunächst zur Oberen Neveser Alm und von dort auf gutem Weg zur Chemnitzer Hütte am Neveser Joch (1,5 Std. vom See zur Hütte).
HÜTTE-GIPFEL: Zunächst dem gut markierten Neveser Höhenweg folgend bis zu einem markanten Steinmandl. Dort nach rechts abzweigen und in Richtung Osten zunächst über Geröll bis zum Beginn des Östlichen Nevesferners. Weiter hinauf zur Sattelschneid bis zu der Stelle, wo der Südgrat des Turnerkamp beginnt. Hier ungefähr 200 Meter nach rechts hinüberqueren (oberhalb der Randspalte des Trattenbachkeeses bleiben) und schließlich in die rund 300 Meter lange Rinne in der Südostflanke, durch die man den Gipfel erreicht (rund 5 Std. von der Hütte).
ABSTIEG: Wie Aufstieg.

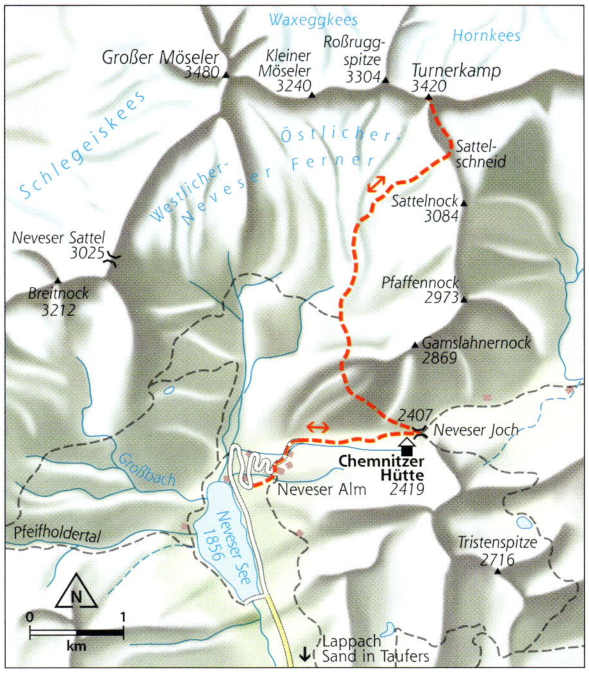

33 Zsigmondyspitze

Ohne Nächtigung auf der Berliner Hütte lässt sich eine Tour auf die Zsigmondyspitze praktisch nicht machen. Das überaus stattliche Schutzhaus des DAV mit seinen beiden monumentalen Speisesälen mit gewaltiger Raumhöhe wurde im Jahr 1997 unter Denkmalschutz gestellt. Allein für den Zustieg zur Hütte muss man rund drei Stunden einkalkulieren.

Zsigmondyspitze, 3089 m

LAGE: Zillertaler Alpen
CHARAKTER: Markante Felsspitze, bekanntester Kletterberg in den Zillertaler Alpen
TALORT: Ginzling (1000 m)
AUSGANGSPUNKT: Gasthof Breitlahner (1256 m), 8 Kilometer hinter Ginzling; gebührenpflichtiger Parkplatz
STÜTZPUNKT: Berliner Hütte (2042 m), DAV Sektion Berlin, Tel. Hütte: 0043/(0)5286/5223, Fax Hütte: 52234, Tel. Tal: 0043/(0)6584/7770 oder 0043/(0)664/(0)664/2120969; erreichbar in 3 Std. über Schotterweg und Steig vom Gasthof Breitlahner.
ROUTEN: Normalkletterroute von Süden (Schwierigkeitsgrad II und III) (Von der Berliner Hütte in ungefähr 2,5 Std. zum Einstieg bei der Feldscharte, 2909 m; Kletterzeit ca. 1 Std.); zahlreiche andere, schwierigere Routen
FÜHRER: Heinrich und Walter Klier, AV-Führer Zillertaler Alpen, Bergverlag Rother, Ottobrunn
KARTE: AV-Karte 1:25 000, Blatt 35/1 und 35/2, Zillertaler Alpen, Westliches und Mittleres Blatt
TOURISMUSVERBAND: TVB Mayrhofen-Grinzling A-6295 Dornauberg-Ginzling, Tel. 0043/(0)5285/6760, Fax: 676033; E-Mail: mayrhofen@zillertal.tirol.at

Es wird kaum eine Erhebung geben, auf die die Bezeichnung »Spitze« exakter zutrifft als auf die Zsigmondyspitze, ein echtes Prunkstück der Zillertaler Alpen. Ursprünglich als Feldkopf bekannt, wurde dieser ebenso markante wie prächtige Gipfel schließlich nach einem der Erstbesteiger benannt, Emil Zsigmondy. In der Welt der Eisriesen zwischen Nord- und Südtirol ist die Zsigmondyspitze wohl der bekannteste Kletterberg.

Die Zsigmondyspitze bietet einen dermaßen wunderbaren Anblick, dass man eigentlich meint, sie müsste ein viel besuchtes Ziel der Bergsteiger sein. Noch dazu, wo verschiedene Routen hinaufführen, die außer den passablen Kletterern auch die echten Könner im Fels locken. Die Schwierigkeitsgrade reichen von II bis VI+. Tatsächlich jedoch hält sich die Frequentierung in Grenzen. Meist sind es Einheimische, die diesen Dreitausender zu ihrem Tourenziel machen.

Der Grund liegt wohl im Anmarsch, der sich zwar nicht als schwierig, aber doch als recht beschwerlich herausstellt. Selbst für die Strecke vom Stützpunkt Berliner Hütte bis zum Einstieg – ohne Übernachtung ist die Zsigmondyspitze praktisch nicht zu schaffen – muss man mindestens zwei Stunden rechnen. Viele verlieren da einfach die Geduld und verzichten lieber auf die Kletterei.

Dabei lohnt sich eigentlich schon ein Besuch auf der Berliner Hütte. Die Bezeichnung »Hütte« passt allerdings seit vielen Jahrzehnten nicht mehr. Eher kann man von einem stattlichen Haus sprechen, das zu den größten AV-Unterkünften in Tirol gehört. Viele reden gar von einem »Hotel auf 2042 Meter Höhe«. Jedenfalls steht dieses komfortable Schutzhaus – einzigartig in ganz Europa – seit 1997 unter Denkmalschutz. Dies garantiert, dass unter anderem die beiden monumentalen Speisesäle mit einer Raumhöhe von sagenhaften 4,70 Metern in ihrer Form unverändert bleiben werden. Ein denkmalgeschütztes Gebäude im Hochgebirge ist jedenfalls auch ohne Gipfel eine Visite wert.

Dieses Baudenkmal bekommt man freilich erst nach längerem Anmarsch zu Gesicht. Beim Gasthof Breitlahner, acht Kilometer hinter Ginzling, wo sich ein Parkplatz befindet, beginnt der Fußmarsch durch den Zemmgrund. Erst wandert man auf einer Schotterstraße, dann auf einem bequemen Steig. Spätestens nach drei Stunden sollte die ungefähr 800 Meter höher gelegene Hütte erreicht sein.

Von dort lässt sich am nächsten Tag die Zsigmondyspitze erwandern und erklettern. Der Weg zur Feldscharte, wo auch die einfachste Kletterroute beginnt, bietet landschaftlich einige Reize. So führt er zunächst recht sanft über grasbewachsene Böden hinauf zu einem wunderbaren Naturjuwel: Auf ungefähr 2500 Meter passiert man den Schwarzsee. Obwohl es sich lediglich um ein kleines Naturgewässer handelt, ist sein Anblick doch erfrischend in einer Gegend, wo man Wasser in erster Linie in Zusammenhang mit riesigen Stauseen und nicht minder großen Staumauern bringt.

200 Meter höher lag bis vor einigen Jahren der etwas kleinere Eissee. Er war stets zugefroren und trug seinen Namen nicht von ungefähr. Erst im August öffnete sich – zumindest teilweise – seine Eisdecke. Bis hierher und noch ein Stück weiter zog früher der Gletscher herab. Heute sucht man ihn vergeblich. Lediglich Gletscherschliffe im Fels erinnern jetzt an kältere Zeiten.

Die Zsigmondyspitze präsentiert sich auch von nahem als kühner Zacken. Sie zählt zu jenen Bergen der Zillertaler Alpen, die im vergangenen Jahrhundert als unbesteigbar galten. Den Nimbus der Unbesteigbarkeit durchbrachen zwei Brüder. Es war freilich – zum Leidwesen der Einheimischen – ein auswärtiges Duo, das zuallererst auf den Feldkopf stieg. Emil und Otto Zsigmondy kamen aus Wien, waren im Zillertal praktisch nur als die »Scheckmondis« bekannt und schafften hier 1879 den Gipfelsieg. Kurz darauf wurde übrigens die Berliner Hütte offiziell eröffnet.

Die Umbenennung des Bergs in Zsigmondyspitze folgte erst sechs Jahre später und

Ein sagenhaft kühnes Horn, die Zsigmondyspitze und als Kletterberg fast ein Fremdkörper in den Zillertaler Alpen, wo das Eis die dominierende Rolle spielt.

hatte einen tragischen Anlass: Emil Zsigmondy stürzte 1885 an der Meije tödlich ab. Im Gedenken an ihn gab man diesem markanten, 3089 Meter hohen Gipfel den Namen Zsigmondyspitze.

Auf der Normalroute warten Stellen im II. und III. Schwierigkeitsgrad. Trittsicherheit und Schwindelfreiheit sind unverzichtbar, Seil wird dringend empfohlen, zumal sich das Gelände sehr ausgesetzt präsentiert. Der Einstieg bei der Feldscharte in rund 2900 Meter Höhe lässt sich übrigens auch über die 2814 Meter hoch gelegene Melkerscharte erreichen. In diesem Fall muss man freilich zuvor das Hochtal der Gunggl durchwandern. Da steht dann eine schier endlose Tour bevor, die hervorragende Kondition erfordert.

Die Nordostseite der Zsigmondyspitze fällt schaurig und stellenweise senkrecht in den Floitengrund ab. Von hier wagt fast niemand die Kletterei auf die Zsigmondyspitze, auf diese letzte Felsbastion, ehe im Süden die Gletscherriesen der Zillertaler Alpen in die Höhe schießen und zu einer Tour im ewigen Eis locken.

AUFSTIEG: Von der Berliner Hütte auf markiertem Weg zuerst mäßig ansteigend in Richtung Nordosten. Vorbei am Schwarzsee (2472 m) bis hinauf zum Einstieg der Kletterroute bei der Feldscharte (2,5 Std., Weg im Spätsommer meist schneefrei). Am Beginn des Grates links vom bzw. auf dem Südostgrat halten. Ein steiles Stück wird links umgangen. Später auf einem Band ungefähr 100 Meter nach links in die Flanke und erneut zurück auf den Grat. Auf dem Grat oder links davon weiter und später auf die Floitenseite wechseln. Durch eine Rinne zum Gipfel.

ABSTIEG: Wie Aufstieg.

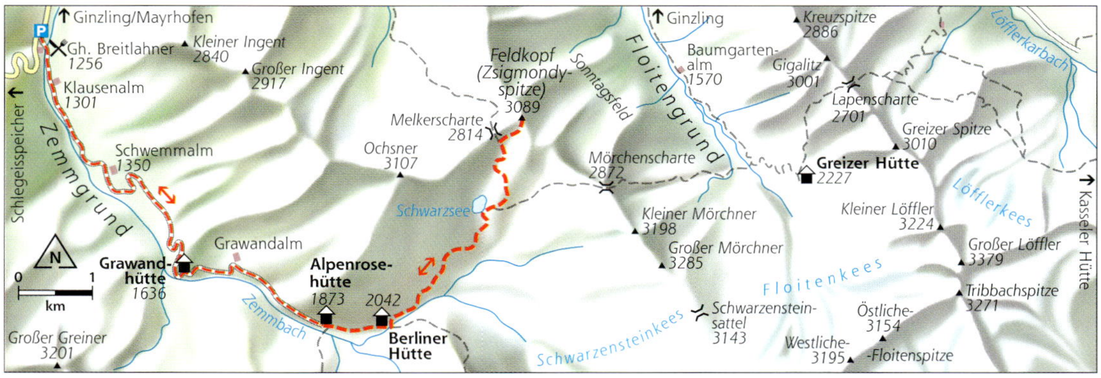

34 Große Ochsenwand

Große Ochsenwand, 2700 m

LAGE: Stubaier Alpen, Kalkkögel
CHARAKTER: Dritthöchster Gipfel in den Kalkkögeln mit anspruchsvollem Klettersteig und zahlreichen Kletterrouten in den oberen Schwierigkeitsbereichen
TALORTE: Fulpmes im Stubaital (937 m); Grinzens (928 m)
STÜTZPUNKT: Adolf-Pichler-Hütte (1977 m), Tel. Hütte: 0043/(0)5238/53194, Tel. Tal: 0043/(0)5238/52289; von Grinzens 3 Std.
ROUTEN: Anspruchsvoller Klettersteig über die Südostflanke zum Südgipfel (Zeit: drei Stunden ab Einstieg); kombinierter Fußweg bzw. Klettersteig von der Alpenklubscharte (2451 m) zum Nordgipfel (AK-Scharte; erreichbar von Adolf-Pichler-Hütte bzw. aus der Schlick)
FÜHRER: Walter Klier, AV-Führer Stubaier Alpen alpin, Bergverlag Rother, Ottobrunn
KARTE: Österreich. Karte 1:50 000, Blatt 147
TOURISMUSVERBAND: TVB Stubai, A-6166 Fulpmes, Tel.: 0043/(0)5225/62235, Fax: 63843, E-Mail: stubai@netway.at; stubaitouristik@stubaital.at

Wenn man im Unterinntal auf der Autobahn Richtung Innsbruck fährt, erkennt man im Südwesten schon von weitem die Gruppe der Kalkkögel. Die große Ochsenwand, mit 2700 Metern der dritthöchste Gipfel der Gruppe, lockt nicht nur extreme Kletterer mit spektakulären Routen, sondern auch erfahrene Bergsteiger mit einem sehr anspruchsvollen Klettersteig. Die Seilbahn macht es möglich, dass man recht bequem zum Einstieg des Klettersteigs gelangt. Aber Vorsicht: Dort geht es gleich rasant in die Höhe!

Horizontal übereinander geschichtet ist hier, in den »Dolomiten Nordtirols«, der Kalk, ein Gestein, mit dem man in den Stubaier Alpen eigentlich nicht rechnet. Doch die Kalkkögel stellen sozusagen eine Insel dar. Zusammen mit den Tribulaunen und dem Serleskamm bilden sie die einzige Kalkbastion südlich des Inns. Rund 20 Gipfel umfasst die Gruppe von der Nockspitze bis zur Schlicker Seespitze (2804 m), dem höchsten Punkt der Kalkkögel. Der Hohe und der Niedere Burgstall liegen zwar etwas abgegrenzt, gehören aber trotzdem dazu.

2700 Meter ragt der wuchtige Doppelgipfel der Großen Ochsenwand empor, seine Form gleicht einem Trapez. Zwischen dem Süd- bzw. Hauptgipfel mit dem Kreuz und dem Nordgipfel besteht praktisch kein Höhenun-

terschied. Die Erstbesteigung geht zurück ins Jahr 1882.

Auf die Große Ochsenwand gelangt man von zwei Seiten. Im Norden bietet sich der Zugang durch das Senderstal und über die Adolf-Pichler-Hütte an, dem beliebten Stützpunkt für die Kletterer. Über die Adolf-Pichler-Hütte und die Scharte zwischen der Riepenwand und der Großen Ochsenwand führt auch jene Route, die oft als Normalweg bezeichnet wurde. Man muss dabei durch schottriges Gelände, der Anstieg ist sehr mühsam.

Inzwischen hat sich ein anderer Anstieg als Normalweg durchgesetzt. Der führt von der Alpenklubscharte (2451 m) quer hinüber zum Gipfelaufbau und mündet in einen Klettersteig, der zum Nordgipfel leitet. Steigspuren führen dann zum Südgipfel mit dem Kreuz. Die Scharte erreicht man von der Adolf-Pichler-Hütte oder aus der Schlick. Beide Wege sind recht lang.

Die Normalrouten sind sicher nicht ausschlaggebend dafür gewesen, dass die »Bergsteiger«-Leser die Große Ochsenwand ausgewählt haben. Da dürfte schon eher die Tatsache mitgespielt haben, dass ein interessanter Klettersteig zum Südgipfel führt. Er wurde im Jahr 1983 eröffnet und hat sich seither ohne Zweifel zum Prunkstück des dritthöchsten Gipfels der Kalkkögel gemausert.

Die Bezeichnung Klettersteig verleitet manchmal dazu, eine Route zu unterschätzen. Genau diesen Fehler darf man bei der Großen Ochsenwand jedoch nicht machen. Ohne alpine Erfahrung bzw. fundierte Kletterkenntnisse hat man hier nichts verloren. Schwindelfreiheit ist eine weitere Voraussetzung für jene, die den Klettersteig durch die Südostflanke in Angriff nehmen möchten. Wer keine Zeit vergeuden will mit dem Anmarsch zum Einstieg, der kann sich moderner Aufstiegshilfen bedienen. Mit der Seilbahn fährt es sich bequem von Fulpmes im Stubaital in wenigen Minuten zur Bergstation Kreuzjoch (rund 2100 m). Dort befindet man sich ungefähr auf halber Wandhöhe und gewinnt erste Eindrücke, was einen erwartet.

Es bleibt zunächst ein wenig Zeit zum Verschnaufen. Nach der Seilbahnfahrt steigen wir ungefähr 30 Minuten ab, ehe die spannende Kraxelei beginnen kann.

Abbildung links: Die Kalkkögel; links der Bildmitte die große Ochsenwand.

Etwa 700 Höhenmeter stehen an. Freilich – es muss nicht die ganze Wand kletternd durchstiegen werden. Einige Passagen sind anspruchsvolles Gehgelände.

Ganz gewiss kein Gehgelände wartet jedoch am Beginn des Klettersteigs. Da führt die Route sofort senkrecht und manchmal sogar leicht überhängend nach oben. Bezeichnen wir diesen Anfangsabschnitt als Teststrecke. Wer sich hier hinauftraut, den kann in der Wand nichts mehr erschüttern. Er hat dann die Eintrittskarte für den Klettersteig gelöst.

Anschließend wird es leichter. Damit wir uns aber nicht falsch verstehen: Eine gemütliche Kletterpartie liegt nicht vor uns. Nur wenn die Route an der einen oder anderen Stelle über ein Felsband führt, bietet sich eine Pause zum Durchatmen. Freuen wir uns einfach über die Herausforderung.

Nach den Anstrengungen fällt der Genuss am Südgipfel jedenfalls intensiv aus. Dort befindet sich übrigens ein markantes Holzkreuz mit einem geschnitzten Christuskopf.

Neben diesem anspruchsvollen Klettersteig bietet die Schlicker Seite der Großen Ochsenwand ein Dorado für jene, die sich in den oberen Schwierigkeitsgraden austoben wollen.

Den Klassiker auf die Ochsenwand gibt es jedoch praktisch nicht mehr. Die »Kalte Kante« am Nordostpfeiler war jahrelang die besondere Attraktion. 1943 erstbestiegen, von Hermann Buhl erstmals im Winter bezwungen, fiel die Route im August 1985 einem Felssturz zum Opfer. Damals brach bei einem starken Unwetter die halbe zweite Seillänge heraus. Seither ist dieser Abschnitt selbst für die verwegensten und besten Kletterer nicht mehr bzw. nur mit einigen Umwegen begehbar. Die »Kalte Kante« wurde ein Fall für die alpinen Geschichtsbücher. Die Große Ochsenwand bleibt hingegen dank des Klettersteigs ein Fall besonders für jene, die gern luftig, aber sicher einen Berg erklettern.

Am Gipfelaufbau der Großen Ochsenwand.

AUFSTIEG (Klettersteig zum Südgipfel): Zunächst mit der Seilbahn »Schlick 2000« von Fulpmes zur Bergstation Kreuzjoch (rund 2100 m) und dann ungefähr 30 Minuten der Skipiste entlang Richtung Westen absteigen bis zum Hinweisschild »Klettersteig«. Dort links abbiegen und rund 15 Minuten hinauf bis zum Einstieg des Klettersteigs (mit großem Kreis markiert). Als Variante von Fulpmes durch das Plövner Loch und dem Schlicker Bach folgend bis zur Schlicker Alm (1643 m). Von der Schlicker Alm auf der Skipiste rund 30 Minuten hinauf bis zum oben genannten Hinweisschild und weiter zum Einstieg (2 bis 2,5 Stunden von Fulpmes zum Einstieg). Der fast durchgehend mit Stahlseilen ausgestattete, aber anspruchsvolle Klettersteig führt über die Südostflanke der Ochsenwand zum Südgipfel (drei Stunden ab Einstieg).

ABSTIEG: Vom Südgipfel zunächst auf Steigspuren eben zum Nordgipfel, dann absteigen über einen markierten versicherten Steig in die Scharte zwischen Großer und Kleiner Ochsenwand. Anschließend auf der Schlicker Seite unterhalb der Kleinen Ochsenwand zur Alpenklubscharte hinüberqueren und dann hinunter zur Schlicker Alm und weiter ins Tal (3 bis 3½ Stunden vom Gipfel nach Fulpmes).

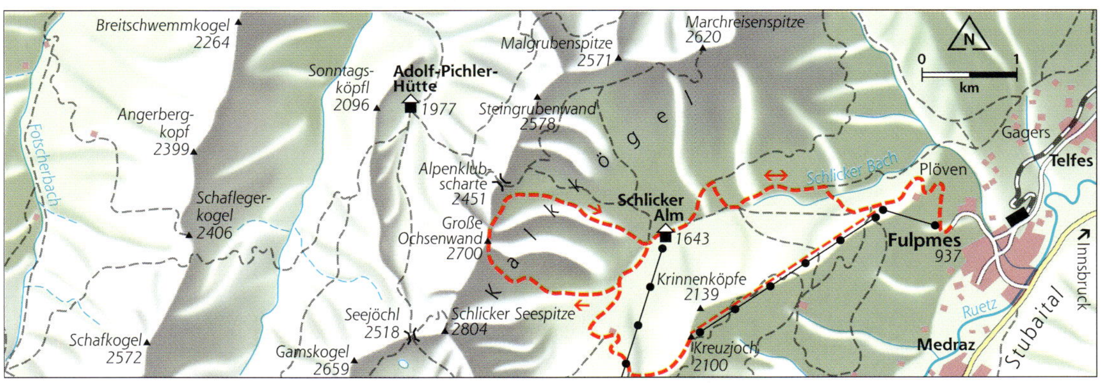

35 Parseierspitze

Wer in den Lechtaler Alpen einen Dreitausender sucht, muss auf die 3036 Meter hohe Parseierspitze. Es gibt in diesem Gebirgszug sonst nämlich keine Erhebung, die diese magische Grenze erreicht oder gar überschreitet. Die Parseierspitze zählt freilich nicht zu den einfachen Dreitausendern. Steinschlag stellt auf dem Normalweg eine oft nur schwer zu kalkulierende Gefahr dar.

Wer in die Lechtaler Alpen geht, muss ganz einfach auf diesen Berg! Kein Wunder: Die Parseierspitze ist nicht nur der höchste Gipfel in den Lechtaler Alpen, sondern überhaupt der einzige Dreitausender in den Nördlichen Kalkalpen. Die Aussicht am höchsten Punkt darf vorbehaltlos als grandios bezeichnet werden. Doch Vorsicht: In der viel begangenen Südostflanke kommt es immer wieder zu schweren Unfällen durch Steinschlag!

Blickt man von Landeck nach Norden, so ragt – etwas zurückgesetzt – die Parseierspitze sehr markant hervor. Ins Auge sticht auch sofort der vorgelagerte Grinner Gletscher, der auf dem Normalweg überquert werden muss. Der Gletscher wirkt von unten betrachtet recht steil und einigermaßen herausfordernd. Der Schein trügt allerdings. Tatsächlich stellt er kein wirkliches Hindernis auf dem Weg zur Parseierspitze dar. Der Grinner Ferner ist im unteren Teil in Wirklichkeit relativ flach, sogar Hubschrauber können darauf landen. Spalten? Fehlanzeige.

Lange wird es nicht mehr dauern, dann reiht sich die Parseierspitze nahtlos ein in die Liste der Dreitausender, die man trockenen Fußes erreichen kann. Der Grinner Ferner ist wie viele andere in der jüngsten Vergangenheit stark abgeschmolzen. Wenn keine Trendumkehr in der klimatischen Entwicklung eintritt, erinnern in einigen Jahren nur noch alte Karten an ihn. Der Königin der Nördlichen Kalkalpen, wie viele die Parseierspitze bezeichnen, wird dann ein optisches Detail fehlen, das zu ihrer Schönheit beiträgt. Dabei hat die höchste Erhebung in den Lechtaler Alpen ohnehin sehr hart gegen die Unbilden der Witterung anzukämpfen. Es handelt sich nämlich um einen so genannten Fleckenmergel-Berg. Wer mit dem Begriff Mergel wenig anfangen kann, dem hilft ein Blick ins Lexikon. »Mergel – ein aus Ton und Kalk bestehendes Sedimentgestein«, heißt es dort. Und dieses Gestein verwittert eben sehr leicht und rasch, was der Parseierspitze zusetzt.

Zum Glück besteht der Gipfel selbst aus dem so genannten Aptychenkalk. Dem machen Wind und Wetter bedeutend weniger aus. Wer weiß, ob die Parseierspitze sonst überhaupt noch ein Dreitausender wäre …

Die Einheimischen sprechen im Zusammenhang mit diesem Berg von einem »Stoanerhaufen«. Es darf daher niemanden wundern, dass Steinschlag ein beträchtliches Risiko in der Südostflanke darstellt, durch die der Normalweg führt. Die Gefahr lauert vor allem an schönen Tagen. Dann sind viele Menschen auf die Parseierspitze unterwegs. Die einen kommen von der Augsburger Hütte – der ideale Stützpunkt für eine Zweitagestour –, die anderen nehmen den Gipfel sozusagen auf dem Augsburger Höhenweg oder von der Memminger Hütte kommend mit. Ein Stein ist da schnell losgetreten, ebenso schnell wird ein Bergsteiger getroffen.

Wer über Kletterkenntnisse verfügt, braucht sich jedoch nicht in der Südostflanke herumzuschlagen. Dem sei als gute Alternative der Ostgrat empfohlen. Diese Route mit dem Einstiegspunkt an der Patrolscharte ist zwar schwieriger (Schwierigkeiten im II. und III. Grad), gleichzeitig aber wesentlich schöner als der Normalweg. Man setzt sich hier nicht so extrem der Steinschlaggefahr aus, außerdem wird diese Route weit weniger begangen.

Für Wanderer, auch für solche mit Alpinerfahrung, ist die Parseierspitze ungeeignet. Selbst die viel begangene Südostflanke weist leichtes Zweiergelände auf. Trittsicherheit gilt als mindeste Voraussetzung, die jemand mitbringen muss, der hier hinauf will. Ohne gutes Schuhwerk bleibt man ohnehin im Tal oder auf der Augsburger Hütte.

Die Kondition muss ebenfalls passen. Von der Hütte sind es zwar lediglich rund 700 Höhenmeter bis zum Gipfel, man darf freilich den Hüttenanstieg vom Vortag nicht vergessen. Die ungefähr 1300 Höhenmeter stecken vielen in den Knochen. Insgesamt 2000 zum Teil anspruchsvolle Höhenmeter an zwei Tagen darf niemand auf die leichte Schulter nehmen, zumal die meisten nach erfolgtem Gipfelsieg wieder ins Tal nach Grins hinunter möchten.

Parseierspitze, 3036 m

LAGE: Lechtaler Alpen
CHARAKTER: Einziger Dreitausender in den Nördlichen Kalkalpen, stark verwitterter Fleckenmergel-Berg
TALORT: Grins oberhalb von Landeck (1006 m)
STÜTZPUNKT: Augsburger Hütte (2289 m), DAV Augsburg (von Grins 4 Std. auf markiertem Steig), Tel. Hütte: 0043/(0)5442/63604, Tel. und Fax Tal: 0043/(0)5442/66345
ROUTEN: Normalweg von der Hütte über die Gasillschlucht, den Grinner Ferner und die Südostflanke (stellenweise Schwierigkeitsgrad II) (2,5 Std.) oder von der Hütte über den Gatschkopf (2945 m) und die Patrolscharte (2846 m) auf den Grinner Ferner; Ostgrat von der Patrolscharte (Schwierigkeitsgrad II und III)
FÜHRER: Heinz Groth, AV-Führer Lechtaler Alpen, Bergverlag Rother, Ottobrunn
KARTE: AV-Karte 1:25 000, Blatt 3/3, Lechtaler Alpen – Parseierspitze
TOURISMUSVERBAND: A-6591 Grins, Tel. 0043(0)5442/63827, Fax 68593; E-Mail: tvb.grins@netway.at

Die Parseierspitze (rechts) aus dem Inntal bei Grins gesehen, links ist der Dawinkopf im Bild.

Auf dem Normalweg von Süden heißt es sich einreihen in die Schar von Menschen, die es zur Parseierspitze zieht. Die West- und Nordseite dieses Berges interessiert dafür praktisch niemanden mehr. Die Westwand wurde in den vergangenen Jahren eigentlich nicht mehr begangen. Dasselbe Schicksal teilt die Nordostwand, eine finstere, sehr steile, 350 Meter hohe Wand. Der Grund dafür liegt auf der Hand: Niemand hat Lust auf einen stundenlangen Zustieg, ehe endlich die Kletterei beginnen kann. Für ein paar Seillängen nimmt keiner den faden und ermüdenden Hatscher in Kauf. Vor allem dann nicht, wenn man bequem auf Sportkletterrouten zurückgreifen kann. Außerdem birgt der brüchige Fels Risiken, die sich nicht kalkulieren lassen. Die grandiose Naturlandschaft kann diese Nachteile trotz ihrer Pracht nicht aufwiegen.

Ob Normalweg, Ostgrat oder doch kühne Kletterei in der Einsamkeit – der Genuss beim Gipfelkreuz ist letztlich für alle Bergsteiger groß. Und das Panorama, das am höchsten Punkt zum Verweilen einlädt, lässt tatsächlich niemanden unberührt. Die übrigen Gipfel der Lechtaler liegen ein Stockwerk unter uns, südlich der Zentralalpen taucht im Hintergrund der mächtige Ortler auf.

Dreitausender, höchster Gipfel der nördlichen Kalkalpen, grandiose Aussicht: Man kann verstehen, dass die Parseierspitze für viele ein »Muss« bedeutet. Eine Königin strahlt eben einen ganz besonderen Reiz aus.

AUFSTIEG: Von der Augsburger Hütte auf markiertem Weg durch die Gasillschlucht (Altschneereste bis in den Spätsommer, seilversicherte Stellen) und auf den Grinner Ferner. Man gelangt alternativ auch über den Gatschkopf und die Patrolscharte auf den Ferner (dabei 100 Meter Höhenverlust). Der flache und spaltenfreie Gletscher wird von rechts nach links überquert bis zum Beginn der Südostflanke. Durch Geröll, Trümmer und über Felsstufen aufwärts, in der Mitte der insgesamt 200 Meter hohen Flanke etwas nach links haltend (kaum sichtbare Markierungen) bis zum Gipfel. (2,5 Std.)

ABSTIEG: Wie Aufstieg.

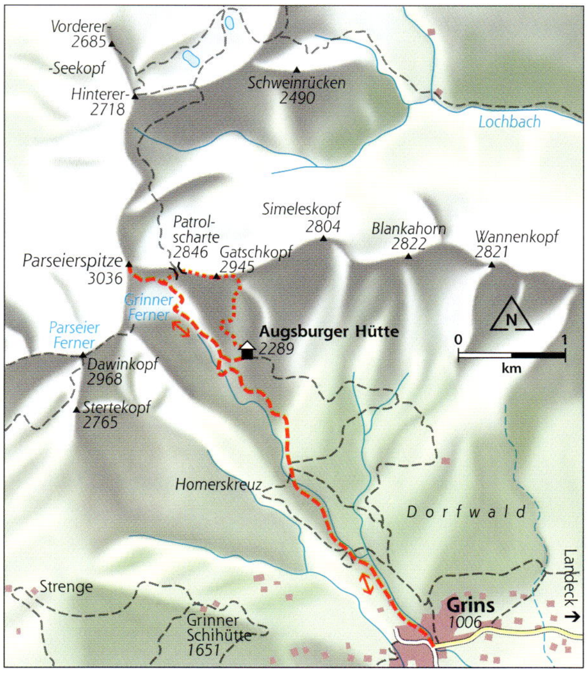

36 Spitzkofel

Die unbewirtschaftete Linderhütte befindet sich auf einer Höhe von 2683 Metern knapp unterhalb des Spitzkofelgipfels. Sie wurde vor mehr als 100 Jahren errichtet und dezent in den Fels gebaut. Die Hütte erfüllt in erster Linie die Funktion eines Notbiwaks. Bei der Hütte beginnt der Grat zum Hauptgipfel, der mit Zweierstellen aufwartet.

Er gilt den Lienzern als »Hausherr der Stadt« und schnuppert mit seiner Höhe von 2717 Metern beinahe Dreitausenderluft. Viele halten den Spitzkofel für den beeindruckendsten Gipfel im gesamten Talkessel, worüber sich natürlich streiten lässt. Der Hauptgipfel ist jedenfalls in einer Tagestour zu ersteigen. Die Überschreitung der Spitzkofeltürme stellt hingegen eine absolute Herausforderung selbst für erfahrene Kletterer dar.

Wie die Orgelpfeifen ragen die fünf Felstürme der Spitzkofelgruppe in die Höhe. Ihre Überschreitung bedeutet ein ernsthaftes alpines Unternehmen. Greenhorns haben hier nichts verloren, zumal der Fels nicht überall fest ist. Besonders der Graue Turm erfordert einiges an klettertechnischem Können. Immerhin gilt es hier eine Stelle im Schwierigkeitsgrad IV+ zu bewältigen. Die Kondition muss ebenfalls passen, wenn man die Überschreitung wagt, zumal sich diese Tour sehr in die Länge zieht.

Die Türme des Spitzkofels locken gute Kletterer jedoch nicht nur zur gewöhnlichen Überschreitung. In den Wänden findet man einige spektakuläre Routen, von denen manche durchaus als alpine Klassiker gelten. Besonders verlockend sticht in diesem Zusammenhang der Graue Turm heraus.

Im grauen Felsmassiv des Spitzkofel treten sich die Kletterer nicht gegenseitig auf die Zehen. Die Routen sind eher wenig begangen. Grund dafür ist freilich nicht mangelnde Attraktivität – daran fehlt es beileibe nicht –, sondern die Abgelegenheit dieses Kletterparadieses. Viele hält ganz einfach der relativ lange Zustieg ab, hier eine rasante Kletterei zu unternehmen.

Doch was wäre ein Berg, hätte er nicht mehrere Seiten. So kann man den Hauptgipfel des Spitzkofels von Süden in einer Tagestour erreichen. Freilich setzt der letzte Abschnitt Trittsicherheit und Schwindelfreiheit voraus, da auf den Bergsteiger einige Kletterstellen im zweiten Schwierigkeitsgrad warten. Für einen Familienausflug eignet sich der Normalweg auf den Spitzkofel – im Gegensatz zur Laserzwand – jedenfalls nicht.

Die Tour beginnt zunächst sehr bequem mit einer Autofahrt über eine steile Bergstraße bis zum Parkplatz bei der Klammbrücke. Dort hat sich der Galitzenbach rund 40 Meter tief in das Gestein eingeschnitten. Auf einer Forststraße, die schließlich in einen Steig mündet, erreicht man – zum Schluss eine Steilstufe überwindend – in ungefähr zwei Stunden die Kerschbaumer Alm (1902 m). Diese Schutzhütte des Österreichischen Touristenclubs liegt eingebettet in herrliche Almböden. Wem der Weitermarsch auf den Spitzkofel zu weit erscheint, der kann hier einfach die wunderbare Landschaft inmitten markanter Felsgipfel genießen und das Panorama auf sich wirken lassen.

Auf dem Weg zum Spitzkofel kommen wir an einer weiteren Hütte vorbei. Direkt am Einstieg zum Gipfelgrat, nicht einmal 40 Höhenmeter unter dem Kreuz, steht auf 2683 Metern die kleine, wildromantische und stark exponierte Linderhütte. All jene, die sich hier nach inzwischen doch beinahe fünf Stunden Aufstieg eine letzte Stärkung erwarten, werden bitter enttäuscht. Auf der Linderhütte wird kein Bier ausgeschenkt. Sie ist unbewirtschaftet und erfüllt in erster Linie die Funktion eines Notbiwaks. Wer in dieser Höhe unerwartet in ein Gewitter gerät, wird dankbar Unterschlupf suchen. (Die Kerschbaumer Alm als nächstgelegener Unterstand liegt immerhin fast 800 Meter tiefer und einige Stunden entfernt.) Unzählige Bergsteiger haben in dieser gemauerten Biwakschachtel schon Schutz vor Blitz, Hagel und Wolkenbrüchen gefunden. Die ziemlich niedrige Hütte wurde dermaßen dezent in den Fels gebaut und perfekt dem Berg angepasst, dass sie trotz ihrer exponierten Lage überhaupt keinen Fremdkörper darstellt. Aus größerer Entfernung ist sie praktisch nicht zu erkennen. Lediglich das Blechdach verrät ihre Existenz, wenn die Sonne direkt draufscheint und das Dach zum Glitzern bringt.

Spitzkofel, 2717 m

LAGE: Lienzer Dolomiten
CHARAKTER: Hauptgipfel in einer Reihe stetig höher aufragender Felstürme
TALORT: Leisach (712 m)
STÜTZPUNKT: Kerschbaumer Alm (1902 m), Österreichischer Touristenclub, Tel. 0043/(0)663/9750395
ROUTEN: Normalweg vom Parkplatz Klammbrückl (1104 m) über das Kerschbaumer Tal, die Kerschbaumer Alm und die Linderhütte (2683 m) zum Hauptgipfel (ca. 5 Std.)
FÜHRER: AV-Führer Lienzer Dolomiten, H. Peterka, Bergverlag Rother, Ottobrunn
KARTE: Österr. Karte 1:50 000. Blatt 179; Freytag & Berndt-Wanderkarte 1:50 000, Blatt WK 182
TOURISMUSVERBAND: Tourismusverband Lienzer Dolomiten, Europaplatz 1, A-9900 Lienz; Tel. 0043/(0)4852/65265, Fax 65265-2; E-Mail: tvblienz@aon.at

Rast auf den weiten Böden der Kerschbaumer Alm am Weg zum Spitzkofel.

Die Linderhütte, dieser letzte Punkt zum Verschnaufen und Durchatmen, ehe der nicht unproblematische Gipfelgrat wartet, wurde übrigens bereits vor weit mehr als 100 Jahren errichtet. Historisch gesehen ist sie überhaupt das älteste Gebäude in den Lienzer Dolomiten. Es gab sie schon, als die Kerschbaumer Alm nicht einmal in Planungen existiert hat.

War die Tour bis zu dieser Stelle mit wenigen Ausnahmen eine einfache und bequeme Wanderung, so heißt es für den Bergsteiger jetzt Trittsicherheit, Schwindelfreiheit und Kletterfähigkeiten im leichten Fels unter Beweis zu stellen. Man braucht zwar keine Gams zu sein, um die letzte halbe Stunde zu schaffen, der Gipfelgrat ist aber eine Kraxelei im II. Schwierigkeitsgrad, die ernst genommen werden muss. Zahlreiche Seilversicherungen erleichtern dem weniger Geübten den Anstieg und verwandeln die Kraxelei zum Gipfelkreuz in ein spannendes Vergnügen. Wer sich trotzdem nicht wirklich sicher fühlt, dem sei Anseilen dringend empfohlen!

Selten bietet der Anstieg zu einem Gipfel so viel Abwechslung wie die Tour auf den Spitzkofel. Ohne die interessanten Unterschiede der Landschaft bzw. bei den Anforderungen würden jedoch viele irgendwo auf der Strecke aufgeben. 1600 Höhenmeter zu Fuß sind schließlich kein Klacks und erfordern große Ausdauer. Die Mühen lohnen freilich in jedem Fall. Beim Blick von ganz oben hinunter auf Lienz fühlt man sich selbst als »Hausherr der Stadt«.

AUFSTIEG: Vom Parkplatz bei der Klammbrücke im Kerschbaumer Tal zunächst auf einem Forstweg, dann auf einem Steig, der im Talschluss steil ansteigt, zur Kerschbaumer Alm. Weiter ebenfalls auf einem gut markierten Steig zum Hallebachtörl (2399 m). Nach Queren eines Kars folgen einige leichte Kletterpassagen (vielfach versichert) zur Linderhütte am Gipfelgrat. Von dort in eine Scharte absteigen (ebenfalls Stahlseile und Eisenbügel) und dann erneut in leichter Kletterei (II) hinauf zum Gipfel.

ABSTIEG: Wie Aufstieg.

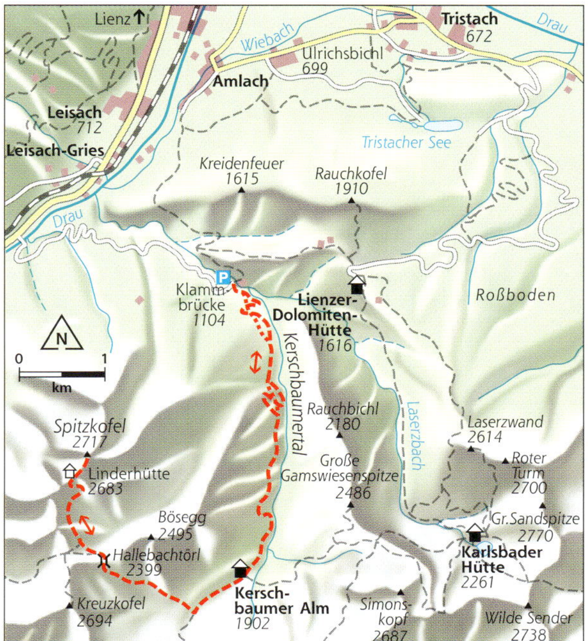

37 Gehrenspitze

Der Normalweg auf die Gehrenspitze führt durch die Südflanke und verläuft zum Schluss etwas ausgesetzt. Am Gipfel genießt man nicht nur die herrliche Aussicht zum Alpenhauptkamm, sondern auch den fast schaurigen Blick nach Norden in die steilen Wände der fantastischen Kletterberge im Wetterstein.

Sie ist der südliche Vorposten des Wettersteingebirges, ein Aussichtsberg par excellence. Sie verlangt lediglich im obersten Teil Trittsicherheit und ein wenig Schwindelfreiheit. Ansonsten ist die Gehrenspitze ein recht einfacher Wanderberg, der aber durchaus alpine Attraktivität hat. Wer die Gehrenspitze durch das landschaftlich wunderbare Puittal erwandert, erlebt hier besonders im Herbst die Natur von ihrer (farben) prächtigsten Seite.

2367 Meter – die Gehrenspitze wächst tatsächlich nicht in den Himmel. Doch wollen wir die Höhe eines Berges als Maßstab für seine Attraktivität nehmen? Dieser Gipfel ist eigentlich der höchste Punkt eines kleinen Kammes, der im Norden über der Leutasch aufragt. Er steht frei zwischen dem Leutasch- und dem Puittal und hebt sich durch seine exponierte Lage von den übrigen Gipfeln im Wettersteingebirge ab.

Die Gehrenspitze fällt auch von den Hängen über dem Inntal gleich ins Auge. Von hier aus wirkt sie nicht als markante, Furcht erregende Erhebung, sondern als recht sanfter Kamm, der im unteren Teil im Sommer herrlich grün leuchtet. Weiter oben wird die Gehrenspitze wie die anderen Gipfel in der Umgebung geprägt vom markanten Fels des Wettersteingebirges.

Die Gehrenspitze war viele Jahre lang gewissermaßen ständiger Begleiter bei meinen Bergläufen auf die Oberhofer Alm. Beim Rückmarsch hatte ich sie über weite Strecken ständig im Blick, zumal sie östlich der Hohen Munde über dem Telfer Ortsteil Buchen über das Inntal herübergrüßt. Die Mischung aus grünen Hängen und Fels machte im Licht der warmen Abendsonne stets einen freundlichen Eindruck. Dort drüben steht kein abweisender steinerner Riese, dafür eine gemütliche Erhebung, durch ihre freie Position prächtig in Szene gesetzt.

Der Normalweg führt vom Gaistal am Westende von Leutasch über die Wangalm und das Scharnitzjoch auf die Gehrenspitze. Diese Route ist nett und fein. Wer aber eine grandiose Naturlandschaft zwischen steil abfallenden Wänden erleben möchte, muss unbedingt das Puittal durchwandern.

Für mich ist dieses Tal eine landschaftliche Offenbarung. Man steigt im Leutascher Ortsteil Lehner entlang des Puitbachs durch fantastischen Mischwald auf, der im Herbst ein Farbenspektakel sondergleichen bietet. Am besten, man lässt sich genügend Zeit, um die Pracht auf sich wirken zu lassen. Das eigentliche Tourenziel liegt ohnehin nicht ewig weit entfernt.

Das helle Grau der Bachsteine ist der letzte fixe Punkt in einer unvergleichlichen Farbkomposition der Natur. Als ich zum ersten Mal durch das Puittal gewandert bin, war mir klar: Welche Farbtöne sich die Natur jemals hat einfallen lassen – sie passen alle zusammen! Die Wahl dieser Route macht es zudem möglich, die Gehrenspitze von ihrer zweiten, doch recht rauen Seite zu betrachten. Die steil und jäh abfallenden Felswände, die das Puittal im Süden begrenzen, führen direkt hinauf zum Gipfel, doch hier verläuft nicht unser Weg.

Am Scharnitzjoch sollten wir vor dem letzten Aufschwung abermals ein wenig verweilen. Hier liegt, etwas nördlich, ein Dorado für Kletterer.

Ein Grundmaß an Schwindelfreiheit und Trittsicherheit vorausgesetzt, erreichen wir bald den Gipfel der Gehrenspitze. Platz finden wir oben genug und es besteht selbst für Ängstliche kein Grund zu Nervosität. Ein paar Schritte hinter dem Gipfelkreuz blickt man freilich tief ins Puittal hinunter und hinüber in die Wände, die den extremen Kletterern vorbehalten bleiben. Scharnitzspitze, Schüsselkarspitze und Leutascher Dreitorspitze ragen auf.

Wenden wir uns also wieder nach Süden zu. Mit etwas Glück sehen wir in den steilen Hängen und Reißen unter uns oder gegenüber, am Fuß von Scharnitzspitze oder Oberreintalschrofen, Gamsrudel.

Da eine Bergtour bekanntermaßen den schönsten Umweg zu einer Brotzeit und ei-

Gehrenspitze, 2367 m

LAGE: Wettersteingebirge
CHARAKTER: Frei stehender Gebirgskamm zwischen dem Leutasch- und dem Puittal
TALORT: Leutasch (1136 m)
HÜTTEN: Wettersteinhütte (1717 m), Bergwacht, Übernachtungsmöglichkeit, Tel. Hütte: 0043/(0)5214/6688, Tel. Tal: 0043/(0)5214/6510; Wangalm (1753 m), Tel. 0043/(0)664/2112749
ROUTEN: Wanderung vom Leutascher Ortsteil Lehner (1100 m) durch das Puittal zum Scharnitzjoch (2048 m) und über die Südseite der Gehrenspitze zum Gipfel (4 Std.); Wanderung vom Beginn des Gaistals (ungefähr 1200 m; Stupferparkplatz, gebührenpflichtig) hinauf auf einer Forststraße bis zur Abzweigung zur Wettersteinhütte (beschildert), weiter in Serpentinen auf markiertem Steig durch den Wald zur Wettersteinhütte und zur Wangalm; über das Scharnitzjoch zur Erinnerungshütte (2083 m, unbewirtschaftet) und die Südseite der Gehrenspitze zum Gipfel (2,5 bis 3 Std. vom Tal).
FÜHRER: Stefan Beulke, AV-Führer Wetterstein, Bergverlag Rother, Ottobrunn
KARTE: Kompass-Wanderkarte 1:50 000, Blatt 5, Wettersteingebirge; AV-Karte 1:25 000, Blatt 4/3, Wetterstein, Mieminger Gebirge Ost
TOURISMUSVERBAND: Leutasch, Tel. 0043/(0)5214/6207 oder 6303, Fax 6965; E-Mail: info@leutasch.com

Der landschaftlich schönste Aufstieg zur Gehrenspitze erfolgt durch das Puittal. Hier zeigt die Natur ihr prächtigstes Gesicht.

nem Bier darstellt, sollten wir die Abstiegsvariante über die Wangalm und die Wettersteinhütte wählen und dann nicht den Fahrweg, sondern den Weg durch den Wald hinunter zum Parkplatz im Gaistal wählen. Zu Fuß oder per Autostopp gelangen wir schließlich vom Beginn des Gaistals zurück nach Lehner.

AUFSTIEG: Vom Leutascher Ortsteil Lehner zunächst relativ flach zum Puitbach. Diesen überqueren und dann weiter auf dem markierten Steig durch wunderbaren Mischwald hinauf ins Puittal und zum Quellgebiet des Puitbachs. Schließlich folgt ein steiler Anstieg zum Scharnitzjoch. Von dort nach links gehen, auf dem Steig vorbei an der Erinnerungshütte und hinein in die Südflanke der Gehrenspitze. Wieder Richtung Osten, immer leicht ansteigend, die Flanke querend, teilweise durch Schutthalden und auf recht losem Untergrund hinauf zum Gipfel. Das letzte Stück ist stellenweise ausgesetzt und erfordert daher Trittsicherheit und Schwindelfreiheit.

ABSTIEG: Wie Aufstieg oder alternativ hinunter zum Scharnitzjoch, dann nach links Abstieg zur Wangalm bzw. Wettersteinhütte. Von der Wettersteinhütte in Serpentinen durch Wald hinunter zu einem Forstweg und weiter hinunter zum Parkplatz am Beginn des Gaistals.

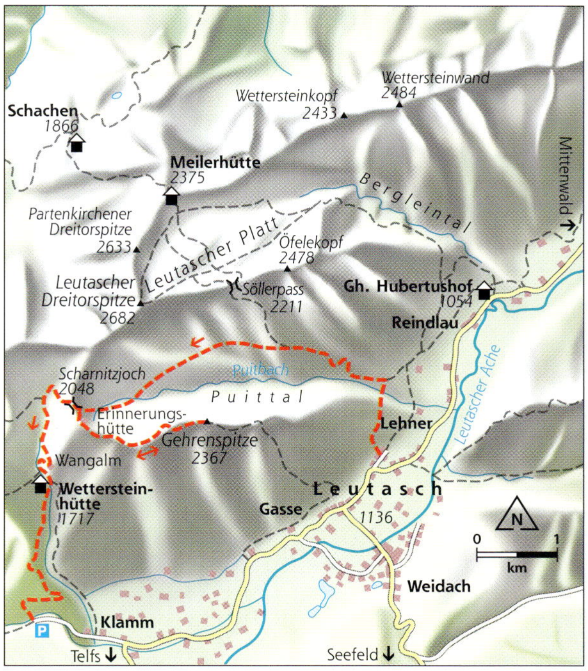

38 Großer Bettelwurf

Obwohl der Große Bettelwurf als Tagestour beträchtliche Anforderungen an die Kondition stellt, erhält er oft und viel Besuch. Das Panorama lässt die Bergsteigerherzen höher schlagen. Die Mühen und Strapazen des beschwerlichen Aufstiegs sind rasch vergessen, es dominiert nur noch die Freude über die Schönheit der Natur.

Berge, die über einer großen Stadt aufragen, sind mir eigentlich nicht sonderlich sympathisch. Handelt es sich außerdem um Gestalten aus grauem Fels, rutschen sie in meiner persönlichen Hitliste noch weiter nach unten. Der Große Bettelwurf (2726 m) erfüllt beide Voraussetzungen, sodass wir zwei vermutlich nie ganz dicke Freunde werden. Seit ich ihn jedoch von Innsbruck aus im grandiosen Licht der abendlichen Wintersonne erblickt habe, hat er deutlich an Sympathie gewonnen.

Wenn ich in die Berge gehe, suche ich meist die Einsamkeit. Ich genieße die Aussicht auf andere Gipfel, auf unberührte Landschaften und Täler in ihrer ganzen Farbenpracht. Fällt der Blick hinunter aber zwangsläufig auf eine große Siedlung oder Stadt, ist meine Freude über das Bergerlebnis sehr gedämpft. Stadt und Berg – das passt für mich einfach nicht zusammen.

Dem Großen Bettelwurf liegt im Süden das dicht besiedelte Inntal zu Füßen. Vom Gipfel schaut man direkt auf die Stadt Hall und – im Westen – auf Innsbruck. Viele beeindruckt dieser Anblick. Ich empfinde eher ein Gefühl von Kälte. Grauer Fels, graue Stadt – nicht mein Ding.

So hätte mich der Große Bettelwurf auch nie wirklich richtig interessiert, hätte mir nicht die Wintersonne eines Tages einen Strich durch meine emotionale Rechnung gemacht. Ich war in Innsbruck in ein neues Büro umgezogen und hatte von da an täglich den Großen Bettelwurf vor Augen. Es war im Dezember, ein prachtvoller Frühwintertag, auf den Gipfeln über dem Inntal lag Schnee, als sich meinen Augen ein prächtiges Naturschauspiel bot. Am frühen Abend, Stadt und Nordkette lagen im Schatten, strahlte die Sonne den obersten Teil des Bettelwurfs an und tauchte ihn in helles warmes Licht. Gerade so, als wollte sie meine Abneigung gegen diesen Berg in Sympathie verwandeln. Und sie hatte tatsächlich Erfolg.

Der Große Bettelwurf ist nicht der höchste Gipfel im Karwendel, dafür aber der wuchtigste. Die Steilheit seiner Südflanke, die nach Hall hinunter grüßt, lässt zartbesaitete Wanderer erschaudern und daran zweifeln, dass dieser Berg ohne knackige Kletterei bezwungen werden kann. So schlimm ist es freilich nicht. Wer jedoch nicht über Trittsicherheit verfügt, hat auf dem Großen Bettelwurf nichts verloren. Schwindelfreiheit ist ebenfalls nötig, wenn man auf diesen grauen Felskoloss möchte.

Allein die Vorstellung, vom 2726 Meter hohen Gipfel mehr als 2100 Meter hinunter ins Inntal zu schauen, lässt bei weniger erfahrenen Bergfreunden die Knie einigermaßen weich werden. Der Tiefblick ins Vomper Loch fällt mit rund 1500 Metern zwar etwas moderater aus, zur Stabilisierung zittriger Knie reicht es jedoch noch lange nicht.

Doch wir wollen nicht übertreiben: Eine Hexerei ist eine Tour auf den »Hausherrn von Hall« nun auch nicht. Jeder Wanderer mit alpiner Erfahrung schafft den Bettelwurf problemlos. Wer Angst vor Ausgesetztheit hat, findet in seilversicherten Passagen Halt und Beruhigung.

Dieser graue Berg lädt vor allem wegen der grandiosen Aussicht zum Besuch ein. Die fantastische Gipfelschau von dem über 2700 Meter hohen Aussichtspunkt lässt das Bergsteigerherz höher schlagen. In allen Himmelsrichtungen bauen sich die markantesten Gipfel auf. Lassen wir es ruhig zu, dass in diesen Minuten Respekt und vielleicht sogar ein wenig Demut entsteht vor dem, was nicht wir Menschen geschaffen haben. Beim Betrachten des dicht besiedelten Inntals, durch das sich wie eine giftige Schlange der Verkehr wälzt, verfliegen die besinnlichen Momente ohnehin wieder schnell und man kehrt rasch zurück auf den harten Boden der Tatsachen.

Bergsteiger, die sich den Großen Bettelwurf an einem Tag vorknöpfen, kommen gehörig ins Schwitzen. Einerseits warten ungefähr 1600 Höhenmeter im Aufstieg auf sie, andererseits haben sie bei Schönwetter eine sehr

Großer Bettelwurf, 2726 m

LAGE: Karwendelgebirge
CHARAKTER: Markanter und wuchtiger Felskopf über dem dichtbesiedelten Inntal
TALORT: Absam (632 m)
AUSGANGSPUNKT: Parkplatz bei der zweiten Ladhütte (1100 m) im Halltal; gebührenpflichtige Mautstraße
STÜTZPUNKT: Bettelwurfhütte (2079 m), OeAV Zweig Innsbruck; Tel. Hütte: 0043/(0)5223/53353, Tel. und Fax Tal: 0039/(0)472/760245 (Italien)
ROUTEN: Normalanstieg aus dem Halltal auf gutem Steig zur Bettelwurfhütte (2,5 bis 3 Stunden) und von dort ebenfalls auf markiertem Steig über den Eisengattergrat und die Südflanke zum Gipfel (im oberen Bereich seilversicherte Stellen; 1,5 bis 2 Std.); Klettersteig vom Großen zum Kleinen Bettelwurf (2650 m), Abstiegsmöglichkeit vom Kleinen Bettelwurf in schwierigem Gelände zur Hütte.
FÜHRER: Walter Klier, AV-Führer Karwendel alpin, Bergverlag Rother, Ottobrunn
KARTE: AV-Karte 1:25 000, Blatt 5/2; AV-Karte 1:50 000, Blatt 31/5; Österr. Karte 1:50 000, Blatt 119
TOURISMUSVERBAND: Absam, Dörferstraße 37, A-6067 Absam;
Telefon und Fax: 0043/(0)5223/53190

Rund 2000 Meter über dem Inntal thront der Große Bettelwurf. Die Stadt Hall liegt diesem wuchtigen und markanten Felsklotz zu Füßen.

unangenehme Begleiterin: die Sonne. Dass wir uns jetzt nicht falsch verstehen: Gute Witterung am Berg erleichtert einiges und wer möchte sich über Sonnenschein beklagen! Doch die Aufstiegsroute verläuft rein südseitig in den Latschen sowie später im nackten Fels. Und dort sucht man vergeblich nach Schatten! Das kann dann ziemlich heftig und mühsam werden.

Erleichterung für die Bergfreunde zu schaffen, mag einer der Gründe für die Errichtung der Bettelwurfhütte gewesen sein, die – ziemlich spektakulär auf knapp 2100 Meter gelegen – Verpflegung und Schlafgelegenheit anbietet. Wir sollten uns die Möglichkeit, die Tour auf zwei Tage aufzuteilen, nicht entgehen lassen. Bergsteigen darf ja schließlich nicht in eine Hetzjagd zum Gipfel ausarten, sondern sollte dem Vergnügen und der Entspannung genügend Raum lassen. Die Bettelwurfhütte selbst stellt übrigens auch ohne Bettelwurf ein lohnendes Wanderziel dar, weil sie einen fabelhaften Tiefblick gestattet.

Der Große Bettelwurf ist ein Grenzgänger zwischen dem Inntal und dem Karwendel. Obwohl ich mir nach wie vor nicht ganz sicher bin, ob ich diesen Felsklotz wirklich mag, steht für mich doch eines deutlich fest: Dort oben auf dem Gipfel zu stehen, lohnt sich allemal!

AUFSTIEG: Vom Parkplatz bei der zweiten Ladhütte im Halltal auf gut markiertem Steig bald ein Schotterfeld querend, in Serpentinen und teilweise durch Latschen hinauf zur prächtig gelegenen Bettelwurfhütte (ungefähr 2,5 bis 3 Stunden). Von der Hütte dann gleich weiter ostwärts zum so genannten Eisengattergrat, der eigentlich ein recht breiter Grasrücken ist. Danach in das felsige Gelände der Südflanke (einige seilversicherte Stellen) und schließlich hinauf zum Gipfel (neues Gipfelkreuz; ungefähr 1,5 bis 2 Stunden).

ABSTIEG: Wie Aufstieg.

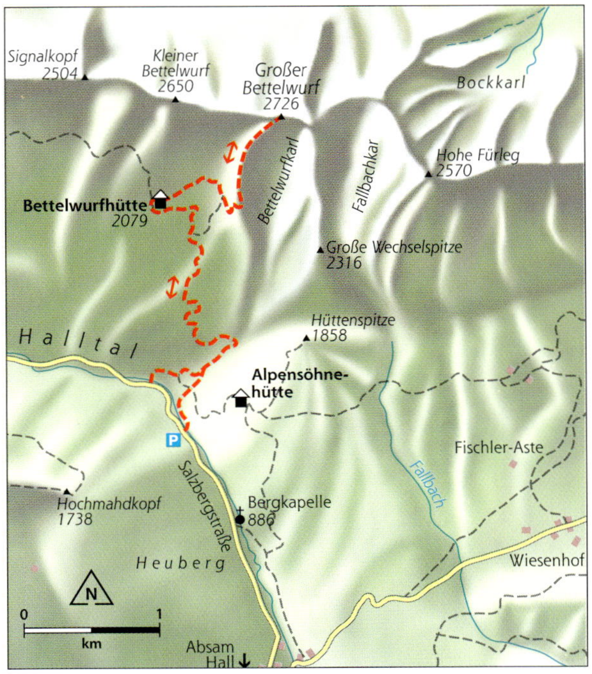

39 Leutascher Dreitorspitze

Die Leutascher Dreitorspitze blieb ein Geheimtipp im Wettersteingebirge. Sie erfordert ein ordentliches Maß an Kondition, zudem Trittsicherheit und Schwindelfreiheit. Als Schlüsselstelle wartet die so genannte Eisrinne im Schlussabschnitt.

Wenige Kilometer entfernt vom höchsten Berg Deutschlands, auf den die Menschenmassen mit Seilbahnen und Zügen gekarrt werden, findet sich im Wettersteingebirge noch ein echter Geheimtipp. Die Leutascher Dreitorspitze lockt nur erfahrene und ausdauernde Bergsteiger an, weil der Aufstieg relativ schwierig und mühsam ist. Diejenigen, die hier heraufkommen, genießen dafür das Privileg der Stille auf einem prachtvollen Aussichtsgipfel.

Im Grenzgebiet zwischen Tirol und Bayern steht ein Zwillingsberg – die Partenkirchener Dreitorspitze und eben die Leutascher Dreitorspitze, beide nahezu gleich hoch (2633 bzw. 2682 m). Die Unterschiede liegen weniger in der Form als vielmehr in den Anforderungen, die auf die Alpinisten warten.

Die Partenkirchener Dreitorspitze ist der kleinere und einfachere Zwilling. Unbedarfte Wanderer haben hier zwar auch nichts verloren, zumal man einen Klettersteig zum Gipfel bewältigen muss. Allerdings genügen ordentliche Trittsicherheit und Schwindelfreiheit, um ohne Schwierigkeiten hinaufzugelangen.

Diese relative Einfachheit bringt natürlich ebenfalls Schattenseiten mit sich. Von der Meilerhütte kann man den Gipfel in eineinhalb bis zwei Stunden über den Hermann-von-Barth-Weg erreichen, sodass man in der Regel den Weg zum Gipfel nicht allein geht. Die vielen Besucher schmälern den Reiz dieser Route und des gesamten Berges jedoch nicht wirklich. Ohnehin ist jedem von uns inzwischen klar, dass Bergsteigen zu einem hohen Prozentsatz kein einsames Vergnügen in unberührter Naturlandschaft mehr ist. Vor allem dann nicht, wenn der jeweilige Berg zwar ein hohes Maß an Attraktivität bietet, gleichzeitig aber keine enormen Anforderungen stellt. Verglichen mit der benachbarten Zugspitze könnte man die Partenkirchener Dreitorspitze freilich als einsamen Berg im Wetterstein bezeichnen.

Wie das bei Geschwistern häufig der Fall ist, hat ihre Zwillingsschwester einen völlig anderen, stellenweise sogar einen ziemlich wilden Charakter. Der schreckt durchschnittliche Bergsteiger von einem Besuch ab. Diese Einschätzung resultiert allein schon aus den Höhenmetern, die es zu bewältigen gilt. Der Ausgangspunkt in Reindlau (Unterleutasch) liegt auf rund 1060 Meter, während der Gipfel 2682 Meter misst. Mehr als 1600 Höhenmeter an einem Tag nimmt man nicht so einfach mit. Die setzen ein ordentliches Maß an Grundkondition voraus, die sich niemand bei gemütlichen Wanderungen holt.

Erschwerend kommt dazu, dass der schwierigste und gleichzeitig der anstrengendste Teil der Tour im letzten Abschnitt wartet. Dort oben soll jeder sofort umdrehen, dem die Kräfte schwinden und die Knie schlottern. Das Risiko eines Unfalls mit schweren Folgen wäre zu groß.

Wer mit guter Kondition die Leutascher Dreitorspitze im Laufschritt in Angriff nimmt – viele von uns haben diese Fortbewegungsart im Gebirge zu einem zweifelhaften Sport auserkoren –, wird ob der Anforderungen im Schlussabschnitt genauso sein blaues Wunder erleben wie Alpinisten mit körperlichen Mängeln. Man kann diesen Gipfel eigentlich als klassisches Beispiel dafür heranziehen, dass man eine Tour niemals zu schnell angehen darf, sondern sich seine Kräfte stets sinnvoll einteilen muss.

Dabei verleitet gerade der ziemlich sanfte Beginn dazu, diesen Fehler zu machen. Immerhin steigt man zunächst wenig mühsam auf durch das landschaftlich wundervolle Bergleintal, vorbei an den Wänden des Öfelekopfs.

Schließlich wartet jedoch die Schlüsselstelle des gesamten Berges. Eine ungefähr 150 Meter lange Steilrinne führt vom Leutascher Platt hinauf zum letzten Grat vor dem Gipfel. Aufgepasst: Das Eis vom Winter schmilzt nicht immer völlig ab, daher bezeichnen die Einheimischen diese Passage oft als Eisrinne. Doch selbst ohne Schnee und Eis steht eine leichte Kletterei an. Die bereitet zwar keine besonderen technischen Probleme, dafür präsentiert sich die Route ausgesetzt und es pfeift ordentlich hinunter. Nach versicherten Stel-

Leutascher Dreitorspitze, 2682 m

LAGE: Wettersteingebirge
CHARAKTER: Höchster Leutascher Berg, Fels- bzw. Eisrinne als Schlüsselstelle, wenig besucht, Geheimtipp
TALORT: Reindlau (Unterleutasch, rund 1060 m), Parkplatz
STÜTZPUNKT: Meilerhütte (2375 m), DAV-Sektion Garmisch-Partenkirchen
ROUTE: Reindlau (Hubertushof), Bergleintal, Leutascher Platt, Eisrinne zwischen Leutascher und Partenkirchener Dreitorspitze (leichte Kletterei, ausgesetzt), Gipfelgrat (5 Std.)
FÜHRER: Stefan Beulke, AV-Führer Wettersteingebirge, Bergverlag Rother, Ottobrunn
KARTE: Kompass-Wanderkarte 1:50 000, Blatt 5, Wettersteingebirge
TOURISMUSVERBAND: Leutasch, Tel. 0043/(0)5214/6207 oder 6303, Fax 6965; E-Mail: info@leutasch.com

Viele kennen die Leutascher Dreitorspitze (Bildmitte) gar nicht, obwohl sie von anderen Gipfeln aus nicht zu übersehen ist.

len sucht man vergeblich, das Gestein ist brüchig. Kühne Winterbergsteiger fahren diese Rinne bei günstigen Verhältnissen gerne mit Ski ab. Kein leichtes Unterfangen, denn sie ist stellenweise rund 45 Grad steil! Deshalb trauen sich in der kalten Jahreszeit praktisch nur Einheimische und Insider auf die Leutascher Dreitorspitze.

Am Gipfelkreuz bietet sich vom höchsten Leutascher Gipfel eine herrliche Aussicht. Zugspitze, Mieminger Kette mit der Hohen Munde voran, Seefelder und Reither Spitze und die Arnspitzen ragen in unmittelbarer Umgebung empor. Innehalten und genießen sollte das Motto sein nach der ziemlich anstrengenden Tour!

Erfahrene Kletterer können unter Umständen noch den Schwesterberg »mitnehmen« bzw. die rasant steile Abstiegsvariante über den Söllerpass ins landschaftlich großartige Puittal wählen. Wer freilich nicht zu 100 Prozent schwindelfrei ist, sollte diese sehr selektive Route keinesfalls in Erwägung ziehen. Verglichen damit könnte man die Eisrinne beinahe schon als gemütliche Wanderung bezeichnen.

AUFSTIEG: Auf markiertem Weg bzw. Steig zunächst in bewaldetem Gebiet links am Berglbach entlang durch das Bergleintal. Dann recht steil ansteigend vorbei an den Schrofen des Öfelekopfs und später an der unbewirtschafteten Mustersteinhütte ins Leutascher Platt. Von dort durch eine stellenweise rund 45 Grad steile Fels- bzw. Eisrinne zwischen Leutascher und Partenkirchener Dreitorspitze auf den Gipfelgrat und über diesen schließlich in wenigen Minuten zum Gipfel (vier bis fünf Stunden).

ABSTIEG: Gleiche Route oder bald nach der Eisrinne rechts abzweigen zum 2211 Meter hoch gelegenen Söllerpass, über Serpentinen sehr steil und ausgesetzt ins Puittal und in den Leutascher Ortsteil Lehner (1100 m). Schließlich wieder zurück zum Ausgangspunkt in Reindlau.

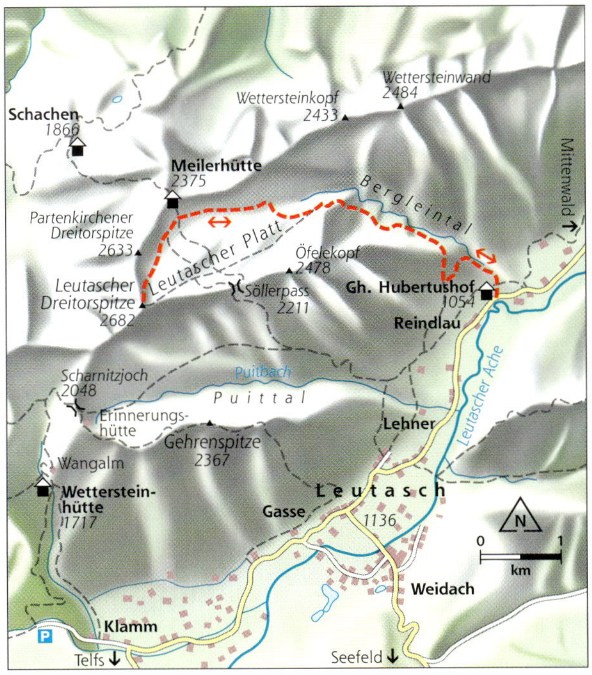

40 Habicht

Über Blockwerk führt das letzte Stück im Anstieg auf den majestätischen Habicht. Einsamkeit findet man hier keine mehr, die fantastische Aussicht lockt unzählige Menschen an. Der Habicht wurde zu einem echten Modegipfel. Viele Durchschnittsbergsteiger unterschätzen aber diesen beliebten Dreitausender, aus diesem Grund passieren immer wieder Unfälle.

Habicht – der Name klingt wie Musik in den Ohren von uns Bergfreunden. Völlig frei stehend ragt dieser 3277 Meter hohe, formvollendete Berg zwischen dem Stubai- und dem Gschnitztal über der Innsbrucker Hütte empor und wird in der nahen Umgebung von keinem anderen Gipfel an Höhe erreicht. Von weitem schon ist er deutlich zu erkennen und die Aussicht beim Gipfelkreuz vergisst man lange nicht. Obwohl der Habicht keine besonderen Schwierigkeiten aufweist, hat er trotzdem seine Tücken.

Das stolze Gesicht, das er nach Norden hin zeigt, beeindruckt mich stets am meisten. Hier zieht der Mischbachferner herab und der Habicht scheint seine Umgebung beinahe umarmen zu wollen. Es verwundert nicht, dass ihn die Einheimischen lange Zeit für ihren höchsten Berg gehalten haben.

Der Mischbachferner musste in den vergangenen Jahren zwar der globalen Erwärmung Tribut zollen, bietet jedoch nach wie vor die Möglichkeit einer rasanten Eiskletterei. Bis zu 50 Grad steil ist stellenweise die Flanke, die im August 1883 zum ersten Mal durchstiegen wurde. Man findet in den gesamten Stubaier Alpen nur wenige Eistouren, die mit der Nordflanke des Habichts konkurrieren können. Genau genommen handelt es sich eigentlich um die einzige wirklich nennenswerte Eistour im Stubai, weil sie an Länge alle anderen übertrifft und in einer wunderbaren alpinen Kulisse liegt. Spezialisten und Könner sind hier ebenso gefragt wie gefordert.

Seinen Ruf als Berg mit Geschichte bezieht der Habicht in erster Linie von der Stubaier Seite. Hier wurde in früheren Zeiten nämlich, wie überhaupt in weiten Teilen des Stubaitals, Bergbau betrieben. Bis auf eine Höhe von rund 2800 Metern gab es damals Bergwerke, in denen Gold und Blei gesucht und tatsächlich gefunden wurden. Noch heute sind Reste der Unterkünfte der Knappen am Glücksgrat zu finden, der zur Mischbachalm herunterzieht. Grundrisse der Steinmauern erinnern an die harte Zeit des Bergbaus.

Stichwort Mischbachalm: Wer eine wirklich urige Tiroler Alm sucht, der muss unbedingt der auf 1848 Meter gelegenen Mischbachalm einen Besuch abstatten, die man von Krößbach im Stubaital aus erreicht. Man glaubt es fast nicht: Statt eines Fußbodens findet man hier festgestampfte Erde, Strom gibt es keinen, gekocht wird auf offenem Feuer. Ein Heulager bietet eine ebenso ungewohnte wie stachelige Übernachtungsmöglichkeit. Eine Seltenheit im weitestgehend erschlossenen Tirol.

Der Normalweg auf den Habicht führt freilich auf der gegenüberliegenden Seite zum Gipfel. Auf dieser Route gelang im 19. Jahrhundert die Erstbesteigung. Bereits 1836 verlor der immerhin knapp 3300 Meter hohe Koloss seine Jungfräulichkeit. Peter Carl Thurwieser und Ingenuin Krösbacher standen damals als Erste am höchsten Punkt. Eigentlich unvorstellbar: Der Normalweg wurde später im Gipfelbereich regelrecht in den Berg gesprengt.

Mit Jungfräulichkeit hat der Habicht heute nichts mehr zu tun. Zu verlockend empfinden viele Bergsteiger die Möglichkeit, sich auf relativ einfachem Weg dieser Schönheit zu nähern. Aber Vorsicht: Jede Rose hat ihre Dornen. Und so schafft man den Habicht nicht im Vorübergehen.

Wer sich nur einen Tag für eine Habichttour Zeit nimmt, muss mit extrem guter Kondition gesegnet sein. Immerhin liegt der Gipfel zwei Kilometer über dem Ausgangspunkt im Gschnitztal. Selbst wenn man von der Pinnisalm in rund 1560 Meter Höhe losmarschiert, müssen noch 1700 Höhenmeter im Anstieg bewältigt werden. Was liegt da näher, als das »Unternehmen Habicht« auf zwei Tage auszudehnen? Für die Übernachtung bietet sich die 2370 Meter hoch gelegene Innsbrucker Hütte am Pinnisjoch an. Man erreicht sie von der Stubaier Seite ziemlich bequem mit Lift- bzw. Taxiunterstützung über den relativ flachen Weg durch das Pinnistal. Der rasantere Anstieg beginnt aller-

Habicht, 3277 m

LAGE: Stubaier Alpen
CHARAKTER: Majestätischer, frei stehender und viel begangener Dreitausender; nicht selten unterschätzt
TALORT: Neustift im Stubai (993 m); Gschnitz (1281 m)
STÜTZPUNKT: Innsbrucker Hütte am Pinnisjoch (2370 m), OeAV; Tel. Hütte: 0043/(0)5276/295, Tel. und Fax Tal: 0043/(0)5226/2930; erreichbar von Neustift/Neder durch das Pinnistal in 3,5 Std.; Taxidienst in das Pinnistal bis zur Pinnisalm (1560 m); von dort noch 1,5 bis 2 Std. zur Hütte; von der Elferliftbergstation Abstieg zur Pinnisalm möglich; Hütte auch erreichbar von Gschnitz auf steilem Steig (gebührenfreier Parkplatz bei der Materialseilbahn in unmittelbarer Nähe des Gasthofs Feuerstein; Rucksacktransport zur Hütte möglich; 3 Std.; südseitig, daher rechtzeitiger Aufbruch empfehlenswert)
ROUTEN: Normalweg (stellenweise versichert) von der Innsbrucker Hütte durch Schutt, über Blockwerk und über den kleinen, spaltenfreien Habichtferner; Schwierigkeitsgrad I und II; Trittsicherheit und Schwindelfreiheit notwendig; Mitnahme von Stöcken vorteilhaft (3 Std.)
FÜHRER: Walter Klier, AV-Führer Stubaier Alpen alpin, Bergverlag Rother, Ottobrunn
KARTEN: Österr. Karte 1:50 000, Blatt 147; AV-Karte 1:50 000, Blatt 31/3
TOURISMUSVERBAND: Neustift i. Stubai, Tel.: 0043/(0)5226/2228, Fax: 2529; E-Mail: tv.neustift@neustift.at; TVB Wipptal, Tel.: 0043/(0)5272/6270, Fax 2110; E-mail: tourismus@wippregio.at

Blick auf den formvollendeten Habicht aus dem Gschnitztal.

dings in Gschnitz beim Gasthof Feuerstein. Der Steig wurde zwar vor einigen Jahren verbreitert und ist inzwischen nicht mehr so steil wie früher, führt aber nach wie vor über weite Strecken im Zickzackkurs hinauf. Südseitig liegt er zudem, da lässt es sich leicht ausmalen, wie groß die Hitze in den Sommermonaten am späten Vormittag wird. Erst wenn man aus dem Wald ins freie Gelände kommt, drücken die Temperaturen nicht mehr ganz so arg. Doch Hand aufs Herz: Bedient sich ein Bergsteiger aus Leidenschaft gerne moderner Aufstiegshilfen? Na also: Früh aufstehen und den anspruchsvollen Weg von Gschnitz nicht scheuen, lautet eindeutig die Devise.

Bei schönem Wetter herrscht meist großer Ansturm von der Hütte zum Habicht. Trittsicherheit, Schwindelfreiheit und ausreichend Puste genügen durchaus, um sich erfolgreich dem höchsten Punkt zu nähern. Die Tatsache, dass man weit oben einmal ein kurzes Stück über einen Gletscher gehen muss, sollte die weniger Erfahrenen nicht sonderlich schrecken. Der kleine Habichtferner hat keinerlei Spalten und ist sehr flach. Allerdings darf man nicht den Fehler machen, den Gletscher für eine Abkürzung zu weit unten zu betreten, wo er deutlich steiler ist. Auf keinen Fall verlockenden Spuren im Schnee folgen, die oft noch im Frühsommer dort hineinführen.

Man kann sich jedoch leicht helfen: Immer zuerst auf den Vorgipfel gehen, der genau die Dreitausendergrenze markiert, und erst dann den nunmehr flachen Gletscher betreten. Danach fehlt nicht mehr viel bis zum Gipfel, der überraschenderweise weit mehr Platz bietet, als sein Anblick vom Tal vermuten lässt.

Für den Abstieg gilt abermals die Devise, den Gletscher im flachen Bereich zu überqueren und den Vorgipfel nicht auszulassen. Die Südrinne sollte man – wie beim Aufstieg – meiden, solange Schnee drin liegt. Und man muss insgesamt das Wetter sehr genau und

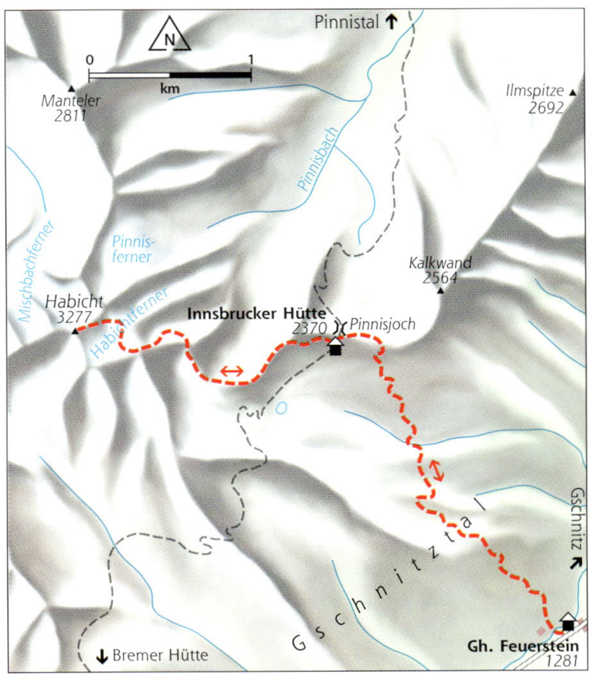

Bild oben: Panoramablick vom Gipfel des Habichts. *Bild unten:* Der Habicht über dem Pinnistal.

intensiv beobachten. Gewitter bedeuten am frei stehenden Habicht nämlich große Gefahr und dürfen daher auf keinen Fall unterschätzt werden. Leichtsinn geht hier rasch ins Auge.

ZUSTIEG ZUR INNSBRUCKER HÜTTE: Auf dem im Jahr 1997 großzügig erneuerten Steig vom Parkplatz bei der Materialseilbahn in Gschnitz ziemlich steil in Serpentinen und zunächst ungefähr zwei Stunden lang durch Wald bzw. Sträucher (Vorsicht: an schönen Tagen sehr heiß) bis in freies Gelände und schließlich weiter hinauf zur Hütte, die am Pinnisjoch liegt (ungefähr 3 Stunden zur Hütte).

AUFSTIEG: Zunächst von der Hütte Richtung Westen über kupiertes Gelände ungefähr 40 Minuten bis zu einem markanten Steinmann. Von da an geht es in unschwieriger Kletterei über Blockwerk und Platten steil und ziemlich direkt aufwärts. Auf einer Höhe von ungefähr 2850 Metern quert man eine Rinne. Wenn darin noch Schnee liegt, weicht man auf einen Grat aus. Ungefähr 15 Minuten unterhalb des Vorgipfels kommen beide Routen wieder zusammen. Erst nach Erreichen des Vorgipfels wird der flache Habichtferner betreten und überquert. Dann erneut über Blockwerk und zum Schluss links des Grats zum Gipfel (3 Std. von der Hütte).
ABSTIEG: Wie Aufstieg.

JNNSBRUCKER
HÜTTE 2369
Sekt. TC. Ibk.

Register

Das Verzeichnis verweist auf Seitenzahlen, nicht auf Tourennummern. Bezeichnungen wie Großer, Alte, Gasthof usw. sind nachgestellt.

Impressum

Titelabbildung: Die Serles
(Foto: Bernd Ritschel).

Umschlagrückseite: Ausblick vom Gipfel der Serles (Foto: Bernd Ritschel).

Bilderklärungen:
Seite 6/7: Blick vom Petersköpfl im Zahmen Kaiser über das Inntal hinweg auf die Tiroler Berge.
Seite 9: Blick vom Grubigstein in die Mieminger Kette.
Seite 14/15: Sommer wie Winter strahlen die Berge Tirols, wie hier der Lüsenser Fernerkogel, eine unglaubliche Faszination aus. Wer möchte da nicht ganz hinauf ...
Seite 115: Die Innsbrucker Hütte am Pinnisjoch.
Seite 116/117: Panoramablick auf die Lienzer Dolomiten: In Bildmitte der Spitzkofel, links Laserzwand und Lienzer Kessel.

Textnachweis: Tour 1: Christian Schneeweiß; Touren 2–6: Andreas Kubin; alle übrigen Peter Freiberger.

Bildnachweis:
Antes&Antes: Seite 98; L. Baumgartner: Seite 58, 59, 104, 105, 116/117; D. Fuchs: Seite 6/7, 14/15, 16, 38, 39, 84, 90, 91; S. Garnweidner: Seite 9, 13, 47 l., 86, 87, 92, 106, 108; St. Herbke: Seite 78, 80 u., 95; H. Höfler: Seite 71, 88; K. H. Modlmeier: Seite 70; W. Rauschel: Seite 12, 18 o., 20, 22 u., 24, 26, 72, 89; B. Ritschel: Seite 4 o. und u., 5, 17, 18 u., 21, 28, 29, 32, 33, 34, 35, 36, 37, 40, 42 o., 44, 46, 47 r., 50, 53, 54, 55, 60, 61, 62, 63, 65, 66, 67, 73, 74/75, 77, 79, 82, 83, 85, 96, 99; D. Seibert: Seite 11, 30, 43, 48, 56, 57, 80 o., 81, 102, 103, 107, 112, 114 o., 115; H. Zak: Seite 19, 22 o., 25, 27, 31, 41, 42 u., 49, 51, 52, 64, 68/69, 76, 93, 94, 97, 100, 101, 109, 110, 111, 113, 114 o.

Umschlaggestaltung: Studio Schübel, München

Lektorat: Heinrich Bauregger und Georg Steinbichler

Layout & Satz: Gramma GmbH

Routenkarten und Übersichtskarte: Ingenieurbüro Christian Rolle, Umweltkartographie und Geoinformationstechnik, Holzkirchen

Alle Angaben dieses Werkes wurden vom Autor sorgfältig geprüft und auf den aktuellen Stand gebracht sowie vom Verlag auf Stimmigkeit geprüft. Für die Richtigkeit der Angaben kann jedoch keine Haftung übernommen werden. Für Hinweise und Anregungen sind wir jederzeit dankbar.
Bitte richten Sie diese an:
Bruckmann Verlag GmbH,
Lektorat,
Postfach 80 02 40
81602 München

Gedruckt auf chlorfrei gebleichtem Papier

Die Deutsche Bibliothek – CIP-Einheitsaufnahme

Ein Titeldatensatz für diese Publikation ist bei der Deutschen Bibliothek erhältlich

Gesamtverzeichnis gratis:

Bruckmann Verlag GmbH,
Postfach 80 02 40
81602 München

Internet:
www.bruckmann.de
www.bergsteiger.de – Touren, Bergwetter, Aktuelles, alpine Links

Printed in Slovenia
by Mladinska knjiga Tiskarna

ISBN 3-7654-3591-0

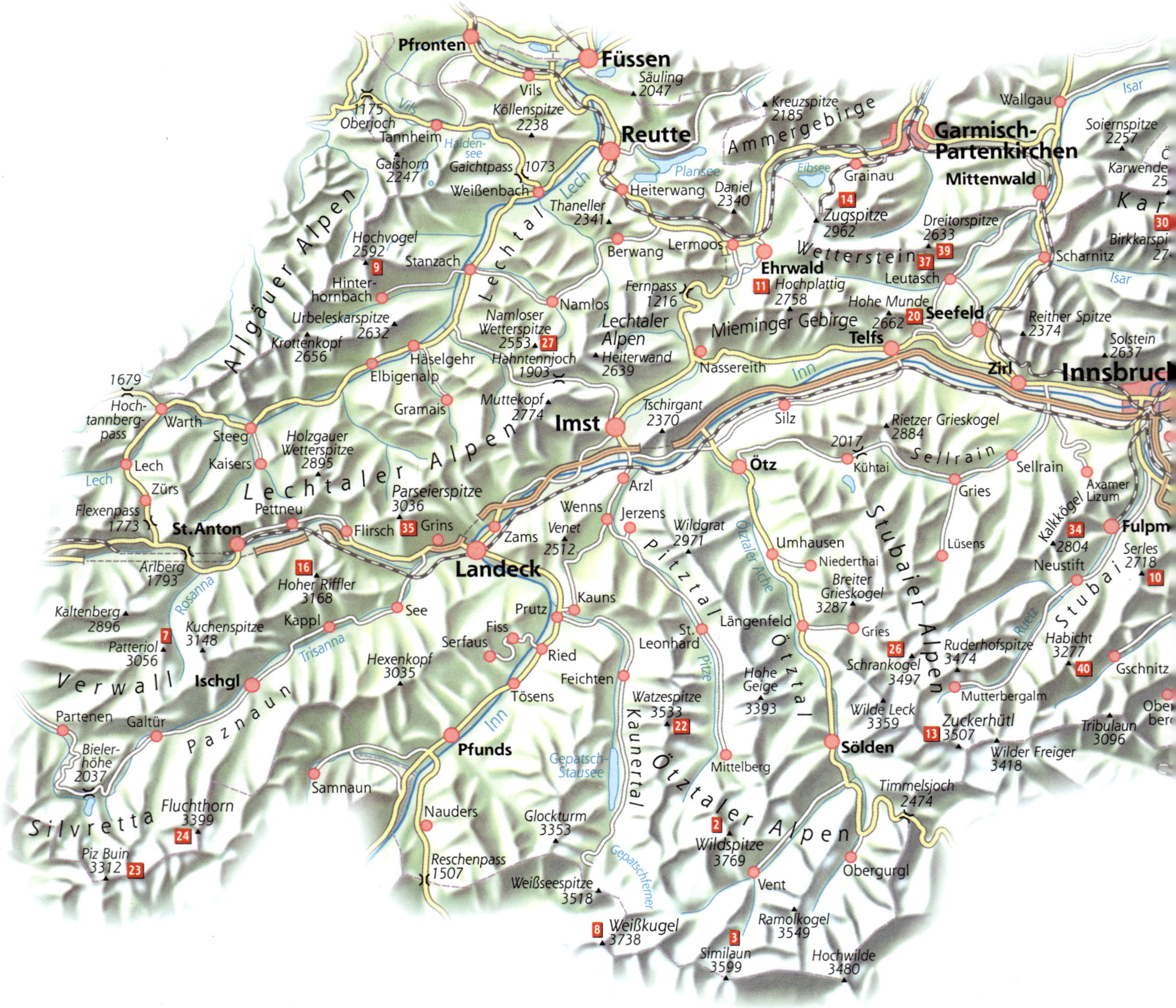

Pfronten
Füssen
Säuling
2047
Vils
Vils
1175
Oberjoch
Tannheim
Haldensee
Köllenspitze
2238
Reutte
Kreuzspitze
2185
Ammergebirge
Garmisch-Partenkirchen
Wallgau
Isar
Soiernspitze
2257
Gaishorn
2247
Gaichtpass
1073
Weißenbach
Lech
Plansee
Heiterwang
Daniel
2340
Eibsee
Grainau
14
Mittenwald
Karwende
Kar
30
Allgäuer Alpen
Thaneller
2341
Zugspitze
2962
Dreitorspitze
2633
Birkkarspi
Hochvogel
2592
9
Stanzach
Lechtal
Berwang
Lermoos
Ehrwald
Wetterstein
37
39
Scharnitz
Hinterhornbach
Fernpass
1216
11
Hochplattig
2758
Leutasch
Isar
Urbeleskarspitze
2632
Namlos
Namloser Wetterspitze
2553
27
Lechtaler Alpen
Hohe Munde
2662
20
Seefeld
Reither Spitze
2374
Mieminger Gebirge
Telfs
Solstein
2637
Krottenkopf
2656
Häselgehr
Hahntennjoch
1903
Heiterwand
2639
Nassereith
Zirl
Innsbruck
1679
Elbigenalp
Inn
Hochtannbergpass
Warth
Gramais
Muttekopf
2774
Tschirgant
2370
Silz
Steeg
Holzgauer Wetterspitze
2895
Imst
Rietzer Grieskogel
2884
Kaisers
2017
Kühtai
Sellrain
Sellrain
Ötz
Lech
Lech
Lechtaler Alpen
Arzl
Axamer Lizum
Zürs
Parseierspitze
3036
Gries
Flexenpass
1773
Pettneu
Wenns
Jerzens
Wildgrat
2971
Kalkkögel
34
Fulpm
St. Anton
Flirsch
35
Grins
Zams
Venet
2512
Stubaier Alpen
Lüsens
2804
Umhausen
Arlberg
1793
16
Landeck
Niederthai
Serles
2718
Pitztal
Ötztaler Ache
Neustift
10
Hoher Riffler
3168
Breiter Grieskogel
3287
Rosanna
Kaltenberg
2896
Kauns
Stubai
Prutz
Längenfeld
Kappl
See
St. Leonhard
Ruetz
Kuchenspitze
3148
7
Fiss
Gries
Habicht
3277
Patteriol
3056
Serfaus
Ried
26
Ruderhofspitze
3474
Trisanna
Hexenkopf
3035
Pitze
Ötztal
Schrankogel
3497
40
Gschnitz
Verwall
Ischgl
Feichten
Hohe Geige
3393
Mutterbergalm
Tösens
Watzespitze
3533
Partenen
Galtür
Paznaun
22
Kaunertal
Wilde Leck
3359
Zuckerhütl
3507
13
Tribulaun
3096
Inn
Ober
Bielerhöhe
2037
Pfunds
Gepatsch-Stausee
Sölden
Wilder Freiger
3418
Mittelberg
Samnaun
Ötztaler Alpen
Timmelsjoch
2474
Fluchthorn
3399
Silvretta
Nauders
Glockturm
3353
2
24
Wildspitze
3769
Piz Buin
3312
23
Reschenpass
1507
Gepatschferner
Obergurgl
Weißseespitze
3518
Vent
Ramolkogel
3549
8
Weißkugel
3738
3
Similaun
3599
Hochwilde
3480